YANASHITA CINEMA MASSACRE

KIICHIRO YANASHITA

御意見無用

KANZEN

あなたの知らない映画の世界

皆殺し《みなごろし》映画通信《えいがつうしん》

御意見無用

YANASHITA MASSACRE CINEMA

柳下毅一郎《やなしたきいちろう》

KANZEN

誰が映画を看取るのか？

二〇一九年、日本映画界の興行収入は史上最高を記録した。映連の発表では年間興行収入は二六一一億八〇〇〇万円、観客数も年間二億人に到達せんとしている。邦画だけでも一四〇億円を超えた『天気の子』を筆頭に五〇億円超えの超ヒット作が五本も出ている。まさに我が世の春と言えよう。

その裏側で、ひそやかに、誰にも知られずに、映画は死んでいこうとしている。

昨年十月、日比谷映画街のはずれにあった有楽町スバル座が閉館となった。一九四六年に開館、かつては洋画封切館として人気を博した名門劇場である。ぼくにとってもジャームッシュやヴェンダースの記憶と切り離せない劇場だったが、近年はもっぱら他では上映できない地方映画や団体動員映画ばかり

2

がかかる劇場となっていた。いついっても場内に客はまばら、それはいわば現在進行形で映画の死を味わうような映画体験だったと言えるかもしれない。

だから『みとりし』がスバル座最後のロードショー作品となったのも、それはふさわしいことかと思わずにいられない。これを見た人はみな思ったはずだ。これが映画の死である。ぼくらは今、映画の死を目撃している。死を扱った映画が、今死につつある映画館とともに死んでいくのを目撃している。ぼくらこそが映画の死を看取る者なのだ。

かたちあるものはいずれは死ぬ。映画もまた死ぬのである。映画にかかわる人が死に、映画館が死に、映画雑誌が死んでゆく。ならばせめて死にゆく映画を看取る者となろう。史上最高の興行収入を叩き出した何本かのブロックバスターではなく、ほとんど金を稼ぐことすらないまま死んでゆく奇妙奇天烈に歪んだ映画たちを、こうやって看取ることだけが映画にとらわれてしまった人間の義務なのだろう。それまで、もう少しおつきあいいただこう。

CONTENTS

あなたの知らない映画の世界　**皆殺し映画通信**　御意見無用　目次

これが「外伝」ならば「アニメ女子・本編」はどこに?
なんでこんな映画作られたのか、芸能界って本当にわからない……

『アニメ女子・外伝　～藍の翼・カーレッジ～』

監督＝菅学　脚本＝村上恒一、いさみたかお　エグゼクティブプロデューサー＝村上恒一　撮影＝戚世　主題歌＝佐藤実絵子
出演＝藤江れいな、前田亜美、高城亜樹、西永彩奈

まあいろいろとこれまでも訳のわからない映画を見てきたのだが、**ここまで意味不明な映画もはじめてかもしれない**。いや、ぼくはアニメの事情にはまったく疎いためひどく頓珍漢なことを言ってるのかもしれないので、その場合はどうかご指摘いただきたい。

これは『アニメ女子・外伝　～藍の翼・カーレッジ～』というタイトルで、アニメに夢をかける三人のうら若き乙女たちの苦闘を描くオムニバス・ストーリーである。三人はやがて（当然ながら）『藍の翼・カーレッジ』というアニメを製作することになり、その制作発表で映画は終わる。

それで、これが「アニメ女子・外伝」ならば当然「アニメ女子・本編」があるのだろうと思ったがそれがどこを探しても見つからない。

じゃあせめて「藍の翼・カーレッジ」というアニメがあるのかと思ったがそれもないらしい。じゃあこのタイトルはどういう意味なのか。そしてその三人に元[※1]AKB48の女の子を配するキャスティングはどういう意図なのか（別にAKBのファンがアニメ好きというわけではあるまい）。脚本にも手を染めているエグゼクティブプロデューサーの村上恒一氏がどうやらこの中心人物らしいのだが、まあなにひとつわからないままなのだった。

10

というわけで登場する〝アニメ女子〟は三人。最初に出てくるのは脚本家をめざす琴葉（**藤江れいな**）。アニメに夢をかけて上京していた琴葉だが、両親に呼び戻されて祖母の介護をしている。

この両親が本当にひどくって、共働きをするために祖母の介護要員が必要、と娘を奴隷労働に使って恥じることがない。こいつらが夫婦でどんだけ稼いでるのか知らないが、ちゃんと稼ぎがあるなら介護要員雇えばいいいし、その金がないなら仕事やめて自分でやれ！　娘に、

「呼び戻されて三年間、時間と若さをどんどん吸い取られてる。あと五年たったら三十路だよ。夢どころか結婚だってできなくなっちゃう……」

なんて言わせちゃいけないだろ。これはさすがに両親が身勝手すぎて、そんなに面倒見たくないなら介護施設に入れろや！としか思えなかった。ついに絶望した琴葉、「世話になった人」から仕事の依頼が来たのをきっかけに、介護奴隷をやめて再度東京に出る、と宣言する。

「え、お祖母ちゃんを見捨てるつもりなの!?　おまえのせいでお祖母ちゃんになんかあったらどうするの！」

「そもそもお母さんの母さんでしょ！」

「東京に出たって、かならず成功するとは限らないじゃないか」

「わたしは絶対に成功してみせる」

「今出ていったらもう母でも娘でもないからね！」

「老い先短い年寄りのために自分の人生を犠牲にするなんてまっぴら！」

彼女の辛さはわかるけど、そこまで言う必要はないよね。で、東京に出て大好きな人を見つけて子供を二人産む、と決意しすべてを捨てて彼女は出ていくのであった。

第二話は「芽紅の場合」。秋吉芽紅（**高城亜樹**）はアニメーション制作会社「ブルーオーシャン」でプロデューサーとしてブラック労働にこれ努めている。今日も会社で仮眠中を（言い忘れたが、この映画各話すべてヒロインが起きるところからはじまる）叩き起こされ、社長に呼び出される。

またぞろ仕事か……と思いきや、珍しく良い知らせ。芽紅が応募していた文化庁助成金企画がとおり、念願の劇場用アニメーションが製作できることになったのだ。だが吉報にも芽紅はなぜか浮かない顔。実は芽紅にはカメラマン志望の恋人がいるのだが、三十になるまでにお互い目が出なかったら結婚して広島に帰り、旦那の家業を継ごうと言い交わしていたのである。二十九歳の芽紅、その期限は半年後に迫っていた。

キャリアを取るか、家庭を取るか……悩む芽紅はシェアハウスの仲間を集めて飲み会でルームメイトたちに相談したりするものの一向に埒が明かない。ついにアシスタント・プロデューサーの後輩に引導を渡されてしまう。

「着替えとか詰めたバッグ作っときましたから、広島の彼氏の実家に行かれるならここで車降りて羽田に向かってください。仕事を続けるならこのまま会社に戻ります」

悩んでいた芽紅だが、味噌汁好きのアシスタントが「わたしはこれは主食です！」とたいらげてるのを見るとなぜか晴れやかな笑顔になって車を降り、広島に向かう……。

第三話には売れない声優天川凛（**前田亜美**）が登場する。声優養成所の同期だったマネージャーと二人三脚で働いているものの、いまいちパッとしない。同期には在学中にデビューした人気声優莉奈（**西永彩奈**）がいて、彼女がマネージャーの元カノだったこともあり、凛には目の上のたんこぶ的存在である。同期で集まったときも、

「男子人気は凛のほうが上だったのにね〜」

などと言われる始末。鬱々とした凛、とうとう、

「わたしもうアニメはやらないかも！　友人の劇団に誘われてるんだけど、そっちのほうが充実感が味わえるの！」

マネージャーは「劇団なんかに逃げようとするな……」と諭すが（いやこれはこれで劇団馬鹿にしてると思うけど）、凛は、

「声優だけで食ってけるなんてほんのひとにぎりでしょ。可愛くてスタイルもいい若い子が次々と入ってくるんだから……そういう子はこっちじゃなくて、ＡＫＢに行ってよ！」

ここ笑うとこね。そしてそう言いながらもマネージャーは彼女をおいて他のプロダクションに移籍を決めてしまう。さらに十八禁ゲームのアフレコの仕事を入れられ「こんなのキャリアにならない」と不満顔。

だが、そこに来たのが莉奈である。彼女、売れっ子なのにこんな仕事までするのか……と驚くが、マネージャーに「せっかくだから莉奈の仕事を見ていこう」と言われ、その真摯な仕事ぶりに打たれる（って喘ぎ声だしてるとこなんですけどね……）。どんな仕事もマジメにやるから莉奈は売れっ子になったのだ。

そうか、マネージャーはこれを自分に教えたかったのか……でも、ということは彼は莉奈のスケジュールを知っていたの？とあわててスタジオに戻ってみると、マネージャーと莉奈はいちゃいちゃの真っ最中で「ねーいつになったら凛に言ってくれるの～？」

すべてを知った凛、マネージャーに頼りきりだった自分を反省し、涙目で「これまでありがとう。これからは自分ひとりで歩くよ。目的地まではそう遠くないと思うから」と宣言する。

というところで三人三様の物語が終わり、最後に[*2]ソフマップで『劇場版アニメ　藍の翼・カーレッジ』の制作発表がおこなわれ、そこでこの三人が顔をそろえることになる。

舞台挨拶では琴葉は「新しいものを掴むには何かを捨てなければならないのでしょうか……」とものすごく暗い顔で恨み節を訴え、芽紅は「本当は捨てるつもりだったんですが、逆転のウルトラＣの一手を見つけたんです！」と言い放つ（それがなんなのか説明しなければ意味ないだろ！）という到底シラフとは思えない記者会見。

いや、そもそもこの三つの話で何を訴えたかったのかがさっぱりわからないわけで、この制作発表を見て自衛隊初の女子パイロットを目指す女の子を描くという劇場用アニメに不安感以外の何を抱けというのか。いずれこの映画自体が『藍の翼』のメイキング物語の「外伝」でしかないわけだし、すべては『藍の翼』が作られないと話にならないわけだが、この流れでこんなアニメが作られるわけはない（元ＡＫＢなんぞが主演声優をやる理由がひとつもない）わけで、**じゃあなんでこんな映画作られたのか、芸能界って本当にわからない……。**

※1　AKB48
秋元康がプロデュースする日本の女性アイドルグループ。二〇〇五年に活動開始。東京・秋葉原に劇場を持ち、「会いに行けるアイドル」をコンセプトに日替わりメンバーで毎日公演が行われている。AKBは、本拠地である秋葉原の略、48は初期メンバーの人数であったが、二〇二〇年三月現在正規メンバーと研究生と呼ばれるメンバーをあわせると一〇〇人前後になるという。日本やアジアに姉妹グループがあり、たびたび人気投票や握手会などが行われている。CDを購入することによって票がカウントされたり、握手会のチケットが配布されたりするため、大量購入による廃棄や代理購入などが問題となったこともある。また、近年グループの拡大と、会いに行けるというコンセプトのため直接ファンとメンバーがふれあう機会が多く、さまざまな犯罪や社会問題を引き起こしている。

※2　ソフマップ
パソコン製品などを量販するチェーンのパソコンショップ。一九八二年創立。当初は、パソコンソフトウェアの会員制レンタルをしていた。一九八五年から中古のパソコンハードウェアの買い取りと販売事業に移行。現在ではパソコン関連のデジタルグッズの販売がメイン。店内にステージがあり、駆け出しのグラビアアイドルなどが、青と白の市松模様の壁紙を背景に、撮影や写真集などのプロモーションをする定番の場所となっている。

年に一本くらいときどき生まれるハイパー謎映画。誰もが「なんだかわからないけど、すごいものを見たなあ」という思いだけを抱えて家路についた……

『かぞくわり』

監督・脚本＝塩崎祥平　プロデューサー・劇中画製作＝弓手研平　撮影＝早野嘉伸　音楽＝Slavek Kowalewski　主題歌＝花＊花
出演＝陽月華、佃井皆美、石井由多加、木下彩音、松村武、竹下景子、小日向文世

スピリチュアル・シティ奈良発。なんと折口信夫[※1]『死者の書』が原作である。川本喜八郎の作った人形も出てくる（川本喜八郎は『死者の書』の人形アニメーション映画を作っている）。まさかの川本リスペクト、**志は高い。そう、志は高いのだよ、志は**……高く飛びすぎてどこか遠くにたどりついてしまった異形の作品。折口信夫と家族の再生のストーリーを同時にやろうって、どう考えても木に竹を接ぐ類でしょう。年に一本くらいときどき生まれるハイパー謎映画である。

そこは奈良県葛城市。古刹當麻寺《たいまでら》には藤原豊成の娘中将姫が一夜で織り上げたという「當麻曼荼羅」[※2]が収められている。一九七八年、堂下夫婦に娘が生まれた。當麻寺の住職に名前をつけてもらうが、「この子は天命をもった子だ。この名前をつけると世にわざわいをもたらすかもしれないが……」

父親（**小日向文世**）はあわてて「そんな名前つけないでくださいよ！」と懇願するが住職は「もうつけてしまったから」とにべもない。いや、たいがいひどくないかこの住職。「詳しくはこの本を読め」と父に渡したのが折口信夫『死者の書』である。

それから四〇年の時がすぎ、その娘香奈は立派なダメ人間になっていた。定職もなく恋人もおら

ず夢も希望も将来の目標もない実家ぐらし。父は主夫としてまずい料理を作るだけ。母（**竹下景子**！）はマルチ商法にはまって怪しげな商品を家中に積み上げている。全員バラバラで会話もない。そこに唐突に妹暁美（**佃井皆美**）が娘を連れて帰ってくる。プロ野球選手と結婚して順風満帆な暮らしだった暁美だが、旦那の女遊びが発覚して離婚、出戻りとなったのだった。

ゴミの山となっている家を見た暁美は、すべて片付ける！と廃品回収業者を呼んでマルチの商品から家具から一切合切選別せずに捨ててしまう。娘樹月（**木下彩音**）も一緒になって、香奈が昔描いた絵まで、彼女の過去をすべて捨てるのだ。

だが香奈も父親もすっかり心折られているので文句も言わない。唯一騒ぐのは数百万円分のマルチ商品を捨てられてしまった母だけである。香奈は廃品回収業の男の手に骸骨を幻視して戸惑う。実は香奈、子供のころは絵に抜群の才能を発揮する少女であった。ところがいつのまにか上半身裸の男や骸骨に追われる幻視につきまとわれ、白黒のおどろおどろしい絵ばかりを描くようになる。父母は恐れて香奈に絵を描くのを禁じる。幻覚は止まったものの、人生の目標を見失った香奈は無気力人間になってしまったのだった。

そんなゴスな姉をもともと嫌っていた暁美は「樹月をお姉ちゃんの世界に近づけないでよ！　いつまでも親に甘えてるんじゃないわよ！」とけだし正論を言ったもんで大喧嘩、ついに香奈は家を飛び出してしまう。

行くところがない香奈、昔を思い出して奇岩屯鶴峯《どんづるぼう》に出かける。その下の洞窟で一人壁画を描いていた過去があったのだ。そこにひょいとあらわれたのがイケメンの廃品回収業者セイジ（**石井由多加**）である。

「ここに一人で来るなんて、相当病んでますなあ」

余計なことを言うやつだな！

「ここに来れば王子様に会えるってお父さんに言われたの……」

「じゃあ寄ってきます？」

なんとセイジはかつて香奈が壁画を描いていた洞窟、というか旧日本軍が掘った地下壕の跡地に住んでいるのだった。

「人間は穴さえあれば生きていける」

というセイジに、

「あとトイレが必要よ！」

と主張する香奈。これ、どういう意味かわからないがこの映画のテーマ（のひとつ）であるらしい。「人間は穴とトイレがあれば生きていける」のだ！　地下壕には盗電で電気も引かれており、人が大勢住みつき、思い思いのことをしているアジール的な場所になっていたのだった。機織りする人、料理をする人、さまざまな活動に魅せられる香奈。

そのまま洞窟に住みついて、絵を描くようになる。香奈を見かけてこっそり後をつけてきた樹月も地下壕グループに加わり、さっそくセイジから『死者の書』を渡されている。

洞窟の外ではマルチ商法が破綻して母が精神崩壊を起こしたり暁美の夫が反省して迎えに来たりしているのだが、洞窟の中はそんなことは無関係の時間が流れている。一心に創作に打ち込む香奈を、セイジは「きみに見せたいものがある」と洞窟の先へ連れてゆく。地下壕を抜けるとそこは稲穂が実る田園であった。そして一面の蓮の花。

「ここを地平線と呼んでいるんだ。ぼくらはゼロの位置にいる」

なにやらスピリチュアルの香りがしてきましたよ！　どうやらこの風景こそが日本人の原点だとかそういうことを言いたいらしい。

「あなたはやはり特別な人だったんだ」

「わたしをずっと見ていたでしょう……死神みたいに！」

そんな言い方あるか！　そう彼女をずっと追っていた上半身裸の男こそセイジだったのだ。ここらへんでわかるわけですがセイジは大津皇子《おおつのみこ》の生まれ変わり、香奈はその慰霊のために當麻曼荼羅を織り上げた中将姫の生まれ変わりだったんですね。

「わたしに何を求めているの？」

「アートの祭典だよ……一度、全部ぶっこわさないと気づかないものもあるんだ」

「全人類の中で、日本人が一番絶滅の危機にあるということ。昔の人は知っていたのに、今では忘れてしまったもの。それを理解するには多少の痛手は必要なんだ」

セイジも香奈もいつのまにか木綿の洗いざらしみたいなナチュラルな格好になっている。セイジ、「夜になると月明かりだけ。そんな光景見たくないかい？」などと露骨にテロリズムを匂わせる。

セイジは飛鳥の稲田を見て「ここは人類の理想郷、芸術の種はこの当たり前の中にある」とか言いだす農本主義者で、今の歪んでしまった日本を立て直すにはそこからやりなおさなければならないと考えている……加藤登紀子[※3]とかと仲良くなりそうなエコ生活至上主義者なのだが、意外とこういう考えを持ってる人は多いのではなかろうか。

なぜ大津皇子がそんな思想を抱くようになったのかはよくわからないのだが、まあ世に恨みを持って死んだからということなのかな。**昔のATG映画[※4]の亡霊を見ているような気がしました。**

ところがセイジに恋心をいだいていた天才ハッカーの女が香奈を遠ざけるべく父親を洞窟に連れてきたことから事態は急変。一味は洞窟を引き払うとともに、奈良一帯に停電を引き起こす。テロには加担できない香奈は絵の描きすぎですっかりノイローゼになってしまった樹月を連れて家に帰ってくる。

父親、ようやく一家全員が揃ったところで、自分の過去のおこないを反省。彼は香奈の芸術の才能を恐れて絵をやめさせたことが、家族の崩壊を招いたと考えていたのである。

「みなの心がひとつになれば、きっとうまくいく。じゃあ香奈、おまえは何をしたい？」

「わたしは……絵を描きたい！」

姉のせいで樹月がおかしくなったと訴える暁美は猛抗議するが、「まず、香奈を信じてやり直そう」と父はきっぱり。香奈は誰もいなくなった洞窟で巨大な布に一心不乱に絵を描く。その絵こそ「平成新當麻曼荼羅」であった。そしてそれが完成したとき、どこからともなくあらわれたセイジはその絵を見て、

「幸せとはなんだろうか？」と問いかける。

「家族」

「だがオレの家族はオレを疎んだ……」（大津皇子は天武天皇の息子だったが、天皇の死後、自分の息子を後継者にしたかった皇后持統天皇に謀反の疑いをかけられ、自害したとされる）

「ならわたしがあなたの家族になりましょう」

……そして二人は光の中に消えていったのだった……完！

かと思いきや、まだ外では停電が続いており、すると突然住民が自主避難をはじめる。彼らが誘導されていった先はパイプ椅子が並べられた野外ステージである。何者かに誘導された父がカウントダウンのあとにスイッチを押すとたちまちはじまる大花火大会。停電でパニックだったはずの住民は拍手喝采だ！

そして花火のあとはどういう仕掛けなのか空に香奈の曼荼羅が投射される。技術的にどうしたらそんなことが可能なのかはわからないが、まあスピリチュアルなので……これこそが怨念の晴れた大津皇子のアート・フェスティバルなのだった。

映画は最後、二〇三〇年に香奈の曼荼羅が當麻寺に飾られている場面で幕を閉じる。香奈とセイジの行方は容として知れない。そして**誰もが「なんだかわからないけど、すごいものを見たなあ」という思いだけを抱えて家路についたのである。**

※1　折口信夫『死者の書』
奈良県の當麻寺に伝わっている當麻曼荼羅縁起や中将姫伝説に着想を得て書かれた幻想小説。雑誌掲載を経て、一九四三年に青磁社から単行本として刊行された。大津皇子の亡霊と、月に仏を垣間見て曼荼羅を織りはじめる藤原の郎女との不思議な魂の交感を描く。

※2　當麻曼荼羅
當麻寺に伝わる綴織（文様を織り出す最古の技法）の曼荼羅。四メートル四方の布の上に、観音菩薩、勢至菩薩を両脇にしたがえた阿弥陀仏を中心に極楽浄土が描かれる。仏の力を借りて中将姫が五日間で織り上げたという伝説がある。

※3　加藤登紀子
一九六五年、東京大学在学中に第二回日本アマチュアシャンソンコンクールで優勝し、歌手デビュー。国内外で、シャンソン歌手として活躍する。女優としては『居酒屋兆治』（一九八三）に高倉健の女房役として出演。ジブリのアニメ映画『紅の豚』（一九九二）では、声優としてマダム・ジーナ役で出演。現在も多方面で活躍中。

※4　昔のATG映画
ATGは日本アートシアターギルドの略。一九六一年、良質のアート系映画を多くの人々に届けようという趣旨のもとに設立された映画会社。非商業的なアート映画や前衛映画を制作・配給しつづけ、後の映画に多大な影響を与えている。若手の監督を積極的に採用し、日本映画を牽引する人材を多く育てた。映画館は、会員制で年会費を払えば安く鑑賞することができ、学生などに支持された。また、公開作品ごとに映画雑誌『アートシアター』を発行、映画の完全なシナリオと評論などが収録され、上映館のみで販売されていた。一九九二年新藤兼人監督の『濹東綺譚』を最後に活動を停止中。

キムタクと長澤まちゃみのラブコメ展開は（どうでも）いいとして、
問題は肝心の殺人事件……

『マスカレード・ホテル』

監督＝鈴木雅之　原作＝東野圭吾　脚本＝岡田道尚　撮影＝江原祥二　音楽＝佐藤直紀
出演＝木村拓哉、長澤まさみ、小日向文世、梶原善、泉澤祐希、東根作寿英、石川恋、濱田岳、前田敦子、笹野高史、高嶋政宏、菜々緒、生瀬勝久、宇梶剛士、橋本マナミ、田口浩正、勝地涼、松たか子、鶴見辰吾、篠井英介、石橋凌、渡部篤郎

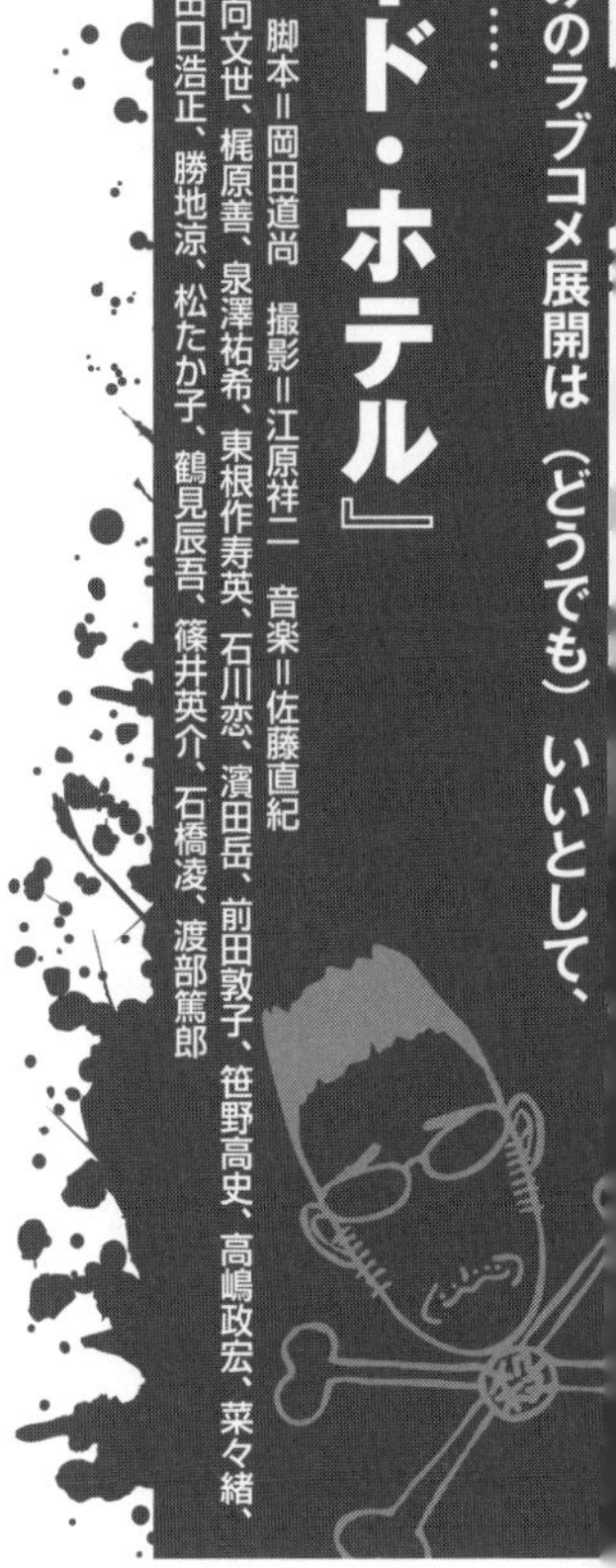

木村拓哉＋**長澤まさみ**＋東野圭吾[※1]の底抜けミステリー。正直、キムタクも長澤まさみも演技力を見せられるような役ではないので、二人についてはしょうがないところもあるが（とはいえ、さすがに「有能だが直情で熱血、上司とぶつかってばかりいるがどこか憎めない魅力があって助けてやりたくなる」「英語がペラペラの帰国子女」というキムタクの役はどうかと思いました。ほとんど織田裕二[※2]化してるよね）、**さすがにこの原作の底抜けっぷりには腰を抜かした。**

　どういう話か手短に説明する。東京で発生した犯行予告連続殺人の次回の殺人予告現場がホテル・コルテシア東京と判明したので、警察が大挙してホテルに潜入捜査することになる。で、英語ができるからとフロント係に偽装することになったキムタクと、その教育係になった長澤まちゃみとがぶつかりあってるうちにお互いを認めあう……というラブコメ展開。まあそこらへんは（どうでも）いいとして、問題は肝心の殺人事件である。

　事件は最初、品川で起こった。死体にメモが残されており、そこには「45.****,143.****」という謎の数字が記されている。次の事件は千住新橋、続いて葛西で事件が起こる。そこまで来たところでようやくこの数字の暗号の意味が判明した（もちろんキムタクが解いたのだ）。数字から事件

の起きた日付（10／4）をそれぞれ引くと、次の事件が起きる場所を示す緯度経度になるのだ。そのなんの必然性もない暗号解読が事実であれば、葛西の事件が指ししめす次の犯行現場はここホテル・コルテシアだということになる。

だがここまで犠牲者も犯行手口もすべてバラバラで共通点がないので、犯人にも狙われている相手にもまったくなんの手がかりもない。事件がいつ起こるかもわからない。なので新しい客が来るたびに、潜入している刑事たちは、外見だけ見て「こいつは怪しい」とかいって騒いでいるのである。まあこの時点でそもそもどうかという話なのだが、さらに驚くのはこの事件の真相だ。

（以下誰も気にしないだろうと思うがネタバレ）

この連続殺人事件、最初の品川の事件には有力な容疑者がいた。だが、別れた恋人から自宅に電話があったというアリバイがあり、また連続殺人をするような動機はない、というので容疑ははずされていた。

そこでキムタクが「電話をかけたとは言っているが、その電話が本当に容疑者の自宅につながっていたとはかぎらない（携帯の電話帳が書き換えられていたかもしれない）」と言い出して、アリバイを再確認すると、実は電話は別の場所にかけられており、元恋人と一緒にいたその友人が有力容疑者とつるんでいたことが判明する。

いや今の今まで通話記録調べもせずにアリバイ云々言ってたんかい！

で、最初の事件が解決すると同時に驚くべき真相が明らかになる。実は各事件はすべて個々に真犯人がいるバラバラな殺人であり、予告の暗号だけで連続殺人風に見せていただけだったのだ。犯人たちはネットの闇サイトで出会い、話し合いで連続殺人をコーディネイトしたのだった（……また闇サイトか……）。

つまりホテルで犯行を起こそうとしている犯人4号は、これまでの事件とはまったく無関係で、なんの手がかりもないのである！（まあこれまでも手がかりなんか何もなかったけどな！）だがそこでキムタクは驚くべき推理を働かせる。犯人4号は、別の殺人事件をこの連続殺人の中に隠そうとしたのかもしれない。

そこでヒントを与えるとなんでも教えてくれる便利極まりない元相棒**小日向文世**に「次の事件と関係があるかもしれない殺人はありませんか？」と訊ねる。まだ起こっていない殺人事件との関連事件を探せというのだ。そしたらどういう調査をしたのか小日向文世が「殺人ではないですがさる劇団員の不審死がありました。これが怪しい……」って調べはじめるんだけどね、オレこれ聞いたとき絶対小日向文世が真犯人だと思ったよ！　いくらなんでもここから真犯人への糸口をつかめるって偶然にも偶然、適当にも適当すぎないか？

推理ドラマというのは論理で解くものかと思っていたが、ここではキムタクのヤマ勘と小日向文世の超能力ですべて解決してしまうのである！　東野ミステリー、おそるべしだ。

さて、それで映画のほうだが、フロント・デスクに立ったキムタクと長澤まさみの凸凹コンビが変人揃いの宿泊客を見ては怪しいとか信じますとか言いあう小話のような話が展開する。もちろんキムタクはすべての客を疑い、長澤まさみは全員を信じようとし、どちらかが正しかったり間違っていたりする中でお互いのことを認めていくわけだ。「ホテルの客はみな仮面をかぶっている」というのが長澤まさみのホテルマン哲学で、だからその仮面を無闇にはぐようなことはしてはいけないのだ、という。

それはいいんだが、問題は性善説と性悪説の対立がホテルマンと警察の対立にまで広げられてしまうことで、ホテルマンたちは「お客さんに決して事故がないように」と言うのに、警察は「千載一遇の機会だから絶対に犯人をつかまえろ」と言う。だが、犯人も犠牲者もわかっていないんだから、犯人に犯行をおこさせる以外に犯人を見つける手段はないではないか。

これ、最後の最後にキムタクと長澤まさみのあいだで一悶着になるんだけど、警察は最初から犯人に事件を起こさせて、現行犯でつかまえる気なんだよ。これ、どうなのか。最後までもやもやしてたんだが……もちろん映画の中ではキムタクの超人的活躍で事件は未遂で解決するのだが、それでいいわけではないだろう。

小話自体は、あからさまに怪しい白い杖をついた老婆の客が、実は来月訪れる全盲の夫のために下調べにきた女性だったとか、ストーカーがいるから絶対に近づけないで、と言っていた女性客（**菜々緒**）が実はその「ストーカー男」を追いかけている逆ストーカーだったとわかる（そして長澤まさみが見事に騙されて大失態を演じる）などあるのだが、いちばん意味不明なのはたまたま来た客（**生瀬勝久**）がキムタクを見ると、彼をターゲットに延々と嫌がらせを展開するというエピソード。しまいに部屋にこもって雑誌に掲載された記事を一字一句たがわず入力しなおすように命じる（わざわざ電話して在室していることを確かめたりする）始末（どこかにスキャナーとＯＣＲはなかったのかなあ）。

そんな嫌がらせをしていた理由がすごい。実は彼はキムタクの高校時代、教育実習生として高校を訪れたのだが、英語の発音が下手で生徒からいじめをくらった経験があった。そのときに厭味ったらしく流暢な英語を披露したのが帰国子女のキムタク。

で、教育実習生はそのことが原因で教員になれず、以後失敗続きの人生になってしまった。そんな彼がたまたま来たホテルでキムタクの顔を見て昔の恨みを思いだし、嫌がらせに走った……って

ただの逆恨みじゃないか！

恐ろしいのは実はこれだけではなく、最後の最後、事件の黒幕だった真犯人の動機である。実は女だった犯人、かつてホテルで恋人が泊まっている部屋に押しかけようとしたが、部屋番号を教えてもらえず断念したことがあった。そのときに水際で食い止めたのがフロントにいた長澤まさみ。そのために自分を捨てたかつての恋人と長澤まさみだけは許さない！とホテルでの殺人を誓ったのである。これも長澤まさみにはなんの非もないだろう！　**なんでこんなに逆恨みばかりなんだ**

よ！　それが東野ミステリー。

なお、映画はストーリーがすべて終わったあとにキムタクがホテルを訪れると客がみんな仮面をかぶって仮面舞踏会をしており、赤いドレス姿に仮面をかぶった長澤まさみがしずしずとあらわれてキムタクを魅了するという謎の幻想シーンがついており、あきらかに蛇足でしかないラブストーリー展開を予感させて終わるのだが、長澤まさみ、結構背が高くてスタイルがたいへんよろしいので、ヒールをはいてキムタクと並ぶとほぼ背の高さが同じ。なんかキムタクさんが残念に見えてしまうんで、そこはちょっと一考の余地ありだったかも。

ああ、ストーリーに突っ込んでいたら、小日向文世とキムタクの謎のBL関係（元所轄で相棒だったのだが、連続殺人の捜査からはずされた小日向文世がキムタクにやたら絡みたがり、自費で高級ホテルに泊まったりするのでキムタクは辟易している）について考察しているスペースがなくなってしまった！　そこらへんに興味のあるかたは、ぜひ劇場で！

※1　**東野圭吾**
一九五八年生まれ。小説家。『容疑者Xの献身』で第一三四回直木賞を受賞した。ガリレオシリーズをはじめ、数々のヒット作を生みだし、映像化作品も多数。東野圭吾原作の映画はすっかり皆殺し映画の常連になってしまった。

※2　**織田裕二化**
織田裕二に関する諸問題について詳しくは『皆殺し映画通信　地獄旅』二八三〜二八九ページ参照。

26

「ヒット曲を映画にする」って誰か喜ぶ人がいるんだろうか?
フィンランド政府完全タイアップで、フィンランドで♪今年最初の雪~って歌われてもねえ

『雪の華』

監督＝橋本光二郎　脚本＝岡田惠和　撮影＝大嶋良教　音楽＝葉加瀬太郎　主題歌＝中島美嘉
出演＝登坂広臣、中条あやみ、高岡早紀、浜野謙太、箭内夢菜、田辺誠一

「あの名曲が映画になった……」ということで原作：中島美嘉「雪の華」。ボカロ曲[※1]を映画にしました！とかもそうなんだけど、**「ヒット曲を映画にする」って誰か喜ぶ人がいるんだろうか？**中島美嘉のファンが観たがるとは思えないし、LDH[※2]ファンも別にそんなもの喜ぶまい。いかにも業界のタイアップ的都合で作られた企画の匂いがする。

さらには二〇一九年が日本フィンランド外交関係樹立百年記念だとかで、フィンランド政府全面協力で、ヒロインはフィンエアーでなんと三度もフィンランドに飛んでしまう。別に中島美嘉がフィンランドのことを歌ってるわけではないので、これは完全にタイアップの都合だろう。フィンランドで♪今年最初の雪~って歌われてもねえ。

さて、ヒロインは難病で余命一年と診断された美少女。彼女が「生まれてはじめての恋をしたい！」と百万円でイケメンに「一ヶ月間、恋人になってください！」と頼んで……というお話。

ということは当然、

①二人は恋人ごっこをしてるうちにだんだん本気になる

←②だが誤解があって別れる
←③余命の事実を知って男が戻ってくる
←④涙々のいちゃいちゃのなか死んでゆく

という展開が予想される。ところがこの映画、二人がすべての内面の思考を発声する副音声映画であるうえに、どちらもやたらと記憶力がよくて、何かあるたびに二人の過去が延々フラッシュバックされる（毎日が走馬灯のような二人）。

おかげで話が全然進まず、なんと上映時間二時間五分でも③までしかいかなかった！　あまりに展開がのろいんで、映画見ながら時計チェックがはかどるはかどる。それぐらいスローな展開だったということで……。

さて、物語はフィンランドからはじまる。美雪（**中条あやみ**）は奇跡を起こしてくれるという赤いオーロラを観たくて父母の出会いの地であるフィンランドまできたものの、悪天候のせいで観られずに帰国する。「また来ようね……」と言い合うカップルを横目に、

「わたしには、またはないんだ……」

とひとりごちる美雪。実は幼少時から病弱で、主治医（**田辺誠一**）からも、

「この一年、悔いの無いように大切に過ごして」

とほぼ余命一年を告げられるのだった。さすがにタイムリミットまで区切られて凹《へこ》む美雪、病院からの帰り道にひったくりにあってさらに落ちこむが、それを助けてくれたのがたまたま通りがかったイケメンこと綿引悠輔（**登坂広臣**）。ユースケ、なぜかつねに上から目線で命令口調（俺様だ

けど心根は優しいという、まあよくある奴ですな)。

「助けてほしかったらもっとでかい声で言えよ。声出してけよ。声に出さないと、わかんねーんだよ!」

デリカシーのない上から目線の説教に照れ隠しの優しさを感じとった美雪、しばらくして街角で当のイケメンを見かける。

後をつけていくとCafe Voiceという喫茶店に入っていくではないか。ベリーワッフルが名物だというカフェでカフェオレを飲みながらイケメンストーキングにいそしむ美雪、ユースケと店長(**浜野謙太**)の会話を盗み聞きし、カフェが百万円の不足で閉店の危機に追い込まれていることを知る。

長ったらしいわりには肝心なことは語られない映画なので、なんの費用なのかもわからないままなのだが、たまたま美雪はこれから一年の生活費として貯めていた百万円を持っていた。そこで意を決して一人になったユースケに話しかける。

「あのっ! 百万円あげますからわたしの恋人になってください! 一ヶ月でいいので!」

「はあ、何言ってるの? 頭おかしいのかよ!」

「はい!」

頭おかしいと思いながらも理由も聞かないまま金を受け取ってしまうユースケである。いや、普通なかなかここまでうさんくさい案件には乗らないだろう。こんな美少女が持参金つきでつきあってくれとか、**普通にオオアリクイに旦那が殺された方面を疑うレベル。**家に帰った美雪、

「声出せた。わたしすごい。わたしだって最後くらいはやるんだから」

とひとりごち、「恋人としたいこと」と表題をつけたノートに色鉛筆で恋人ごっこのシナリオを書きつづるのであった。

待ちに待ったデートの日。だが納得のいかないユースケはふてくされた態度。最初のうちはいち

いち「そこはちょっと照れた感じで！」などと演出をつけていた美雪だが、さすがに怒って、

「男らしくない。やるって決めたならちゃんとやってよ」

ユースケもさすがに反省して以後うれし恥ずかしデートが続く。一緒にハンバーガーを食べて、

「こんなことでいいの？」

「こういうのがいいの！」

みたいなラブラブデート。ユースケの家に呼ばれると、兄がGFを連れてきた！とツンケンしている妹に、

「ひょっとして、わたしに嫉妬してます？　嫉妬されるなんて、人生はじめてなんです。ありがとうございます！」

と浮かれるところがちょっとおかしかった。ところで一ヶ月の予定だったデートだが、美雪はいきなり巻きにはいる。

「一ヶ月の予定でしたけど、一気に終わらせます。最後の大イベントで！」

というわけで二人でフィンランド行きである。もちろんチケットもホテルもすべて美雪持ちだ。

「夏だからオーロラは観られないけど……」と言いながらも楽しく観光。途中、後ろから来たバイクから美雪を守る拍子に相手の手を握る。

一瞬固まるが「恋人ならこれくらい普通でしょ」と言われて納得。「恋人としたいこと」ノートに書いた「手をつないで町を歩く」イベントを達成。ちなみに**ここまでにかかった時間が一時間十分。どんだけ純情なのか。**

「これで思い残すことはない」

と別れを告げる美雪なのだった。

それから数ヶ月。ある日、弟が怪我をしたとの知らせを受けて病院に飛んできたユースケ。ふと

主治医と話している美雪の姿を見かける。

「どういうことだよ」

一時間半を越えてようやっと気づいたユースケ。主治医をつかまえて「どういうことなんですか？」と問い詰める。するとすべての事情を話してくれる主治医（ダメだろ！！！）、ついでに美雪が「最後のわがまま」としてオーロラを観にフィンランドに発つということも教え、宿泊先つきの旅程表をわたす（さらにダメ！！！）

ようやくにしてすべてを知ったユースケ。彼女を追いかけてヘルシンキ空港に発つ。驚いたことに身一つ！　旅慣れてるにもほどがあるだろ！　列車に乗って一路北へ。駅で降りるとそこは一面雪の中だ。

「タクシーねーのかよ！」

と毒づいているがいったいどこへ行くつもりだったんだ！　下調べくらいしてこい！　やっぱり旅慣れてるんじゃなくて何も考えてないだけだったか……言葉も喋れぬままにヒッチハイクをはじめるユースケ！　目的地はオーロラ観光で有名なリゾート地、レヴィだ。

「レヴィ、レヴィ！」

と叫んでいると、奇跡的に親切なおっさんが車を止めてくれる。これでやっと……と思うと木が倒れて道がふさがっている。親切なドライバーが止めるのも聞かず、飛び出したユースケは雪をかきわけて一路走る……。

そのころレヴィで一人空を見上げる美雪。いまだ奇跡のオーロラは観られずにいた。しかし彼女は声を出すことを覚えたのである。**言いたいことは叫ぶのだ！**

「ユースケー！　会いたいよー！　ユースケのことが大好きなんだよー！」

するとと後ろから、

「なんだよー！」

そう奇跡が起こってユースケがあらわれたのだった！　もちろん空には真っ赤なオーロラ
「おまえ、病気のことオレに隠してただろ。普通恋人だったら言うだろ。やりなおしだよ。わかったかよ」

「え、やりなおしって、いつまで？」

「オレたちが生きてるかぎりずっとだよ」

なお、その後映画が終わるまで二人は抱き合ったまま葉加瀬太郎編曲による「雪の華」が五分ばかり流れつづけ、やっとクレジットになって終わったと思ったら、すっかりラブラブになった美雪が「わたし、なんだか死なないような気がする」と言ってたんで、本当に奇跡が起こって病気が治ってしまったようである。まあそもそもなんの病気だったのかもわからないままなんだけどさ！

※1　ボカロ曲
ヤマハが開発した歌声合成ソフトウェアをボーカロイドという。ボーカロイドで合成した曲を、さらに特定のボーカロイドキャラクターに歌わせた曲のことをボカロ曲と呼ぶ。近年、このボカロ曲を原作とする映画が何本もつくられている。

※2　LDH
EXILEが所属する芸能事務所、エンターテインメント企業。社名は、Love、Dream、Happinessの頭文字。

何かね、J―POPの映画化では難病ものにすべしみたいな縛りでもあるんですかね。
ひさびさに登場の「病人を病室から連れ出してはいけません」案件

『愛唄―約束のナクヒト―』

監督＝川村泰祐　脚本＝GReeeeN、清水匡　撮影＝向後光徳　音楽＝GReeeeN、Amar Morriconen
出演＝横浜流星、清原果耶、飯島寛騎、成海璃子、中村ゆり、野間口徹、中山美穂、奥野瑛太、富田靖子、財前直見

「inspired by a true story」だそうである。実話と言い張れば何をやってもいいのか！　ひさびさに登場した「病人を病室から連れ出してはいけません」案件である。それにしても中島美嘉の『雪の華』に引きつづき、今度はGReeeeNの名曲『愛唄』が映画化。んでもってまたしても難病系。**何かね、J―POPの映画化では難病ものにすべしみたいな縛りでもあるんですかね。**

ちなみにGReeeeNには同じく「名曲の誕生秘話」としてGReeeeNの結成エピソードをつづった『キセキ―あの日のソビト―』[※1]という映画もあるのでなぜか「GReeeeNは売れる」ということになってるのかもしれない。

「毎日に夢中だから、息してることさえ忘れるんだ」

トオル（**横浜流星**）はテレビで流れる清涼飲料水CMのコピーを気に留めることもなく出勤。会社で健康診断の結果を渡され、顔を曇らせる。精密検査の結果はなんとステージⅣの癌で転移もしており手術不可、抗癌剤で進行を遅くするくらいしかやることがなく、余命三ヶ月の宣告である。

えらい話早いな！　『雪の華』[※2]みたいに展開がおそすぎるのもどうかと思うが、ここまで早いのもちょっと考えものである。さっそくビルの屋上にあがってケリをつけようとするトオル……とそ

32

こに素っ頓狂に声をかけてくる男がいる。

「ノミヤ、ノミヤだよな！　オレ、タツヤだよタツヤ！　何おまえ飛び降りるの？」

気勢をそがれて自殺を思いとどまったトオル。相手のタツヤ（**飯島寛騎**）はなんと高校時代の同級生だった。こんな偶然、いくら映画でも都合良すぎないか？と思うんだが**この映画の都合の良さときたらこんなもんじゃないぞ。**

そのままタツヤに引っ張られて女子グループとのカラオケに連れこまれる。もちろんお通夜のような顔のトオルは「オレはもう死ぬって言われたんだよ！」と抵抗するが、タツヤは「じゃあこれまでやれなかったことやっとかなきゃ！　ナンパしてホテル連れこめよ」とまったく人の気持ちに寄り添わない。

しまいに勝手に奪ったトオルのケータイにカウントダウンアプリをインストール、九〇日のタイマーを設定して「この九〇日間を大事に生きろ！」と説教まではじめる。大きなお世話すぎるんだよ！　当然ながらまったく盛り上がらないカラオケは流れ解散となり、こっそり抜けたトオルは一人帰途につく。と、歩道の真ん中にわざとらしく文庫本が落ちているではないか。拾い上げてパラパラとめくると、それは詩集。

……
人を好きになる　愛し合う
それは自然に覚えた？　誰かに教わった？
きっと答えには気づけなくていい　だって
毎日に夢中だから
息してることとさえ忘れるんだ。

おなじみのフレーズが目に飛び込んでくると、感動したトオルはおいおい泣き出してしまう。そこへ「わたしの本〜」と駆け戻ってきた美人、トオルの涙を見て「あ、じゃああげます」と本を置いてあっさり去ろうとする。

だが駅まで戻ってみると、そこには終電に間に合わなかったらしき彼女がいた。読みこんだらしき本を差しだすトオルだが、彼女は固辞。かつて自分が苦しいときに助けになってくれた本だが、今はトオルにもらってほしいのだという。その詩集こそ四年前にベストセラーになった『K』、著者は十四歳の天才詩人伊藤凪だが、難病でほどなく死んだのだという。冒頭のCMは、そのコピーを引用したものだった、というわけ。

終電のないまま、二人で話しているうちにいつのまにかうちとける。「人を好きになるとかいう気持ちわからない」とかたわけたことをぬかしていたトオルも彼女、相川ひろの（**成海璃子**）のことが気になりつつあるのだった。

翌日、横浜の笹山アーケード（有名な昭和風シャッター商店街）で食堂をやっている母（**財前直見**）の元を訪れたトオル、病気のことを切り出そうとするが言いだせない。そこへやってきたのが例のタツヤである。

「おまえさっさと帰っちゃうんだもんなー。実家の住所しかわかんないからこっちに来たんだよ」

おせっかいだが根は悪いやつではないタツヤ、実は高校時代から有名だったバンドマン。卒業後プロになって二枚ほどアルバムを出したのだが、突然バンドを解散、今は楽器屋でのんべんだらりんと働いている。なぜ音楽をやめてしまったのかと尋ねられたタツヤ、

「実は伊藤凪の『K』って詩集を読んで圧倒されて……自分なんて嘘っぱちだってわかって、詩を書けなくなってしまったんだ」

ってまた伊藤凪かよ！　**これ、すべてがこの「天才詩人」のまわりをまわっている世界なんでしょうがないのである。**で、タツヤに煽られるままひろのに電話し、おそるおそる付き合いはじめる

トオル。

ところで相川ひろのはかつて天才子役として活躍していた過去があった。だが人気の絶頂でなぜか引退。実は人気をねたんだ周囲の人間にイジメられていたのだという（その苦しみを救ってくれたのが伊藤凪の詩だった）。デート中、映画撮影現場に出くわすとじっと様子を見ているところから、実は映画界に戻りたいのではないかと直感するトオル。

その現場にいた大女優冴子（**中山美穂**）は目ざとくひろのを見つけて声をかける。

外見はまったく変化なしだが余命三ヶ月は相変わらずのトオル、病院で辛い投薬治療を受けている。イライラからまたぞろ見舞いに来てくれたタツヤに怒鳴ってしまう。「どうせ死ぬってのに云々……」待合室が静まりかえった中、隣に座っていた少女がぽつりと、

「生きるって夢中になるってことだよ。ふだんみんな息してることさえ忘れてるんだ」

えっそれは……と思わず少女の顔を覗き込むトオル。

そこへ看護婦が、

「なぎさーん！　ダメじゃないの、勝手に病室出たら！」

でこの少女は誰なんだって話になるんだけど、この伊藤凪中心世界においては伊藤凪本人（**清原果耶**）に決まってるだろ！　さらにすごいのはこのあとひろのにご執心の冴子が食事に誘って「あなた、こっちの世界に戻ってこない？」と声をかけるところになぜかトオルがついてゆき、「きみが本当はそっちの世界に戻りたがってるのはわかってるよ」と言って、伊藤凪の詩集を置いて出ていってしまうという展開。

なんと成海璃子の出番はここまでで、あとはもうトオルは凪のことしか目に入らない。成海璃子、トオルに伊藤凪を教えただけでお役目終了、中華街に置き去りにされて終わりである。**それにしても「そっちの世界」って、映画界はいったいどのくらい世間と隔絶したところのつもりなのか。**病気のことも知らされず一方的にふられてしまう成海璃子、いくらなんでも可哀想じゃないか？

しかし以後はトオルは凪の病室に入りびたり。すぐに彼女こそが十八歳になった天才少女詩人その人であることが判明する。死んだことになっていたのは「そのほうが本が売れるって言われたから」とか舐めたことを言っている凪だが、要するにもう書くことがなくなったんで、死んだことにして筆を折ったらしい。

難病ゆえに中学から学校に行っていない凪のために、どこぞから近所の高校の制服を仕入れてきたトオル。自分も高校の制服姿で、自転車二人乗りで病院を抜け出す。これいい話になってるけど、ブルセラの制服といい年こいたコスプレだからね！　そしてどちらも血色いいんで普通のカップルに見えるんだけど、死病の二人だからね！　下校する生徒にまぎれて学校に入りこんだ二人、教室で高校生ごっこにいそしむ。

「凪さんに質問です！　『K』ってなんのこと？」

「KはKIMOCHIです！」

お、おう……。

「ではわたしから質問。この式はなんのことでしょう？」

k={(i + y)/(i - y)}^2

「iはわたしでyはyouだからあなた。だからi≠y。ヒントは可能性、近づく努力、それにトオルくんと出会ってから思いついたことです！」

まあ意味わかんないけどラブラブなんだね。そのまま笹山アーケードの実家に行く二人。凪はトオルの母から教わってトオルに料理を作り、タツヤも呼び出して、

「伊藤凪だよ。あの伊藤凪」

「え、生き返ったの!?」

と騒いでいる。そのままバスに乗った二人、凪の願いをかなえるため夜明けの見られる海岸に向かう。二人で焚き火をしながら夜明けを待つ……うちにうつらうつらとうたた寝をしてしまう。トオル、凪を揺り動かして、

「ほら、起きなよ、夜明けだよ」

だが凪はすっかり眠り込んでいて起きない……**眠り……眠り……永遠の眠りかよ！　救急車！**

というわけでようやく難病だというのを思い出したトオル、凪の両親にこっぴどくとっちめられたうえに会うのを禁じられるが、すっかり衰弱しきったところでまたしても夜明けを見せるために連れ出す。これさあ、自力で運びたいからって延々自転車にのせて、さらにおんぶして川の土手まで運ぶんだけど、せめてタクシーくらいは使おうよ。

あと凪のお母さん（**富田靖子**）もそんなことでほだされてるんじゃなくて自分もついていけ！

ひさびさに病人を病室から連れ出して思いっきり寿命を縮めにかかる映画であった。

そして、彼女は最後に詩を書き残しており、トオルはタツヤにわたしてそれを歌にしてもらい、タツヤの「間に合った」カムバック作となったその歌こそがあなたが聞いている「愛唄」なのでした。

そして、凪が出した謎の数式、答えは二人が近づく努力をしてかぎりなくi≒yとなればKimochiは∞（無限大）！　だそうです。はいはい。

※1　**『キセキーあの日のソビトー』**
兼重淳監督／二〇一七年。男性四人組ボーカルグループGReeeeNが結成されるまでを描いた作品。松坂桃李がJIN、菅田将暉がHIDEを演じている。

※2　**『雪の華』**
本書二六ページ参照

世界遺産屋久島で、少女と「分身ロボット」との出会い。
けどそれ、LINEトークでよくね?

『あまのがわ』

監督・脚本・原作＝古新舜　撮影監督＝陣ヶ尾達也　音楽＝田井モトヨシ
出演＝福地桃子、柳喬之、吉満寛人、マツモトクラブ、住岡梨奈、生田智子、杉本彩、水野久美、野村佑香、西田聖志郎

「これは、心をなくした高校生のわたしがそれを取り戻すまでの話です」

監督・脚本古新舜《こにいしゅん》、って普通は知らないでしょうが、ぼくは知っている。ドラマ&ドキュメンタリーのコンビネーション映画という謎の試み『ノー・ヴォイス』[※1]を作った元ひきこもりで予備校教師な映画監督である。その彼が分身ロボット[※2]ＯｒｉＨｉｍｅと出会ったことでコラボして生まれたのがこの映画。分身ロボットＯｒｉＨｉｍｅ、人形で、遠くの人とコミュニケーションできるというものなのだが、**それ、LINEトークでよくね?**

まあスマホ使えない人もこれさえあればと言いたいのかもしれないが、失礼ながら麗々しく開発するほどのものとも思えず、それを映画にするとなるとさらに謎なのだったのだが、映画は無事完成し東京国際映画祭にまで出品された。舞台は世界遺産屋久島ということで立派な地方映画の誕生である。

史織（**福地桃子**）は渋谷の高校に通う高校二年生。ＡＩの研究者である母（**生田智子**）と二人暮らしだが、研究に忙しく家をあけてばかりなのに勉強しろと口うるさく束縛したがる母とはそりが合わない。

ある日学校から帰ろうとしたときに体育館から太鼓の響きが聞こえてくる。渋谷・鹿児島おはら祭りで和太鼓パフォーマンスをするグループが高校の体育館を借りて練習していたのである。小学校まで鹿児島に住み、祖母（**水野久美**）から和太鼓を教わっていた史織、音につられてふらふらと体育館に近づくと、「ちょっとやってみない？」と誘われ見事な演奏を披露、「一緒にやろうよ！」と言われて舞い上がる。

だが、その姿を見ていた母親からは、

「太鼓なんて遊びに過ぎません。社会の役に立つ大人になってくれないと！」

と太鼓もおはら祭りへの出演も禁じられてしまう。

「わたしはお母さんのロボットじゃない！」

「どうして大人は自分勝手なの？」とそのまま泣き疲れて寝てしまった史織だが、そのあいだに大事件。実は中学からの親友雪葉が学校でイジメを受けており、たまたま史織にSOSを送ってきたのに、それを無視することになってしまったのだ。結果彼女は自殺してしまう！

史織はショックのあまり不登校になり、そのまま夏休みのあいだずっと引きこもり。二学期になっても登校しない。

「先生から電話があったわよ。お母さん今日は出かけるけど、ちゃんと学校行くのよ！」

と閉じたドアのこっちから声かけるだけの母親にすべての問題がある気がしてならぬ。

ところがそこに祖母の入院の知らせがある。あわてて鹿児島の病院に飛ぶ母、なぜか史織も連れていく。階段から落ちて骨折した祖母は意外と元気で、史織の死んだ目を見て何かを察する。

「太鼓は続けてるのかい……太鼓にはね、人の心をつなぐ力があるんだよ。そうだ、おばあちゃん、小学生に太鼓の模範演技を見せる予定だったけど、入院でできんようになったからかわりに行ってくれんね」

「そんな暇ないでしょ、学校行きなさい！」とヒステリックな母に無言で反抗の史織、一人屋久島に向かう。ところが屋久島・種子島行き高速船の船中、隣に座っていた**杉本彩**が慌てて降りる際に買い物袋を取り違える事件が発生、彼女が持っていたＯｒｉＨｉｍｅが史織のもとに転がりこんでしまう。

　祖母の友人である医師天野（**吉満寛人**）のところに世話になった史織、知らないまま持ち帰ってしまったＯｒｉＨｉｍｅのスイッチを入れてみる。すると電源が入ってロボットが喋りはじめるではないか。

「あ、ＡＩのロボットなのね。きみの名前はなんですか？」

「セ、セーラ」

「セーラくんね。わたしは史織」

「……シオリ……」

　母が日本屈指のＡＩ研究者だけに、ＡＩなるものに抵抗がなく素直にロボットだと思い込む史織である。で、人間相手だと無言で押し黙ってしまうのに（なので、この映画では周囲は異常に親切な世話焼きばかりで、史織のやることをすべて勝手にアレンジしてくれる）、ＡＩなら心のうちをストレートに明かせるのだった……というのだが、もちろん実はこれは単なる分身ロボットで、遠隔操作してる先には杉本彩の息子である下半身不随の天文青年鷲尾星空（**柳喬之**）がいるのである。

　いやそれにしてもスイッチ入れただけでつながるの？　というのが見ているあいだ気になって気になって、バッテリー駆動だったりどうやら３Ｇか４Ｇか携帯電波でつながるようにＳＩＭも入ってるようだし、杉本彩が魅力をふりまいて特別に作ってもらった特注品だったのかな？　実際にはＡＣ電源とＷｉ－Ｆｉ必須なようで、そりゃそうだよね……。

　天野が作るトビウオづくしの和食が食べたくない史織は空腹に耐えかねてペンションの食堂に入りこむ。「もう終わってるけどまかないならできるよ」とバイト女性カナデ（**住岡梨奈**）に食事をおごってもらった史織、「バイト一人やめたから働けば？」と誘われてアルバイトを決める。

「お金をためてお母さんに束縛されない生活をしたい。自由になりたい」とOriHime相手に母親の愚痴をこぼす史織である。

「どうしたら自由になれるかな」

「自由って何？」

「きみにはわかんないよね」

「宇宙飛行士になりたい」

「どこまでも飛んでいけるよね。あまのがわとか行きたい」

「行けないよ」

「そんなこと言ってると女の子にもてないよ」

そんな人工無脳な会話でハッピーだった二人、だがチャット中、星空の部屋に杉本彩が入ってきたことから、まるで『花と蛇』※3でも見ている最中に母親に踏み込まれたかのような過剰な反応を見せた星空、ベッドから転がり落ちて緊急搬送される羽目になる（そのまま意識戻らず）。

一方で史織のほうも星空と杉本彩の言い争いがスピーカーから流れてきたことから相手が自立型ではなく遠隔操作ロボットであることに気づく。驚いて「あなたは誰なの？」と突き放した拍子にOriHimeを落として壊してしまったのである。

信じていた相手に裏切られた史織、話し相手もいなくなり、一人屋久島の森の中をさまよって、

「誰を信じたらいいの？　学校ってなに？　友達ってなに？　人間ってなんで生きてるの？　どうしてわたしはここにいるんだろう？」

完全に自分探しに行き詰まった人になってしまった。しまいに、

「わたしって誰？　どうしてわたしは生きてるの。雪葉に会いたい……」

と川に浮かんでオフィーリアごっこまでしてる。**完全にあっちに行ってしまう人の行動なんで気をつけよう！**　結局、ここにいたって「自分から変わらなきゃ駄目だ」とやっと悟り、ついに和太

鼓のスティックを握る！　そしてOriHimeを修理すべく、天野とともに種子島在住の日高（**西田聖志郎**）の元を訪れる。

そこで「宇宙飛行士になりたい」というセーラの夢を思い出した史織、「星に近づけてあげたいの」とOriHimeを改造、ドローンに接着して空を飛べるようにする。

いや星に近づくってそういうことなの？

史織、ペンションにあった大太鼓を引っ張り出して、実はシンガーソングライターであるカナデとセッションする。「届け、この気持ち！」と太鼓をたたきはじめると、ちょうどそのタイミングで昏睡から目覚めた星空がOriHimeのスイッチを入れ、「限界は自分で決めてるって気づいたんだ。自分にできることはまだまだたくさんある」とポジティブに目覚めて、ついにドローンは宙に舞い上がり夕焼けに向けて飛んでゆき「世界はこんなにも広く、光に満ち溢れているんだ！」と、**ものすごく唐突に盛り上がって完！**

かと思いきや、そのあと落石でふさがっている先の家に心臓病の薬を緊急に届けなければならなくなって、セーラがOriHimeドローンで届けると申し出て、「もう会えないかもしれないからやめて！」と止める史織をふりきって、「嬉しいんだ。自分が役に立つってことが」とセーラは飛び立つのだが、

①本当に会いたいんだったら、携帯番号を交換しろ！
②無事着いたんだったら、いちいち戻ってこようとしないで、そのまま現地で待ってろ

なので帰り道でOriHimeは見事に墜落、戻ってこないセーラを心配した史織は探そうとしてジャングルで滑落という**あわや二次被害かという展開になるのでどうしてくれようかと思いましたよ。**ともかく史織が自己中心的すぎて、一人で盛り上がってないでもう少し周囲の人に感謝しなさ

いね！

あと杉本彩がなんでこんな役をやってるのかさっぱりわからなくて、**逆に何か裏があるのではと無駄な裏設定ばかり想像してしまって**本当にすみません。

※1　『ノー・ヴォイス』
『皆殺し映画通信　地獄旅』五〇ページ参照

※2　分身ロボットＯｒｉＨｉｍｅ
吉藤健太朗氏（株式会社オリィ研究所）が開発した「対孤独用分身コミュニケーションロボット」。遠隔操作ができ、その場にいないのにいるような体感を味わえるという。二〇一九年八月、れいわ新撰組党所属の参議院議員船後靖彦氏が議員活動に分身ロボットＯｒｉＨｉｍｅを使用したいと要望を出したことが報道され、話題となった。

※3　『花と蛇』
団鬼六の同名ＳＭ小説が原作で、何度も映画化されている人気作品。初めての映画化は、一九七四年に谷ナオミが主演し、小沼勝が監督した。谷ナオミの妖艶さが話題となり、代表作ともなった。二〇〇四年の石井隆監督の再映画化ではヒロインを杉本彩が演じ大ヒット。

皆殺し映画二〇一九年の顔となるか？
有村架純、堂々のクソ映画ヒロイン。原作は百田尚樹先生！

『フォルトゥナの瞳』

監督＝三木孝浩　脚本＝坂口理子、三木孝浩　原作＝百田尚樹　撮影＝山田康介　音楽＝林ゆうき
出演＝神木隆之介、有村架純、志尊淳、DAIGO、松井愛莉、北村有起哉、斉藤由貴、時任三郎　主題歌＝ONE OK ROCK

最近ろくでもない映画にしか出番がなくて、皆殺し映画二〇一九年の顔になるのではないかと（余計すぎるお世話なことに）よりによってオレから危惧されている**有村架純、堂々のクソ映画ヒロインである。** 原作百田尚樹[※1]！　こんなもん書いてたんかい、と思うところだが、まあ自己犠牲の精神（と称する愚かしい自爆）とかそういうところで百田尚樹の作家性が発揮されているのかもしれない。
　それにしてもこの映画、予告編を見るだけで話が全部わかってしまう。要するに「フォルトゥナの瞳」[※2]という超能力の持ち主は、死にそうな人が薄く半透明に見える。だが、そこで介入して誰かを救おうとすると、その分自分の命が縮んでしまう（なんでそんなことがわかるんだ！）。しかるに主人公**神木隆之介**はどうやら列車事故で大量死が出るらしいことを知る。そして恋人である有村架純も死の運命にあるらしい。
　さてそれで、「二人の運命の結末は、秘密にしてください」とか言ってるんだけどさ、**いざ映画見たらこれがほぼ話のすべてなんだよ！　ここまで何もない話だとさすがにびっくり。** 原作小説短編……じゃないんだよね？　なぜこんな話を映画化しようと考えたのか、そっちのほうが不思議になってくるレベル……。

主人公木山（神木隆之介）は二〇年前、飛行機事故で両親を失い、自分ひとり奇跡的に生き残った過去があった。現在は親代わりに育ててくれた遠藤夫妻（**時任三郎、斉藤由貴**）の元で暮らし、遠藤が社長をつとめる自動車修理工場で働いている。飛行機事故がトラウマになり、つねに後ろ向きで積極的に「選択」ができない人間なのだ。携帯を落として画面が割れてａｕショップに出かけ、美人店員桐生葵（有村架純）に声をかけられても「何かを選ぶのって苦手なんです……」と新機種を選べずにいる。

ところがその帰り道、前を歩いている人の手が透明になっているのを目撃する。当人も、周囲の人間もまったく気づいていない様子だ。そのまま後をつけていくと、男はいきなり横から飛び出してきた車に轢かれてギャグみたいに死んでしまう。どういうことなんだ？と困惑した木山だが、理由がわからないんでとりあえず放置。

その後とうとう使えなくなった携帯を交換しに再度ａｕショップに出かけた木山。またしても応対してくれた葵の手が透けているのを見て驚愕する。

これはきっと何かあるに違いない、と意を決した木山、勇気をふりしぼって、仕事が終わったあと会ってくれと頼みこむ。駅前の喫茶店で待ち合わせた二人。

自分でもどう言ったらいいのかわからないまま葵に相対する木山。だが葵の手を見ると、今度ははっきり見える（透け感がなくなっている）ではないか！　よくわからないが運命は変わった！「もう悩みは消えました。さようなら！」とナンパされるかと思いきや電波なことをつぶやかれただけでひたすら当惑な葵を放り出して帰ってしまう木山である。

で、それで話が終わるかと思いきや、ある日今度は葵が工場に木山を訪ねてやってくる。顧客カードからこっそり住所を見て、勤務先を訪ねてきたのだ（コンプライアンス……）。

「あなたはわたしの命を救ってくれたんですね」とズバリ言い当てる葵。「実は帰り道にある工場で爆発事故があったんです。本来ならあそこを通っているはずだったけれど、あの日、あなたに呼び止められたおかげで時間がずれて助かったんです」

だが木山は「偶然ですよ」とそっけない。ところがさらに木山は選択を迫られる。今度は恩ある社長の手が透けだしたのである。その日、「食事でも行きませんか？」とボディガードのように脇につく。と、途中で鉄パイプをふりまわして殴りかかってきた暴漢から身を呈して社長を守る。相手は顧客の車を乗り回したせいでクビになった先輩社員金田（**志尊淳**）だった。そのまま木山は心臓発作に見舞われて気を失う。

病院では狭心症の診断を受けた木山。ところが少女の手が薄れているのを見て愕然とする。まあ病院だから死ぬ人くらいいるだろう。思わず声をかけようとするが、そこで「やめとけ」と主治医に声をかけられる。なんと主治医も「フォルトゥナの瞳」の持ち主だったのだ。「おまえも透けて見えるんだろ？」

生死の境をさまよう経験をしたあと、「もうすぐ死ぬ人が透けてみえるようになった」医師は運命を変えるようなことはしてはいけない、と忠告する。「それは神の領域だから」他人の運命に介入すると、自分の命が縮まる。狭心症もそのせいなのだ……って**だからなんでおまえがそんなこと知ってるんだよ！**

この手の自分ルールを勝手に作る映画につねにつきまとう、ルールを説明する役の人間が何者なのかという問題、いまだ解決されてないようで。「他人の運命に介入するというのはその人の人生すべてに責任を持つことだ」と医師に言われた木山、突然自分が救った人の人生を背負う決意を固め、auショップに走って葵を呼び出す。

「桐生さん、ぼくとつきあってください！」

最初からOKサイン出しまくりの葵はもちろん受け入れ、二人のラブラブ生活がはじまる。だがそこに迫ってくるのがフォルトゥナの魔である。木山が恨み骨髄の常連客（昔木山が優柔不断すぎて「誘って」サインを無視しつづけた同僚をヤリ捨てたプレイボーイ）（しかしこれも木山の自業自得ではないのかという気も）が店を訪れ、その手が透けていたにもかかわらず嫌いな相手だったからそのまま放置して死にいたらしめる。で、後から後悔し、自分を責めてひどく落ち込むという自作自演の一幕があり、そこでたまたま出かけた公園で、砂場で遊んでいる幼稚園児たちがみな手が透明であることに気づく。

何やら巨大なカタストロフが迫っているらしい。それは鉄道事故であり、しかも葵が通勤で利用している電車らしい。このタイミングでちょうど葵の手も透けてくる。ことここにいたって木山、飛行機事故で死に損なってからずっと抱いていた「自分の人生はなんのためにあるのだろう」という答えを見つけるのであった……。

……ということで木山がこれ以上人を救ったら自分は死ぬと知りながら突入する美しい自己犠牲を称えて映画は終わるのだが、そこでやらずもがなのオチがついていて、というのは葵は実は二〇年前の飛行機事故で木山とともに生き残った少女であり、彼女も「フォルトゥナの瞳」の持ち主で、だから木山が自分を救ってくれたことを察知して運命の相手だと思いさだめて接近してきたのであり、そして木山が葵を救うために自己犠牲をする気になったときに彼の手が薄くなってきたのに気づいて、代わりに自分が死のうと思ってあえて事故が起こるはずの電車に乗ったというのである。

この「自己犠牲する気になっただけで透明になる」という部分をどうとらえるべきかという問題を置いておくにしても（そのとき葵は透明じゃなくなってるんだから、木山は自爆をやめてもいいはずなのである。そしたらまた葵は透明に戻るのか？）、そこまで知ってたんだったら葵が「実はわたしもフォルトゥナの……」って木山に告白して「あなた透明になってるわよ」って言えばよかったんじゃないの？

そうなったとき、はたして運命がどうなるのか、木山や葵の心臓がもつのかどうかはいくら考えてもわからないんで百田先生に聞いてください。

※1　百田尚樹

一九五六年生まれ。元小説家、元放送作家。二〇〇六年『永遠の0』で、小説家デビュー。版元のひとつである幻冬舎のキャッチフレーズは「日本一売れる小説家」。その一方で、再軍備主張や南京大虐殺を否定する歴史修正主義者としての発言が都度批判されている。二〇一八年には日本の歴史を書いたとする『日本国紀』を上梓したが、ウィキペディアの記述や新聞の記事などと文章が非常に類似しており、盗用と指摘される箇所が続出。また学問的な記述も正当性がないことから問題とされているが、二〇二〇年三月現在でも版元の幻冬舎は出版を差し止めてはいない。また二〇一九年六月には小説家引退宣言をした。映画『永遠の0』については『皆殺し映画通信』三六九ページ参照。

※2　フォルトゥナ

フォルトゥナはラテン語で幸運を意味する。またはローマ神話の運命の女神のことで、運命の車輪を繰り、人々の運命を司ると言われている。

清水富美加あらため千眼美子の幸福の科学実写映画第二作。オタク息子が指揮を取っていた映画ではここまで露骨なエル・カンターレ推しではなかったことを思うと……

『僕の彼女は魔法使い』

監督＝清田英樹　原案・製作総指揮＝大川隆法　脚本＝チーム・アリプロ　音楽＝水澤有一　主題歌＝大川咲也加
出演＝千眼美子、梅崎快人、春宮みずき、佐伯日菜子、高杉亘、不破万作

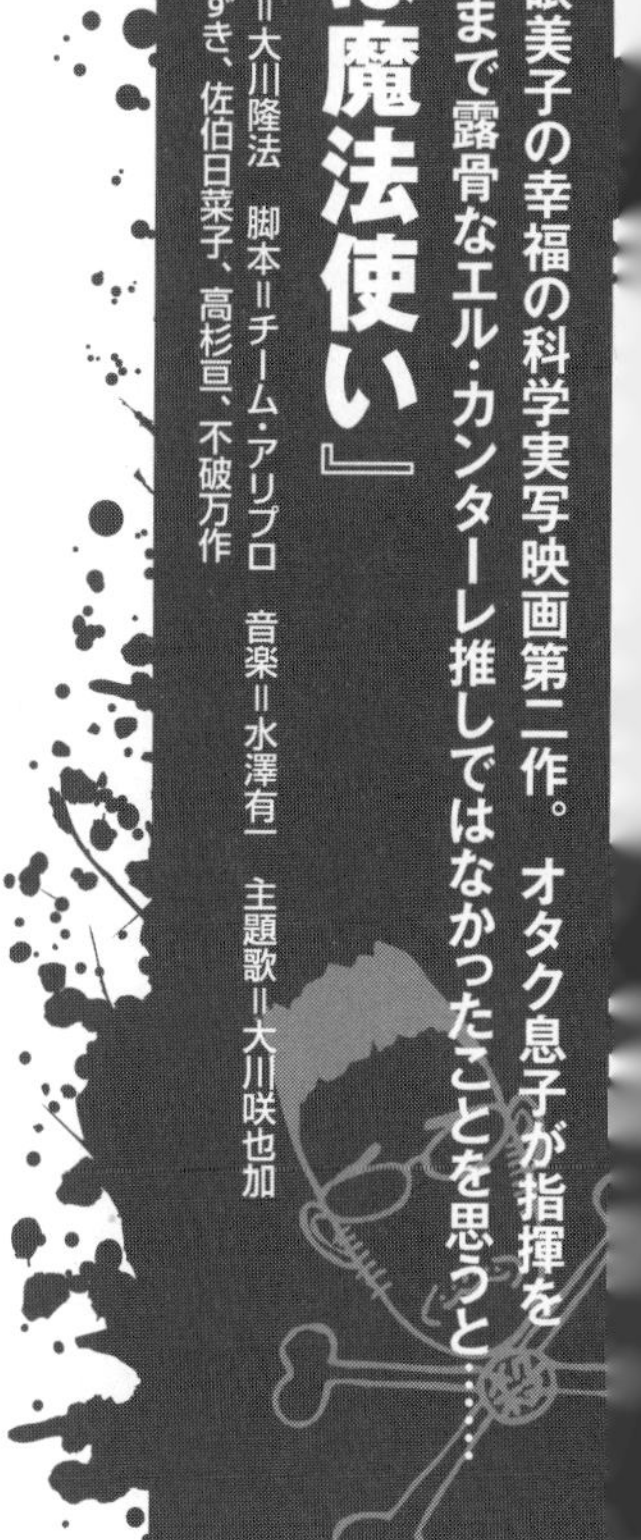

「魔法、それは奇跡を起こす力」というわけで、[※1]清水富美加あらため**千眼美子**の幸福の科学実写映画第二作。よりによってこの公開に合わせるかのように大川隆法による強制結婚騒動が暴露され、嫌でも注目されることになった。本作の予告編を見たときに「大川総帥、清水富美加の加入で舞い上がってないか？　その舞い上がりっぷりに[※2]大川宏洋がついていけなくなったんじゃないか？」などと妄想したのだが、当たらずといえども遠からずだったようで……。

さて、優一（**梅崎快人**）は『錬金術とヘルメス文書』なんて本を読んでいるごく平凡な横浜在住の高校三年生。そのクラスに転校生白波風花（千眼美子）がやってくる。美人にいろめきたつクラス……だがさすがにいろいろ無理がありますな。本作の千眼美子、大川隆法の好みなのかなんなのかわからないが白痴のようなぶりっ子漫画演技をくりひろげており、**かつての演技派の欠片も残っていない大惨事である。**ルックスだけでなく演技も「女子高生白魔術師」というにはいささかきつい……だが優一は愕然、その顔はうたた寝の夢で見た顔だったのだ。

そんな転校生は「ユーイチって呼んでもいい？」と異常に気安く優一に急接近し、幼馴染の百合子（**春宮みずき**）は気が気ではない。がっつり優一に食いついた風花、

「部活は?」

「帰宅部なんだ」

「じゃあ、家で錬金術とかやってるの?」

なぜ自分の読んでいる錬金術本のことを知ってるんだ……!?と驚く優一だが、いやそもそも「放課後に錬金術」って発想が変だろうが! そっちに突っ込めよ!

その後も弁当を作ってくるが、優一がブロッコリーが苦手だと知ると「あ、UFO!」と視線をそらしたすきに魔法で卵焼きに変化させたり、優一がテストで困っていると魔法で答えを教えたりする風花である。さすがに何かおかしいと思いはじめた優一、

「まるで、きみは……」

問われて、

「もしもわたしが魔法使いだったら気持ち悪い?」

「たとえ魔法使いだって、風花は風花だよ」

「うれしい!」と抱き合った二人、ウキウキ空飛ぶ箒デート。だが、そこをカラスが襲ってくる。

「……見つかったか……」

そう、彼女風花は「与える愛」の魔法を使う白魔術師だったのだが、実は白魔術師はみずからの欲望のために魔法を使う黒魔術師に駆逐され滅亡寸前なのである。風花の魔法、優一にいい思いをさせるためだからいいというのか?

だが**下心丸見えで彼氏にサービスする魔法が欲望のためじゃないと言われてもまったく納得いかないんですけど。**このまま一緒にいると彼に迷惑がかかってしまう……と思いさだめた風花、魔法で彼の記憶を消すことを決意する。

「ほんの少しのあいだだったけど、幸せだった」

五年後。新入社員の優一は、取引先の社長の息子の結婚式を仕切る仕事をまかされる(余談だが

優一が勤めているのがなんの会社なのかさっぱりわからず。ウェディングプランナーではないと思うのだが）。その相手先の社長秘書として登場したのが風花！　黒づくめで化粧も濃く、ぐっとアダルティになった風花である。

正直、白魔術師風花は（あるいは大川総帥の趣味なのではないかとも思われるのだが）白いワンピースにもっさいカーディガンみたいな格好でダサいことおびただしく、こっちのスタイルのほうがだいぶ魅力的に見えてしまった。そんな彼女に「あら、久しぶり」と言われても「え、同級生……覚えてない」と困惑顔の優一。「あんなに仲良かったのに」と言われても覚えていないのだからしょうがない。魔法がしっかり効いております。

その一方で彼は謎の魔法力を身につけており、結婚式を「黒ずくめでやりたい」と非常識なことを言い出す風花に対し、魔法でブラックのコーヒーをピンク色に変えてしまうブラックジョークで高度な嫌がらせをしたりする。

「ぼく、魔法使えるようになっちゃったんですよ。理由はわからないんですけど」

と風花にぼやく優一。風花、慌てず騒がず、

「じゃあ、わたしの叔父に会ってみない？　心療内科の名医なのよ」

というわけで医師大倉（**高杉亘**）のお屋敷で診察を受ける優一。

「魔法なんてものはないよ。非科学的なものは存在しないんだ。すべて幻覚なんだよ」と諭す大倉、なるほどと納得してしまう優一である。この辺、非常にゴチャゴチャした展開が続いて、いかにも素人の書いた脚本という感じである。

ようやくやってきた結婚式本番、あんなに「黒にしろ！」と騒いでたわりには普通の白いウェディング・ドレス着てガーデン・ウェディングをやっている。ところが突然の雨で結婚式は台無しに。公園のベンチに座りこみ、もう会社もクビだ〜と騒ぐ優一。さすがにあきれ顔の風花。

ところがそのタイミングで、偶然、携帯から昔よく聞いてきた「ＨＯＬＤ　ＯＮ」（作詞作曲：大

川隆法　歌：大川咲也加）が流れだす。実は風花との思い出の曲なのだった。途端にいろんな思い出が甦ってきて「思い出したぞ！」と叫ぶ優一。ここから長い長い回想シーンのはじまり。

実は五年前、魔法をかけるつもりだった風花は失敗して彼の記憶を消せなかった（！）。だがすぐ転校して彼の前から姿を消した風花を探してさまよう優一の前に謎の老人から「風花はここにいる」と謎の地図を渡される（謎の雑展開）。その地図にしたがって行った森の中のログハウスみたいなところに風花は死んだ祖父（**不破万作**）と一緒に住んでいる。

「これは何？　夢なの？」

「夢といえば夢、霊界と言えば霊界」

誰も霊界だなんて言ってないよ！　ともかく彼女たち白魔術師を狙う黒魔術師から逃れるために逃げこんだ霊界で「風花を守るため」に魔術修行をする優一である。

ちなみに風花の母が黒魔術師ベルバンに襲われる回想の中の回想シーンでお待ちかねの**佐伯日菜子**が登場。出演シーン、もう一箇所合わせても三分くらいだったんだが、いったい出演料いくらもらったんだろう……祖父の霊体から「創造と神秘の神、エル・カンターレ[※3]を信じなさい」「真理はきみを自由にする」「愛の魔法がいちばん強くなるのは、神と一体となったときだ」などとガンガンに洗脳されまくった優一はせっせと魔術修行に勤しみ、ある程度力がついたところで、「お振替の術」で風花の魔術力を自分に移すことを提案する。魔力を持っていたら黒魔術師から狙われてしまうからだ。

風花は反対するが優一の意志は強くお振替実行。さらに今度こそ優一の記憶を消して、風花の居場所をわからなくする。

「大丈夫だ。脳の記憶は消えても、魂の記憶は消えない！」

というわけで今度こそ記憶を失った優一、霊界からこの世に戻ってくる。ところがその直後に黒魔術師ベルバンがログハウスを急襲、魔力を持たない風花はたちまち囚われてしまう……って記憶失った意味なくないですか？

……と、ここまでをベンチから立ち上がった瞬間に思い出した優一、ブラック風花とともに大倉こともちろん黒魔術師ベルバンの館に乗りこむ。

「きみのためにいいワインを用意しておいたんだよ」

「いえ、結構です」

とワインではなく水を飲む優一。ブラック風花のことを「心が違う！」から本人ではないと断言。そう、彼女こそ「ほしければ奪えばいい」と黒魔術師に誘惑されて、変身した幼馴染の百合子だったのである。ところがいざ変身してみたら優一は風花のことを忘れていたために、なんの意味もなかったというオチなのだった。

ところがそこでいきなり苦しみだす優一。なんとぬかりなく水にも毒が入っていたのである。こ、この映画でいちばん笑えるところでしたね。

まあそういうわけで絶体絶命かと思いきや、もちろんそこで風花が封印を解いて神に祈り、「神の愛を信じることが大事」とか言って黒魔術師を撲滅してしまうわけだが、それなら最初からそうしておけ！

『宇宙の法　黎明編』[※4]のときにも思ったことなのだが、ここに『幸福の科学』映画の問題点が凝縮されている。**結局エル・カンターレに祈ればすべて解決するのであれば、それまでの葛藤も努力もまったく意味なかったということになってしまうではないか。**優一の魔術修行なんてなんの意味もなかったわけだし！

そこらへんの問題、大川宏洋が指揮を取っていた作品ではそこまで露骨ではなかったことを思うと、やはりオタク息子もそれなりに考えていたのかと思わされてしまった。なお、上映前には次回作として『世界から希望が消えたなら。』[※5]の予告編がかかっていたことも付け加えておきたい。まさかの岩井俊二[※6]の悪影響がここにも……。

※1　清水富美加あらため千眼美子

一九九四年生まれ。女優、モデル、歌手。二〇一七年に所属していたレプロエンタテインメントを出家するとして離脱、あらたに幸福の科学が母体となるARIプロダクションに所属した。その出家にともなって、清水富美加から千眼美子と名前を変えた。

※2　大川宏洋

一九八九年生まれ。俳優、脚本家、YouTuber。大川隆法の長男。近年は、幸福の科学グループ内「ニュースター・プロダクション」社長として幸福の科学映画の制作、プロデューサー、監督。俳優業など映画にかかわる仕事をこなしていた。二〇一七年十二月三十一日に突然、幸福の科学教団と社長の座を退き、今後はフリーランスの俳優・脚本家として活動することを表明。二〇一八年に、個人事務所「宏洋企画室」を設立、現在はそこの所属として活動している。

※3　エル・カンターレ

幸福の科学の本尊のこと。『地球の光』を意味するという。大川隆法は、このエル・カンターレの「本体意識」であり、「肉体を持って地上に降り、法を説いている悟りたる者（現代の仏陀）」であると幸福の科学では位置づけている。

※4　『宇宙の法　黎明編』

『皆殺し映画通信　お命戴きます』一九三ページ参照

※5　『世界から希望が消えたなら。』

本書一七二ページ参照

※6　岩井俊二

一九六三年生まれ。映画監督。『Love Letter』『スワロウテイル』などの作品によって熱狂的なファンをもち、広く影響を与える。2016年の映画『世界から猫が消えたなら』（『皆殺し映画通信　地獄旅』一〇六ページ参照）は岩井ファンまるだしだと本編で罵倒されている。

「皆殺し映画界のカンヌ」ことモナコ国際映画祭。
なぜ無名の日本映画ばかりが賞を取るのか、それは永遠の謎

『笑顔の向こうに』

監督＝榎本二郎　原案・製作総指揮＝瀬古口精良　脚本＝川崎龍太　撮影＝ふじもと光明　音楽＝フジパシフィックミュージック
出演＝高杉真宙、安田聖愛、辻本祐樹、池田鉄洋、木村祐一、佐藤藍子、熊切あさ美、藤田朋子、丹古母鬼馬二、大平サブロー、児島美ゆき、中山秀征、秋吉久美子、松原智恵子

第十六回モナコ[※1]国際映画祭グランプリ作品。「皆殺し映画界のカンヌ」とさえ言われ、一部のみでたいへんな知名度を持つ映画祭、最近ではもっぱら寺西一浩[※2]監督作品で知られている。昨年はその寺西監督が『TOKYO24』[※3]で主要五部門を制覇して貫禄を見せつけたが、同時に出品されていた日本映画がグランプリをさらっていった。なぜモントリオール国際映画祭なみに無名の日本映画ばかりが賞を取るのか、それは永遠の謎である。

そんな輝かしき経歴を誇る本作、なんと製作：日本歯科医師会！「８０２０運動三十周年記念事業」とかで、「80歳になっても20本の歯を保つ」を目標に厚生省と日本医師会が一九八九年にはじめた「８０２０運動」の三十周年を記念し、歯科衛生にかかわる人々の素晴らしさを訴える映画なのである。原案・製作総指揮の瀬古口精良が日本歯科医師会の常務理事ということなんで、どうやらすべての元凶であるらしい。

こんな事情なのでわりと金がありそうで、空っぽの物語にもかかわらずキャストにはなかなかの有名人の名前がずらりと並び、にもかかわらずスタッフの中にはピンク映画系の人名がほの見えるというアンバランスぶり。クレジットにずらりと並ぶ諸団体・業界大手各社の名前が歯科医師会の

権力のほどを見せつけてくる。**まさかの口腔《こうくう》衛生エクスプロイテーションの登場である。**

　ヒロイン、まなつ（**安田聖愛**）は専門学校出たての新人歯科衛生士。山田デンタルクリニックに勤めはじめたものの、ドジして凹《へこ》んでばかり。そこで先輩歯科衛生士たちから「王子」と呼ばれて人気のイケメン歯科技工士（入れ歯や差し歯などを作る技師）のことを聞かされる。

「王子ですって？　わたしも会ってみたい！」

　ところがその「王子」、金沢でともに育った幼なじみ大地（**高杉真宙**）なのだった……ってそもそも金沢での幼馴染がウン年ぶりに東京で偶然再会して、それがどちらも口腔衛生関係職とかどんな偶然なのかってツッコミたくなるところなんだけど、それより前、この映画はじまりから朝目覚ましで起きようとするまなつ↓早朝から真剣に仕事する大地というクロスカッティングで二人の対比を紹介してるんで、出会いになんの意外性もないのだった。

　で、あとは自信家で嫌味な大地と、「しょまな」（金沢弁でドジっ子の意）まなつとのあいだで予定調和なツンデレ恋愛がくりひろげられるわけである。

　と、いうわけで以下略でもいいのだが、一応話を説明しておく。大地の父（**池田鉄洋**）は同じく歯科技工士だが、手に怪我を抱えている。大地は父のあとを継ごうと申し出るが、父から「……おまえは半人前だ」と言われて喧嘩になり、東京に出てきたという経緯がある。王子と言われるだけあって、自信もあるし東京の歯科大学から誘われるくらい腕もいい。当然まなつのことなんか馬鹿にしている……はずがある日、いきなり「恋人のふりをしてくれないか」と頼んでくる。

　実は田舎から出てきた祖母（**松原智恵子**）が、見合い話を持ってきて居座っているというのである。それが嫌な大地は家族同様のつきあいで祖母もよく知っているまなつを代理にたてる。いやあ今どきこのパターンか……という手垢のつきまくったラブコメ展開。

　以下、意地っ張り二人の恋模様が綴られるのだが、大地の祖母と三人で食事するとか、凹んでいる大地を励ますために一緒に江ノ島デートに出かけるとか**（またしても江ノ電映画！**[※4]　**江ノ電恋愛**

アレである。

というのも法律禁止事項！）。まあ嫌がりながらもだんだんにお互いのことを意識してゆくという

一方、まなつが出張診察に行った先は歯を悪くして流動食しか食べられなくなったためにわがまま

まで寝たきりになってしまった患者**（丹古母鬼馬二）**。

一計を案じた医師が入れ歯を勧めたので（ちゃんと食べられるようになれば生きる活力が湧いて

きて寝たきりも脱却するという口腔衛生プロパガンダ）、大地がその入れ歯を作ることになる。だが、

大地が作った入れ歯を口に入れた患者、

「いたあああい！　こんなもんいらん！」

と投げ捨てる。それを聞いてショックの大地。どうしても相手の気に入るものを作らなければ、

とファイトを燃やすが、先輩からさえ「見栄えはいいけど、独りよがりになってるよ」と言われる

始末。どうしたらいいのか……というところで、要領の悪さをカバーしようとまなつがとっていた

メモが役にたつ。

「カボチャの煮つけとか固いものが好きだって。あと右側で噛むくせがあるんだって……」そのア

ドバイスを得て作り直した入れ歯はバッチリで患者も喜び大地もまなつの患者に寄り添う姿勢を見

直して……って**それくらいのこと最初からやっとけよ！**　だから半人前って言われるんだよ！とい

うところまでようやく理解した大地。

そこで急な連絡があり、金沢に帰ってみると実は祖母は入院していた。癌で余命半年だという。

実は大地を説得して故郷に連れかえすつもりで東京に押しかけてきていたのだった。

「まなつちゃんと付き合ってないのはわかってたのよ」

と言うわけですが、はいはいわかったわかった。大地はもちろん父と和解して金沢に帰ることに

なり、駅に追いかけてきたまなつに自分が歯科技工士の工具で作った指輪をプレゼントしてハッピ

ーエンドなのだが、この「歯科技工士の工具で指輪を自作する」行為、映画の中ではみんなやって

るんだけど、本当にいいんだろうか?と色々不安になってしまった。

※1　モナコ国際映画祭
二〇〇三年から始まった、世界で唯一の非暴力映画を顕彰する「愛と平和と芸術の」映画祭。最優秀の作品には「天使の賞」が与えられる。
※2　寺西一浩監督
本書『17歳のシンデレラ　東京ボーイズコレクション〜エピソード2〜』の註（一三四ページ）を参照。
※3　『TOKYO24』
本書一九一ページ参照
※4　江ノ電映画
いままでに取りあげた江ノ電映画は、次のようなラインナップである。
『江の島プリズム』……『皆殺し映画通信』一三五ページ参照
『陽だまりの彼女』……『皆殺し映画通信』三〇六ページ参照
『ビブリア古書堂の事件手帖』……『皆殺し映画通信　お命戴きます』一三五ページ参照
『広告会社、男子寮のおかずくん［劇場版］』……本書一三五ページ参照

なんでこの予定調和の自作自演が「泣ける恋愛ストーリー」なのか、ほんまわからんわー

『九月の恋と出会うまで』

監督＝山本透　原作＝松尾由美　脚本＝草野翔吾、山田麻以、山本透　撮影＝飯田佳之　音楽＝エバン・コール　主題歌＝androp

出演＝高橋一生、川口春奈、浜野謙太、中村優子、川栄李奈、古舘佑太郎、ミッキー・カーチス

「物語はその恋を見つけたときからはじまる……」

　またぞろインチキタイムトラベル恋愛映画かい……と思ってみたら、**なんと原作：松尾由美！**[※1]久しぶりに名前見たけど、こんな作品書いてたのか……実に二〇〇七年に出版された本が、二〇一六年にTSUTAYA書店員が絶版書籍の中から選ぶ「オススメしたい本」に選ばれ、双葉社からTSUTAYA復刊プロデュース文庫として復刊されたのだという。

　それで双葉社が過去の成功体験にのっとり、映画化企画に動いたというわけなのかな？　そういうわけで見ながら松尾由美原作らしいところを探していたのだが、平野（**高橋一生**）がタイムトラベル薀蓄を開陳するあたりがちょっぴりSFオタク臭かったでしょうか。

　旅行会社勤務の北村志織（**川口春奈**）は、アーティストばかりが住んでいるマンション「ゴドー荘」に越してくる。気さくな住人たちとすぐ仲良くなるが、隣に住む平野進だけはうちとけず、すぐに部屋にひっこんでしまう。オーナー（**ミッキー・カーチス**）にたずねると「彼は……卵だな」の返事。そう、平野は作家の卵として処女作執筆中の身だったのである。

　その夜、九時ちょうどになったころ、壁に空いたエアコン用の通気口から声が聞こえてくる。

「北村志織さん！　北村志織さん！」

「……はい？」

「奇跡だ！　つながった！」

接続が悪くてときどきかすれる声、「そちらは今、何年ですか？」

「？　ええと二〇一八年九月十四日だけど？」

「こちらは二〇一九年です。ぼくは一年先から話しかけているんです」

そんなことを言われても信じられるわけがないが、声は「明日は雹が降ります」と予言し、その通りに雹が降る。さらにはプロ野球選手とアイドルの結婚とか、天才少年棋士がタイトルを獲得するとか、次々に未来の出来事を的中させるので信じないわけにはいかない。で、あなたは誰？

「平野です。ぼくを救ってほしいんです」

え、平野って、隣の部屋の？　どういうこと？

「理由は言えませんが一年前のぼくを尾行してほしいんです」

というわけで理由もわからないまま休日になると平野の尾行をする志織。いったいなんの犯罪に巻き込まれるのか……と思っていると、

「九月二十七日は一日中尾行してほしいんです」

えーまた休日つぶすのー、とぶーたれながらも翌日起きるとひどい熱。それでも律儀に尾行に出かける。だが、予想に反して何も事件が起こらず、帰ってくるとなんと家が荒らされている！　どうやら泥棒に入られたらしい。災難な……というところで窓の外を見ると、平野の部屋にエアコンが付いている。これ付いていたら話せないじゃん！と「なんでつけたの⁉」と大声で詰問したもんで、平野が志織の部屋に来てしまう。憤懣やるかたない平野、文句を言おうと口を開いた瞬間、朝から熱を出していた志織がぶっ倒れてしまう。パニックの平野……。

志織が気がつくとベッドに寝かされており、テーブルにはおかゆと風邪薬が。親切のつもりかも

知れないが、普通にキモいよ！　コミュ障らしく志織が気がつくと逃げるように帰ってしまった平野。

後日、お礼を言うために志織が家に招くと、ちょうどそこへ警察がやってきて、空き巣犯が捕まったことを伝える。犯人は実は強盗殺人犯。空き巣に入った先で家にいた主婦を殺害、指名手配されていたという。「あの日、家にいらっしゃらなくて本当によかった」と言う警官。

つまり九月二十七日、平野の尾行をしていなかったら、熱を出していた志織は家で寝ていたろうし、すると空き巣に襲われていたかもしれない。そう、一年後の平野からの指令は、自分ではなく志織を救うためのものだったのだ！（まあ証拠は何もなくて、ただの推測だったりするわけですが）

というわけで平野に未来からの声の話をする志織。

「こんな話、信じられないでしょうけれど……」

「信じます！」

なんでかっていうと、平野が書いているのは「犯罪を扱ったSF小説」だからだ！　まあしかし**SFファンだとこういう場合面倒くさい理屈ばかり言って、あまりメルヘンな話は信じないと思いますよ！**　一応信じたものの、そこはSFファンらしく面倒くさい感じでこの状況を推理する平野。

向かいの部屋から声が届いているとは考えにくく、おそらくは志織の部屋で時空間がゆがんで未来とつながっているのだろう。未来の「平野」は一年後に志織の部屋に入り、そこから通信を送ってきているに違いない。

で、時間移動にはタイムパラドックスがつきものだ……とここから本格的にSFファンらしくなってきて、タイムパラドックスの解消パターンを志織に向かって図示してくれる。

①同じ時間が何度もくりかえすループ型
②パラレルワールド。タイムトラベル時点で新しい世界線が生まれる多世界解釈型

③ 歴史の修正。タイムパラドックスを避けるために存在自体がなかったことにされる

というわけでパラドックスが生まれるのを避けるためには一年後、誰かがこの部屋から志織を救うメッセージを送らなければならない。それも志織が覚えているとおりに。声は「平野」と名乗ってはいたが、時空間を超えるときに歪んでいたので本当に本人かどうかはわからない。というわけで平野と志織は未来に志織を救ってくれるはずの「平野」(声が歪んでいたので〝シラノ〟と呼んでいる)を探しはじめる……ってなあ!

そんなの誰がどうしたってこれがきっかけで二人が仲良くなって最終的に平野が「シラノ」[※2]になるに決まってるじゃないか! しかるに平野は執拗に「ぼくじゃありません。ぼくのわけはありません!」と拒みつづけ、「誰か志織さんを救いたいと思ってる人はいませんか?」と志織に尋ねて、学生時代のBF森秋(**古舘佑太郎**)の名前を聞き出す。大学卒業後、アメリカに留学して縁が切れてしまった森秋の行方がわからないと二人で大学に行く。そこはシャボン玉が飛び交う夢の世界で二人は楽しくデート……**ってもう付き合ってるじゃないか! それでいいだろ!**

すでに志織のほうは完全にその気なんだが、なぜか平野は煮え切らない。そうこうするうち、アメリカに行っていたというオーナーの親戚がマンションの空き部屋に入ることになる。引っ越してきた親戚の顔を見てびっくり、まさしく大学時代の恋人森秋ではないか。

しかもタイミングよく、志織に茅ヶ崎支店への転勤の内示がある。じゃあきみが引っ越した後に森秋が入居し、二〇一九年九月十四日にクーラー取り付け口に向かって話しかけて志織を救ってくれるということでいいね、と身を引こうとする平野に、志織は「でも、わたしはあなたに救ってほしいの」と迫る。「でもぼくにはそんな資格がないんだ」と言う平野は「迷惑なんだよ!」と誰も信じない愛想尽かしをする(資格ってなんだよ!)。志織は「でも、わたしは自分の心に忠実に生きたい……」と茅ヶ崎に旅立つ。

半年後、九月二十七日を迎える志織。午後三時（一年前に空き巣がはいった時刻）が近づくと、（誰も自分を救う声をかけてくれないことでパラドックスが発生して）自分が消滅するなら一人で静かに消えたいと仕事を早退し、海岸で一人その時刻を待つ。もうすぐ三時……というところで電話が鳴る。取るとそれは「やっと会えたね」と平野からである。後ろを振り向くと海岸に歩きながら電話している平野。っておまえなんでドヤ顔やねん！

まあ要するにいまだ作家の卵のままだった平野には志織を救う資格がないと思っていたのだが、その後森秋を問い詰めて彼が志織に振られ、志織は森秋に自分を救う役をふりつけてはいないことを知り、オーナーに頼みこんで志織の部屋のあとに入れてもらい、一念発起してタイムトラベルラブストーリーを書いてどこぞの新人賞を見事獲得し、その授賞式がちょうど九月十四日だったので賞をもらうと同時に家に飛んで帰ってクーラー取り付け穴に飛びついたらそれがちょうど九時で「奇跡だ……間に合った」という予定調和の一幕を演じたことをドヤ顔で語る平野なのだったが、**いやだからそれ全部おまえの自作自演でしかないから！**　なんでこの予定調和の自作自演が「泣ける恋愛ストーリー」なのか、ほんまわからんわー。

※1　松尾由美
石川県金沢市出身。ＳＦ、推理作家。お茶の水女子大学卒業。メーカー勤務を経て小説を書きはじめる。一九八九年『異次元カフェテラス』でデビュー。一九九一年『バルーン・タウンの殺人』がハヤカワＳＦコンテストに入選。『安楽椅子探偵アーチー』シリーズ、『バルーン・タウン』シリーズなどの連作もある。『九月の恋と出会うまで』は、ＴＳＵＴＡＹＡ書店員の「今、本当にオススメしたい文庫」恋愛部門第一位に選ばれる。

※2　シラノ
エドモン・ロスタンの戯曲『シラノ・ド・ベルジュラック』の主人公。十七世紀フランスに実在した剣豪作家、シラノ・ド・ベルジュラックがモデル。シラノは従妹ロクサーヌを恋い慕っていたが、自身の容姿が醜いため心を明かすことができない。なので、同じく彼女に恋していながら文才のない美男クリスチャンの代筆や声のかわりをしていた。ロクサーヌはシラノの代役口上や手紙の文章の美しさによってクリスチャンに惹かれていくが……という物語。

ラピュタ阿佐ヶ谷館主が監督の反原発映画。アニメのレベルも高く、実写も有名キャスト。
なかなか見せるシーンもあって、じゃあストーリーはと言うと……

『ニッポニアニッポン フクシマ狂詩曲《ラプソディ》』

監督・脚本・原案＝才谷遼　撮影＝高橋義仁　音楽＝江口貴勅　アニメーション制作＝眞賀里文子、伊藤有壱、野中和隆、石田卓也、才田俊次、ユリア・ラディツカヤ、古川タク、地場賢太郎、ユーリー・ノルシュテイン、クリヨウジ　トキ・キャラクターデザイン＝のん
出演＝隆大介、寺田農、デコウトミリ、宝田明、慶徳優菜、柳沢なな、関口晴雄、伊嵜充則、飯田孝男、原知佐子、桜井浩子、外波山文明、山谷初男、柳澤愼一、坂本頼光

原作阿部和重[※1]……ではない。そうではなくて、トキ・キャラクターデザイン「のん」[※2]である。これだけでもかなりびっくりなのだが、見るとさらに驚きが溢れでてとまらない本作はラピュタ阿佐ヶ谷館主にしてふゅーじょん・ぷろだくと社長才谷遼が監督・脚本・原案をつとめる3A映画『セシウムと少女』[※3]に続く監督第二作。もちろん反原発映画である。

そしてアニメーションは前作にも増して豪華。ユーリー・ノルシュテイン[※4]、石田卓也、古川タク、才田俊次……樋口真嗣が絵コンテを描いて眞賀里文子が動かした大蛸による福島第一原発破壊シーンは怪獣映画的魅力が炸裂するし、伊藤有壱&I・TOON[※5]の骸骨兵士は、レイ・ハリーハウゼンへのオマージュというだけあって本編中でももっとも愉快な「視覚へのキャンディ」であった。

そういうわけでアニメーションのレベルは前作にも増して高く、さらに実写のほうもあっと驚く有名キャストが並んでおり、なかなか見せるシーンもあって、じゃあストーリーはというと、これが……描きたいことがわからないとかそういうことではない。テーマははっきりしているしよくわかる。なんせ最後に**隆大介**が絶叫する。「やはり間違っている。誰も責任を取らないなんて。原発は要らない！」

まあ**その結論はいいのだが、そこにいたるまでの過程があるかというと、特にない！**　なんというか、個々のシーンが本当にバラバラで、まったくつながっておらず、脈絡もなく話は飛ぶし、ほぼ思いつきで目の前にあることを撮っていったら映画ができあがった……ようにしか見えないのだ。だからこの映画、説明が本当に難しい。どのシーンも必要ないといえばないし、あるといえばあるし。**おもしろいとかつまらないとか完成度が高いとか低いとかそういうのを超えたところで成立してしまっているのだった。**

会津若松市役所勤務の楠穀平（隆大介）は息子の嫁であるハルカ（**デコウトミリ**）と娘ウミ（**慶徳優菜**）と三人で静かな暮らしを送っている。ある日、穀平は原発事故最前線である福島県楢〝穂〟町特別震災広報課への応援勤務を命じられ、単身楢穂町に向かうことになる。ハルカは会津の小児科病院につとめているのだが、そこにいる少年ユウくんがイマジナリー・フレンドの女の子と話しているのが少々気になっている。少女〝ミドリ〟ちゃん、何やらものを動かしたりするようにも見え、本当にイマジナリー・フレンドなのか、幽霊なのか（震災の亡霊なのか）あやふやなままである。

楢穂町に着いた穀平は、助役の村井（**寺田農**）から一癖も二癖もある特別震災広報課の面々に紹介される。そのまま村井に案内され、八年たった被災地の現状を見学するのである。

……で、映画としての中身は驚くなかれ、ほぼこれですべてである。被災地と原発事故による汚染区域の現在がセミドキュメンタリーで描かれ、その合間にハルカと病院での出来事、豪華なアニメーションが脈絡もなく挟まる。そのうちに徐々に過去の出来事があかされていくという仕組みである。

ハルカの夫一朗はドイツで交通事故死したらしい（ハルカはゲーテの『ファウスト』を読んでいたりする）が、穀平もハルカもそのことには決して触れず、『東京物語』[※6]的な関係が追求されることも特にない。穀平は被災地の森で迷い、そこで**山谷初男**に誘われて突然の盆踊りに紛れこんで、若き日の妻と遭遇したりする。どこからか帰ってきた三人組の日本兵＝骸骨兵士は、**桜井浩子**演じる老婆（補償に来た東電の役員を猟銃で追い払ったりしている）に迎えられる。

そうした小さなエピソードは実は物語とはまったく関係しないただのスケッチである。個々の要素は結構おもしろかったりもするのだが（これだけのアニメーションが並んでいれば普通におもしろくもなるだろう）、物語につながらないのではただの断片だ。

あるいは**この映画の駆動力はプロットではなく細部だと考えるべきなのかもしれない。**それはゴチャゴチャしていながらもなかなか楽しかったりもするのだ。

被災地の現状にはシニカルな視線が向けられる。広報課にはフクイチの観光地化を目指すお調子者中沢（**関口晴雄**）もいる。彼はダブルデッカーのオープンバスでフクイチに乗り込み、ＶＲゴーグルで一号機の水蒸気爆発を目撃するツアー計画を熱弁する。中沢を魅了しているのは同僚の関西弁の美女。

「地獄を見にきただけやから」と福島に流れてきた理由を語るワケありの美女は、太腿のタトゥーを見せて穀平を誘惑。穀平になぜかやたらとモーションをかけてくる。このワケあり美人の役名が「石井紫」[※7]というんだが、これどう解釈すればいいんだか……**ある意味、この映画でいちばん怖いパートである。**

復興景気で金は動いているが、それは福島の住民を救うことにはならないだろう。メフィストフェレスたる村井は、原子力研究所副所長の就任パーティに穀平を誘う。ゼネコンや官僚、東京電力や学者たちが入り乱れ、「♪原発は明るい未来〜♪ああすばらしい原子力〜」と歌って踊る一大ミュージカルナンバーは空前の盛り上がりを見せ（困ったことにこのシーン、結構よくできているのである）、そこでついにそれまでただ黙って見ているだけだった穀平が爆発し、「放射能は漏れてるんじゃない！　漏らしてるんだ！　誰も責任を取らない。こんなのは間違っている！」と叫ぶもその声は誰にも届かず、喘息の発作を起こしてパーティの片隅で倒れ、そのまま死ぬかと思ったところにまるでテレパシーでつながっているかのようなハルカがはるか会津若松からかけつけ、吸入器を渡して助かる。完。

え？

そう、**物語的には何もはじまってもおらず終わってもおらず、美女の誘惑も嫁との微妙な関係も骸骨兵士もシジミチョウの突然変異もなんだったのか一切語られることなくすべて投げっぱなしで映画は終わる**のだが、それは原発の物語に結末などつけようがないのだというメッセージの表現なのだと受け止めておくことにしよう。

※1　阿部和重
一九六八年山形生まれ。一九九四年、『アメリカの夜』で第三四回群像新人文学賞小説部門を受賞しデビュー。二〇〇一年の作品『ニッポニアニッポン』では、名前に「鴇」の文字があることからトキへのシンパシーを感じている十七歳の少年鴇谷春生が、国の特別天然記念物トキをめぐる革命計画を立て、佐渡トキ保護センターを目指す。絶滅寸前のトキ救出をとおして国家のありように疑問を投げかけるテロリズム文学。

※2　のん
一九九三年生まれ。以前の芸名は本名である能年玲奈。ファッションモデルとして活躍したのち、『告白』（中島哲也監督／二〇一〇）で映画デビュー。NHK連続テレビ小説『あまちゃん』でブレイクし、一気に国民的女優となる。二〇一六年に所属プロダクションであるレプロエンタテインメントから独立したが、個人事務所設立にまつわるトラブルから、事務所と対立することとなった。現在もその騒動が尾を引き、以前の芸名がつかえず「のん」の名称で活動している。

※3　『セシウムと少女』
『皆殺し映画通信　冥府魔道』九二ページ参照

※4　ユーリー・ノルシュテイン
一九四一年生まれ、ロシアを代表するアニメーション作家。切り絵を用いた緻密な書きこみのある作風で知られる。すべて手書き、手作業で製作をおこなっており、〝アニメーションの神様〟として、世界中のアニメーターからリスペクトされる存在。日本の宮崎駿・高畑勲監督も彼のファンである。三〇年以上の歳月をかけて、ロシアの文豪ゴーゴリの名作「外套」のアニメーション作品を制作中。二〇一九年にはその制作過程に迫るドキュメンタリー『ユーリー・ノルシュテイン《外套》をつくる』として映画化され、ノルシュテイン畢生の大作としてなかば伝説化しながらもその完成が待たれている。

※5　レイ・ハリーハウゼン

一九二〇〜二〇一三年。不世出のストップモーションアニメーター。二〇世紀のアニメーション技術を牽引、さまざまなモンスターを創造し、後世に多大な影響を与えた。一九五〇〜七〇年代を中心に活躍し、『タイタンの戦い』（一九八一）で引退。レイ・ブラッドベリとは、高校の時からの親友であり、ハリーハウゼンの本格的デビュー作『原子怪獣現わる』（一九五三）は、ブラッドベリの『霧笛』が原作である。ここでの骸骨兵士は『アルゴ探検隊の大冒険』（一九六三）のスケルトンのオマージュである。

※6　『東京物語』

一九五三年に公開されたモノクロの日本映画。小津安二郎監督。たびたび日本映画史上ナンバー1作品に推される名作。笠智衆と東山千栄子の老夫婦は東京旅行に出かけるが、子供たちからは厄介もの扱いされ、戦死した次男の嫁原節子だけが優しい。

※7　石井紫

現ラピュタ阿佐ヶ谷の支配人と同姓同名なんですが……。

死期が近づくと体から光をはなつ発光病という奇病にかかった少女と、その同級生とのラブストーリー……なのだが、あまり光ってなかった

『君は月夜に光り輝く』

監督・脚本＝月川翔　原作＝佐野徹夜　撮影＝柳田裕男　音楽＝伊藤ゴロー　主題歌＝SEKAI NO OWARI
出演＝永野芽郁、北村匠海、甲斐翔真、松本穂香、今田美桜、優香、生田智子、長谷川京子、及川光博

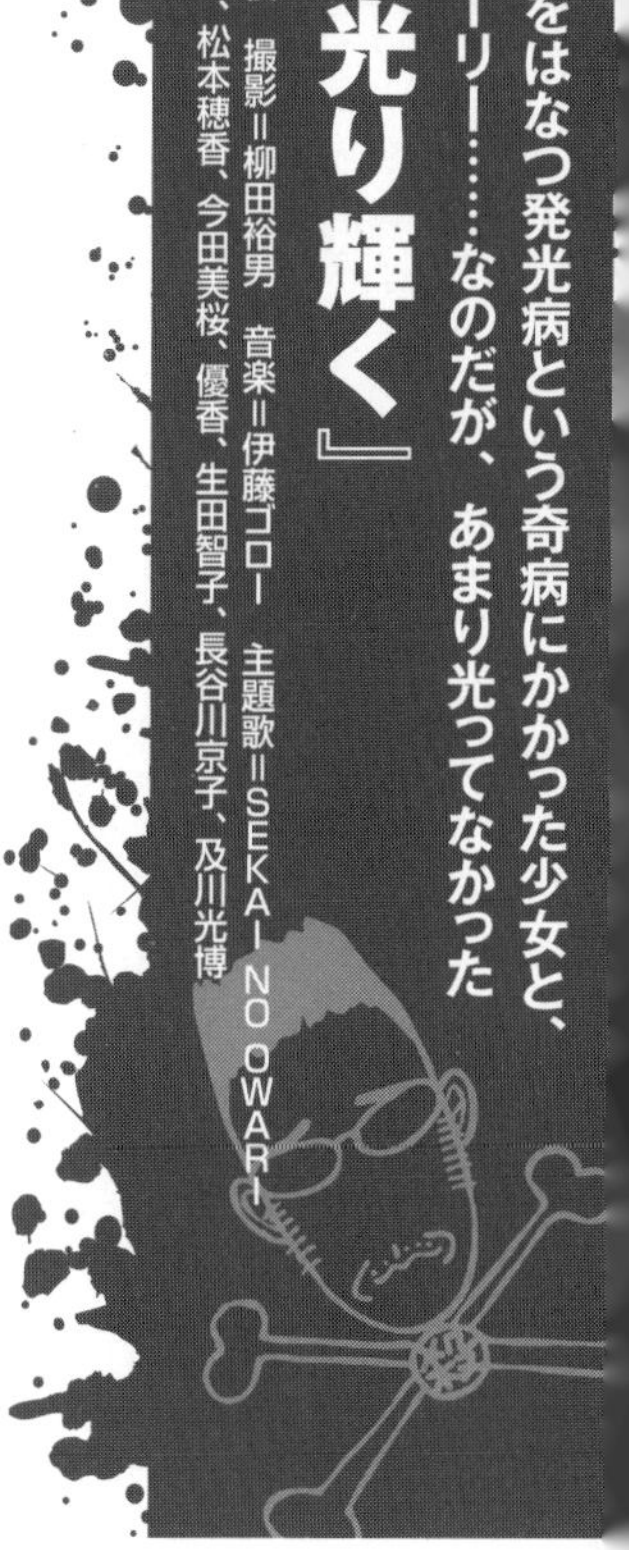

あまり光ってなかった……。

……というのもこの話、死期が近づくと体から光をはなつ発光病という奇病にかかった少女と、その同級生とのラブストーリーなのだが、そう聞くとそれはもうキラキラに輝きながら死んでいくのだろうと思うところ。いやそれ真面目に撮ったらコメディになってしまうんじゃないかというツッコミが当然入るわけだが、ここはもう盛大に輝かせてキッチュの華となってくれなければならない。

　残念ながら実際には光るのは二回ばかり。それもスポットを当ててるような光り方で、**内から光があふれだすようにはならず、ごくおとなしく（しょぼしょぼで）**、あの世からの神々しい光がスクリーンのこちら側に届くような事件は起きなかった。監督は青空映画の巨匠月川翔※1だが、荒唐無稽な原作を無難にリアルにまとめることに腐心していた模様。

　だけどこんな話にリアルなんてかけらもないんだからね！　光がなんのメタファーなのかも最後までわからなかったが、どうやら作り手たちもそこは考えずじまいだったようである。

　高校二年生の岡田卓也（**北村匠海**）は、新学期がはじまっても登校してこない同級生渡良瀬まみ

ず（**永野芽郁**）へのクラスの寄せ書きを届ける役目を押し付けられ、しぶしぶ病院に出かける。「わたしね、余命ゼロなの」というまみず。「一年前に余命一年って言われて、それから一年たったから」と言われてもとくになんの感慨もない卓也だったが、「押し付けられてイヤイヤ来たのね」と図星をつかれて「そんなことない。自分の意志だ」と虚勢をはったもんで再訪するはめになり、そのときにまみずが大事にしていた（離婚した父親の手作り）スノードーム型オルゴールを壊してしまう。

お詫びになんでもすると言う卓也に、まみずは、

「病室に縛りつけられて出られない自分のかわりに、自分のやりたいことを代行してほしい」

と命じる。というわけで卓也はしぶしぶまみずの「しのこしたことノート」にしたがって、遊園地でローラーコースターに乗ったりパフェを食べたりして、その感想をまみずに報告する羽目になる。

という話なんだけど、この「何事にも消極的で後ろ向きな冷笑型人間が、死を目前にしながら明るく前向きな少女に振りまわされるうちに生きる目的を見つける」ってストーリー、『君の膵臓をたべたい』とかとまったく同じで、現代ラノベのひとつの類型であるのかもしれない。だが、これに対しては強く言っておきたい。**難病の美少女は、おまえのために苦しんでるんじゃないんだよ！**　死を何かと交換するたぐいのストーリーには退廃しか感じないのである。

ところで卓也くんが美少女に会うのを渋ってるのは一応同情できる理由もあって、実は自分の姉（**松本穂香**）が鬱状態ののち自動車事故で死亡した過去がある。「自殺じゃなくて事故だ！」と卓也は延々言い張っているのだが、おかげで母はいつまでも三人分の食事（それも姉が好きだったシーフードカレー）を作りつづけるという陰々滅々たる状況。姉が鬱に陥り自殺を考えるようになったのが、その恋人がやはり発光病で死んだことなのだった。

そういうわけで発光病がらみのことには敏感になっている卓也だが、当然ながらまみずとかかわ

るうちに徐々にほだされていく。
代行で求められた「メイド喫茶でアルバイト」で稼いだ金でサマンサタバサ[※2]の真っ赤なヒールを買ってプレゼント（この映画、「プロダクト・プレイスメント」と呼ばれるところのロゴ見せが露骨すぎる）。さらに姉の恋人の弟香山彰（**甲斐翔真**。これが同級生であり、しかもまみずに何やら思いがあるらしい態度を露骨に見せる）から天体望遠鏡を借り、夜中に病院に忍びこむ。担当看護婦岡崎（**優香**）に見咎められるが泣き落としですり抜け、まみずを屋上に連れ出す。おりしもスーパームーン。

「ねえ、なんかロマンチックな台詞言ってみてよ」

「世界に二人きりみたいだね」

だからもうおまえら付き合ってんだろ！という話である。そこで月の光を浴びて光……光……やっとこの映画ではじめて光ったと思ったら倒れるまみず。当然ながらいきり立つまみずの母（**生田智子**）に、まみずは「卓也くんは悪くないの。全部わたしがおねがいしたんだから」とかばうのだ（いちばん悪いのは看護婦のような気が……）。

ここは難病映画お得意の病人を連れまわして悪化させるパターンなのだが、まみずは結局病院の外に出ないこともあって、ひたすら喋ってばかりいる。ここからますますまみずが長広舌をぶつようになり、映画の停滞はいやます。

さて秋、学園祭で「ロミオとジュリエット」の劇をやることになる。だが誰もジュリエット役に名乗り出ないのを見た卓也、みずから立候補する。周囲は困惑するものの別に男性がやってはいけない決まりはないし……ということでジュリエット役に決定。それが「ジュリエット役をやりたかったまみずの代行」だということを知った香山はみずからロミオ役に名乗りでる。

というわけで男同士の「ロミオとジュリエット」を演じることになる二人。香山は中学時代、まみずのことが好きだったこと、二人がロミオとジュリエットを演じる芝居をすることになっていたが、その直前にまみずが発光病を発病してしまったこと、その思いがあったからまみずの見舞いに行けなかったことを語る。

そしてついに来た芝居当日、スマホのテレビ電話でまみずに芝居を中継する卓也。しかしいきなりかかってきた電話で、女装の卓也が真顔で話しかけてきても吹き出さないまみず、なかなかのものだ。中継の前で楽しく演じる二人。だが芝居が終わったとき、電話の向こうから返事はなかった……容態が悪化したまみず、面会謝絶となる。

まあそんなわけなのだが、しばらくしてまみずから呼ばれて会いに行く卓也。また屋上にあがって延々とまみずが長広舌で、死ぬと決まって「すべてを諦めていこうと思っていたけれど、そんなわたしを変えてくれた人がいました」と愛を告白し、そしてようやくスポットライトを浴びて盛大に、映画内で二度目の輝きを放ち、そして「まみずは十四日間輝きつづけて、そして消えた」。

このあとまみずからの死後の手紙で「最後の代行だよ」みたいなメッセージが伝えられて満場の涙となるのだが、こちらとしてはそれにしても起伏のない話だったなと思うばかり。

結局光ってなんのメタファーだったのか……興奮して生の輝きを感じたら病が進行するみたいなことだったのだろうか？　しかしそれなら病室で光るとか、美しく光りながら死んでゆく映像を作ってくれないとなあ。そうやってあの世に一歩踏み出さないかぎり、これは「引っ込み思案な男のために美少女が美しいまま死んでゆく」映画から一歩も出られないのであった。

▶『君は月夜に光り輝く』

※1　月川翔

過去にとりあげた月川監督作品は以下の通り。

『君と100回目の恋』……『皆殺し映画通信　骨までしゃぶれ』四〇ページ参照

『君の膵臓をたべたい』……『皆殺し映画通信　骨までしゃぶれ』一二九ページ参照

『となりの怪物くん』……『皆殺し映画通信　お命戴きます』九二ページ参照

※2　サマンサタバサ

一九九四年に設立された、小物、ジュエリー、バッグのブランド。日本の企業だが海外進出もしており、ヴィクトリア・ベッカムやヒルトン姉妹を広告に起用し、成功した。とくに若い女性を中心に人気がある。

……史上初！ Vtuber監督映画。
これが映画の最尖端！のはずなのだが……

『バーチャル男』

監督・脚本・撮影・編集・音楽＝ミソシタ
出演＝山田ケルベロス、ほげちゃん、蟹江トゥン角、ジェントルメン中村、河西進、仲條リチャード聖也、ミソシタ

昔あったよね『バーチャル・ウォーズ』[※1]。ついに登場した史上初Vtuber（Virtual YouTuber）監督映画。これが映画の最尖端！ のはずなのだがいざ見てみると驚くほど古臭く新味がない。ぼくの知らないVtuberの世界なら、**たとえつまらなくてもなにか新しいことがあるのかもしれない……と思っていたのだが、こんなもんなのか!?** 思わず「バーチャル・リアリティは悪である」とかカビの生えた批判を引っ張りだしたくなるくらい。

監督・脚本・撮影・編集その他を務めるのはVtuber**ミソシタ**。ポエムを歌に乗せる〝ポエムコア〟で人気なのだそうである。ご存知のように自分のかわりにCGのキャラクターに喋らせるのがVtuberだがミソシタはおっぱいのついたコーンヘッドのような不気味なキャラクターを使用する。

で、このキャラクターがポエムを歌いまくるのかと思ったらそうじゃなくて、Vtuber志望の引きこもりの中年のおっさん（**山田ケルベロス**）がVtuber活動するのを追いかけてゆくストーリーだった。

で、「金が欲しい。モテたい。家から出たくない。この三つの希望を満たせるのはVtuberだか

ら」とか言ってるこの勘違いおっさんのYouTube動画が延々と流れることになるわけなんだが、そんなもんが面白いわけないだろ！

さて、おっさんは視聴者を集めるにはやはりおっ（ぱい）パブ要素が必要だと考え、一方でモテるためには女の子が好きなもの――つまり「武将要素」と「闇の騎士」が必要だろうという結論に達する。そこで「23区おっパブ武将」と戦う闇の騎士「山田ケルベロス」としてVtuberデビューを果たすことになるわけである。

以下、山田ケルベロスが東京23区それぞれのおっパブ界に君臨する「おっパブ武将」と戦って勝利してゆくさまが描かれる……わけだが、戦うって別に何をするでもないし（画面に「戦闘中」の文字が出るだけ）そもそも「おっパブ武将」って自作自演でしょ？

なんかその「武将」と世間話したり一緒にガールズバーに行ったり洗体エステでがっかりしたりするんだが、だからなんなのかともう実に……。

さて、順調に人気者になった山田ケルベロス、ファンからのラブコールも引きも切らない。その中にひときわ可愛いココちゃん（**ほげちゃん**）がおり、山田の目は釘付けだ。だが、会いに行くのはためらわれる山田、ミソシタに実際に会って本当に写真どおりの可愛さか確かめてほしいと依頼する……が、後輩に言われてミソシタのマネージャーとして同行することにする。

このへんの無意味にグダグダした展開、すべてをミソシタが撮ってる体裁にするために必要だったのかとも思うのだが、ならばなぜ後輩とのシーンとか入ってるのか。

そんなわけでかわいこちゃんに会いに行った山田、「山田ケルベロス」Tシャツを着ているココちゃんから好みのタイプを聞きだすが、「マッチョな人」と言われて撃沈。さらに「やっぱり無職とかは嫌ですよね。働いてる人じゃないと……」と言われて、「やっぱ就活かな〜と思って。どっかコネとかないの？　やっぱりクリエイティブな仕事がいいねえ」とミソシタに頼みこんでポニーキャニオンとの面接をとりつける。

だが志望動機を聞かれても、

「いやー、つまりぼくはVtuberというクリエイティブな仕事をしてるわけで、そこにクリエイティブな会社とね、合わされればクリエイティブと言うか……」とか寝言を言ってるだけで、しまいに、

「きみ、酔っ払ってるの？」

とつっこまれる始末。それでも「面接もうまく行ったし就職も決まりですね〜」とか言ってる山田にさすがにうんざりしたミソシタ、実はココちゃんが自分の仕込みでヤラセだったことを暴露してやろうと決意する。というわけでいざ山田に会ってみると（なぜか野っ原で立ち話してる……山田引きこもりで家から出ないはずだったのに）、ポニーキャニオンから落とされた山田はショックで放心状態、ミソシタが「ココちゃんは……」と暴露しようとしても呆然として反応しない。

自分はスーパースターだと思っていたのだが、すべて勘違いだったのか？　だけどこの時点でチャンネル登録数一千万とか言ってるんで、普通に日本一のスーパースターだと思うんですが……。

失意でバーチャル世界に入った山田だが、これまで倒したおっパブ武将やら一緒におっパブに出かけた猿やらに、

「おまえはバーチャル世界ではすごい人間なんだ！　もはやバーチャルこそがリアル！　リアルはバーチャルなのだ！」

そして全員で、

「うぃー・あー・ばーちゃる！　うぃー・あー・ばーちゃる！」

と詠唱する。**なんだこのイカレた宗教は！**　で、自分こそがバーチャルだと信じるようになった山田、素っ裸で出っ腹をさらした姿でバーチャル世界に入り、

「わたしはバーチャルです。ココさん、もう付き合ってくださいなどとは言いません……結婚してください……」

言われたココが、

「キモっ！……でも、いいかも……」

と言って何を伝えたいかわからないが映画も終わる……ちなみに冒頭にミソシタのポエムがつくが、これは毎日変わるようで、全部見たかったら毎日……はいはいわかったわかった。ぼくがいちばんわからなかったのは、「おっパブ武将」とかのコンテンツは全部山田ケルベロスが自作自演で作ってたわけでしょ？　じゃあ最後のみんなに言われる場面ってなんなのかってことかな〜。

※1　**『バーチャル・ウォーズ』**
ブレット・レナード監督／一九九二年／米。　スティーブン・キング原作、ピアース・ブロスナン、ジェフ・フェイヒー主演。知的障害を持っているため、牧師夫妻に面倒を見てもらいながらも虐待を受けていた青年ジョーブが、ある日バーチャル空間で恐ろしい力を手に入れてしまう。ジョーブはその力を思い通りに使ってついには世界征服を企む。

LDH映画には未知の部族との出会いのような驚きがある。
なぜテーマソングが80'Sなのか……。エグザイル部族の習慣に新たな知見が

『PRINCE OF LEGEND』

監督＝守屋健太郎　脚本＝松田裕子　エグゼクティブプロデューサー＝EXILE HIRO　撮影＝安田光　音楽＝中野雄太
出演＝片寄涼太、飯島寛騎、塩野瑛久、鈴木伸之、川村壱馬、佐野玲於、関口メンディー、吉野北人、藤原樹、長谷川慎、町田啓太、清原翔、白石聖

アッパーすぎて素面では見られない予告編で観客を圧倒したＬＤＨの新作は「胸キュンイズデッド」と堂々と邦画界のトレンドである青空恋愛映画に挑戦する。いやそれ自体はいいのだが、結果はこれがまったく意味不明にもほどがある中身で……**ＬＤＨ映画を見ることには未知の部族との出会いのような驚きがある。**

さてこの映画、九〇分強であるにもかかわらずはじまってから二〇分近く「これまでのあらすじ」があるという仰天の展開。どうやらこれ前編としてＴＶシリーズがあったらしいんだが、それにしても親切なのかなんなのか。

そのあらすじから設定をざっくり説明する。主人公朱雀奏（**片寄涼太**）は総資産数兆円の財閥御曹司でイケメンの王子中の王子。

ある日、父親から自分の初恋の人の娘である成瀬果音（**白石聖**）の様子を見てきてくれと頼まれる。果音はセレブ校である聖ブリリアント学園に通いながらもバイトを掛け持ちして親の借金を返している苦学生（この辺の設定どうなんだよとか思うけど、すぐに突っ込むのも馬鹿馬鹿しくなります）。

奏は果音に近付こうとするが気の強い彼女から容赦ない拒絶をくらい、逆に惚れさせてからこっぴどくふって逆ねじを食らわそうと思い付く。

一方、玄武高専のヤンキー王子京極尊人（**鈴木伸之**）も果音に惚れ込む。気のある素振りを見せられて喜んでいた尊人だが、実は弟の京極竜（**川村壱馬**）が金をわたして演技させていたことが判明。それを知って逆にテンションあがる尊人。一方、奏にライバル意識を抱く聖ブリリアント学園生徒会長綾小路葵（**佐野玲於**）は、奏が果音に執心なことを知り、彼女を誘惑して奏の鼻を明かしてやろうとする。

さらに果音を守れる男になりたいと思ったダンスする下級生天堂光輝（**吉野北人**）が……以下同様多数なんで略するが、そういうわけで登場する男性はみななぜかそれほど魅力的とも思えないというかむしろイモい感じさえする果音に惚れこみ、そこでたまたま聖ブリリアント学園で三年に一度催される〈伝説の王子選手権〉が近付くなか、果音が（伝説の王子選手権を盛り上げたい）理事長の陰謀に乗せられて、

「わたし〜伝説の王子になった人と付き合ってもいいかな〜」

と言ったもんでみんなこぞって聖ブリリアント学園に転入してきてみんなで（聖ブリリアント学園の生徒・教師・卒業生しかなれないという）伝説の王子を目指して競い合うことになるという必然性だらけのお話なわけですが、まあそれはどうでもよくて、いくつかポイントがあります。

①父親がクズ

そもそも奏がこの騒動に巻き込まれるきっかけになったのは父親からの一言なわけだが、それだけで終わらず、実はこの父、京極尊人も自分の隠し子であると明かす。さらには「果音を幸せにしたほうを財閥の跡継ぎにする」と宣言して競争を煽るのである。要するにこいつがすべての元凶！

尊人は弟と「Team京極兄弟」を組んでいるのだが、そっちじゃなくてこっちが本当の兄弟じ

ゃねーか！という話である（一応京極弟も異父弟ではあるらしい）。「初恋の人の娘」だという果音もたいがい怪しくないか？

②なぜチームを組むのか

で、その「Team」である。この登場人物たち、みなTeamで登場する。奏にもお付きの人間がいて、三人で「Team奏」を組む。この場合、問題なのは奏一人であるにもかかわらず。さらに天堂たち若いのは「Teamネクスト」、同じく〈伝説の王子選手権〉に出場するナルシスト教師結城理一**（町田啓太）**なんか「Team先生」である。一人なのに！

さらに謎なのは卒業生で結成された「Team3B」というのがあって、これは「恋人にしてはいけない職業ベスト3」である「美容師、バーテンダー、バンドマン」の3Bだという。

なんでチームを組まないといけないのか。これHiGH&LOW[※1]のときにも強く抱いた疑問だったわけだが、**やはりヤンキーというのは群れる生き物だからなのか。**それとも男同士がワチャワチャしてるのを見ると喜ぶ女性層が一定数いるからなのか。いずれも正解だと思うが、ここはもうひとつの説を提示しておきたい。すなわち、

③テーマソングはなぜ80'Sなのか

チームには必ずテーマソングがある。**むしろテーマソングを聞かせたいためにチームを結成してるんじゃないか**という気がしてくるくらいだ。これまたHiGH&LOWのときにもそうだったので、EXILE TRIBEの部族的習性ということなのだと思うが、今回、そのテーマソングがなぜか80'Sの洋楽ヒットチューン（のm-floによるカバー）！「チーム奏」はG.I.オレンジ[※2]の「サイキック・マジック」、「Team京極兄弟」はa-haの「テイク・オン・ミー」、「Teamネクスト」[※4]はカジャグーグーの「君はToo Shy」……という具合。果音のテーマなんか

ネーナの「ロックバルーンは99」である。[※5]
全部ソラでわかってしまう『ポッパーズMTV』[※6]**世代には感涙の選曲なんだけど、なんでなんだよ！** EXILEの人たち、こういうのが好きだというには若すぎると思うんだが……。

まあそういう謎をはらみつつ、映画は全員参加の〈伝説の王子選手権〉になだれ込む。「壁ドン対決」とか「お姫様抱っこ競争」とかあって、見ていた全世界の女子たちからの投票でポイントが決まる。女の子が身につけたウェアラブルカメラに向かって、各王子たちが顔を寄せて愛の言葉をささやくと、スクリーンにドアップの王子たちが写るサービスシーンが続くわけである。で、お約束が終わったあと、最終対決は、下位を足切りして奏、京極兄弟、綾小路、天堂の五人で競い合う「デート対決」となる。

各人が果音相手にデートをしてアピール、というのだが、本命とのデートを見せられるファンの女子たちの気持ちはどうなんだ!? さらには綾小路が「華道デート」、天堂が「バスケデート」とかいうあたりでわかるのだが、**こいつら誰一人として女の子のことを考えていない！**

普通デートなら（ましてや王子と名乗るなら）女の子をエスコートすると思うのだが、こいつらにはいっさいそういうサービスの心はなく、ただ自分のやりたいことをやるだけ。デート相手の女の子に求められているのは芸を見せた犬を褒めてやることくらいなのだ。尊人なんて「河原デート」と称してキャッチボール、奏は「きみに捧げるよ」とビリー・ジョエルの[※7]「素顔のままで」を歌ってきかせる始末だ。**また80'Sポップか！ 洋楽王子ピーター・バラカン**[※8]**は出てこないのか！**

そういうわけで誰もが予想するとおり奏が〈伝説の王子〉に選ばれ、だがそこで果音から「いえわたしあれは金もらって演技しただけですから」と言われて勝手にしろ！ となるんだけど、そこで、果音がいつも持ち歩き、たびたび捨てようとしてるけど捨てられない謎のポラロイド写真……というかにも伏線然とした伏線のことが思い出され……そういうわけで話は最初から予定調和でしかないのでわざわざ映画にするまでもなかったが、ＥＸＩＬＥ部族の習慣については新たな知見を得られたので良しとしたい。

※1　HiGH&LOW
『HiGH&LOW THE MOVIE』については『皆殺し映画通信　地獄旅』一五一ページ参照、『HiGH&LOW THE MOVIE 2 End of Sky』は『皆殺し映画通信　骨までしゃぶれ』一三五ページ参照、『HiGH&LOW THE MOVIE 3 Final Mission』は『皆殺し映画通信　骨までしゃぶれ』一七三ページ参照。

※2　G.I.オレンジの「サイキック・マジック」
イギリスにて一九八四年結成。翌年CBSソニーから日本デビュー。「サイキック・マジック」はセカンドシングルにあたり、『夕やけニャンニャン』（フジテレビ）のテーマ曲として使用されたこともあった。大々的なプロモーションの成果もあって、オリコン洋楽シングルチャートで一九八五年八月十九日付から五週にわたって一位を獲得。ニューロマンティック路線のバンドとして人気があった。

※3　a-haの「テイク・オン・ミー」
ノルウェー出身のバンドa-haが一九八五年に発表したシングル。アメリカ、ヨーロッパ各国でチャート一位を獲得。曲のMVは、実写とロトスコープを活用したアニメーションが話題を呼び、MTVで頻繁に放映され、ヒットの一因となった。一九八六年のMTV Video Music Awardsでは六部門を受賞した。

※4　カジャグーグーの「君はToo Shy」
一九八二年十二月に発売された、カジャグーグーのデビューシングル。甘い内容のラヴソングで、メンバーのアイドル的容姿も人気となって大ヒット。翌年一月にはデビューシングルにしてUKチャート一位となった。その後、ヨーロッパ七か国でも一位を獲得して、世界的大ヒット曲となった。

※5　ネーナの「ロックバルーンは99」
一九八三年にドイツ出身のネーナが発表した曲。反戦への思いが込められているという。アメリカのラジオ局でかかって以来、口コミで人気曲となり、一九八四年三月三日にビルボード誌においてチャート二位になった。ドイツ語の曲としては史上初のビルボードトップテン入りを果たす。のちに英語版もリリースされた。世界各国のオリコンでトップを獲得、大ヒット曲となった。日本のオリコン洋楽シングルチャートでは一九八四年四月二日から四週連続一位を獲得している。

※6　『ポッパーズMTV』
MTVを映像アートとして鑑賞するのがコンセプトのテレビ番組。一九八四年四月から三年半、TBSで火曜深夜に放送された。ピーター・バラカンが司会や選曲をつとめた。USAヒットチャートなどに頼らないアグレッシブな選曲、わかりやすい解説などで、世界の音楽を紹介して人気番組となった。小林克也がビルボードのチャートを紹介する『ベストヒットUSA』とは好対照の番組であった。

※7　ビリー・ジョエルの「素顔のままで」
アルバム『ストレンジャー』（一九七七）からシングル第一弾として発売された曲。当時の妻エリザベスに捧げられたラヴソング。ビルボード誌最高三位。ビリー・ジョエルにとって初のトップテン入りをした曲となった。一九七九年にグラミー賞最優秀レコード賞と最優秀楽曲賞の二部門を受賞。

※8　洋楽王子ピーター・バラカン
一九五一年ロンドン生まれ。大学で日本語を学ぶ。卒業後、シンコー・ミュージックの求人に応じて一九七四年に来日。その後、ＹＭＯのマネジメント事務所に転職、ＹＭＯに関する国外のコーディネートや楽曲の作詞の英語補助などを担当。その後、独立し、ポピュラーミュージックの豊富な知識を活かし、数々のラジオでパーソナリティをつとめ、テレビにも進出。メジャーでなくても質のいい音楽を紹介し続けている。著書に、『魂（ソウル）のゆくえ』（アルテスパブリッシング）、『ラジオのこちら側で』（岩波新書）、『ロックの英詞を読む――世界を変える歌』（集英社インターナショナル）など。

またもやってきたタイムトラベル恋愛映画。
本当に日本人はタイムトラベルと恋愛が好きである

『クロノス・ジョウンターの伝説』

監督＝蜂須賀健太郎　原作＝梶尾真治　脚本＝太田龍馬、蜂須賀健太郎　企画・プロデュース＝大橋孝史
撮影監修＝高間賢治　撮影＝古屋幸一　音楽＝YU NAMI-KOSHI　出演＝下野紘、井桁弘恵、尾崎右宗

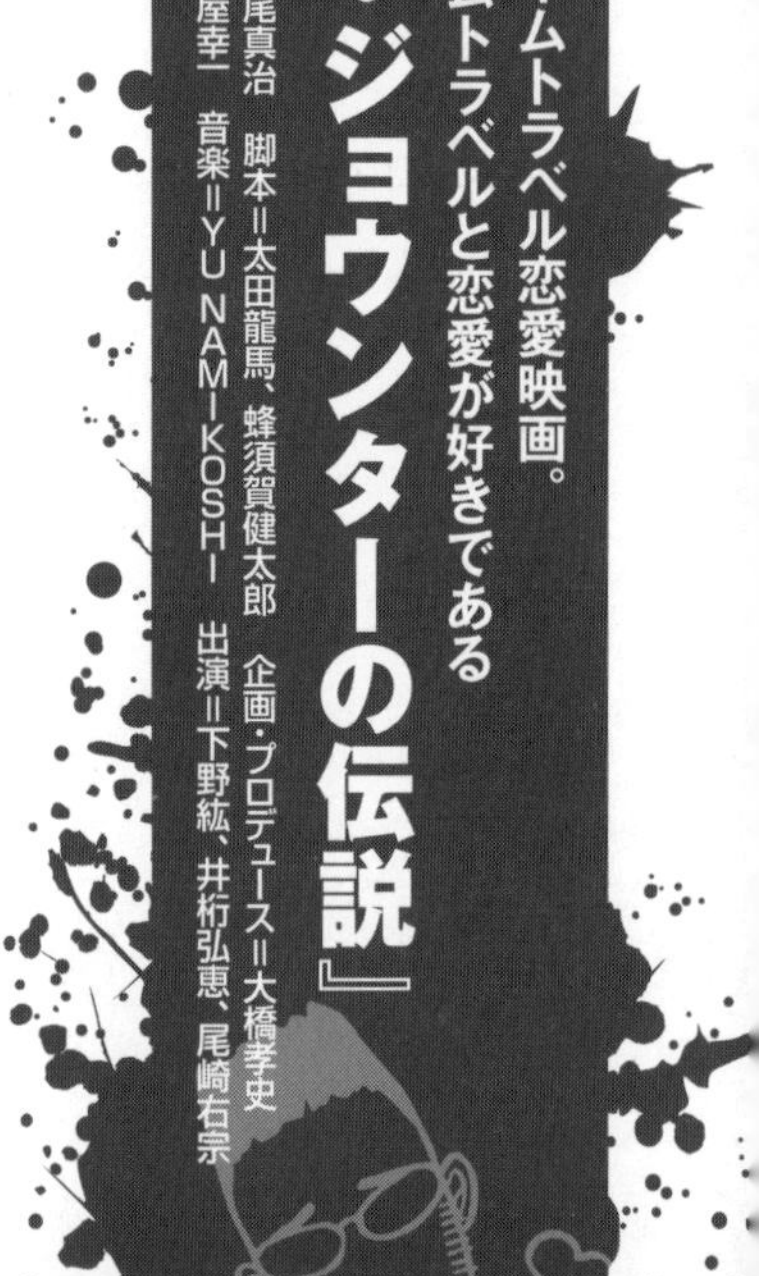

またもやってきたタイムトラベル恋愛映画。原作は梶尾真治※1の短編小説である。**本当に日本人はタイムトラベルと恋愛が好きである。**梶尾真治と言えば大ヒット作『黄泉がえり』※2の原作者なわけで、利には敏いことで毎度おなじみ※3大橋孝史が映画化に乗りだしたということらしい。

問題はこれ原作がオムニバス短編集の一編だということで、そもそも元の話が短いのでやたらと引き伸ばしにかかる、これがひとつ。無駄な尺稼ぎのカットがやたらと目立つのである。もうひとつは短編小説だと説明しないですっ飛ばしてもいいようなことが、長編映画になるといちいち引っかかってくる問題。やたらとエモく引き伸ばされる不条理恋愛映画というのがですね……。

さて、そういうわけで話のはじまりは二〇五八年、博物館に忍びこんだ男が逮捕され、館長から事情聴取される。前世紀に開発され、無用物として放棄された機械クロノス・ジョウンターに固執している男、事情を聞かれて話しはじめる。それは一九九五年のことだった……これ、原作はおそらくこの過去から来た男の語りだけで物語が説明されるとおぼしく、それならいろんな意味で運命と恋に狂ってしまった男がする現実とも法螺《ほら》ともつかない話として成り立たないこともないんだが、こんな客観的なストーリーにしちゃだめなんだよ。

その男吹原和彦（**下野紘**）は住島重工の研究所で働く地味な技術者。仕事以外の唯一の潤いは会社への往復の道にある花屋で働く花売り娘蕗来美子（**井桁弘恵**）の存在であった。といっても告白するでもなくただ柱の陰から見てるだけのキモい恋。

そんなある日、会社が開発中の新発明「クロノス・ジョウンター」のお披露目がおこなわれる。これは物体を過去に送り込めるというノーベル賞が十個くらい取れる発明である（送る場所もコントロールできるようなので、使いみちはまず間違いなく軍事用途ですな）。**そんなものを民間企業が秘密裏に開発して体育館でお披露目しているという驚き。**主任研究員が物体を過去に送りこむデモンストレーションとして、機械にボールペンを挟む。

「十分前の過去に送ります！」

ぶぃーんと音をたてて作動する機械。ボールペンは消える。

「成功しました！」

「消えるのはいいんだが、どこに行ったんだ？」

もっともな疑問であるが、それも解決してなかったのかい！　この物語の設定でいくと、十分前くらいにこの機械の前に空中からボールペンがあらわれて落ちる場面があったはずなのだが、誰も気づかなかったようである。十二分後、機械の中にボールペンが戻ってくる。

「なぜ十二分後なんだ……？」

なんの理論もなくてただトライアル＆エラーの主任研究員。どういう時間理論なのかこれは。次にはアマガエルとストップウォッチを過去に送る。十分前に飛ばされたカエル、十五分後に帰ってくる。ストップウォッチの経過時間が実時間とずれているのが過去に行った証明だ！　過去に行くとその時間＋αだけ未来に飛ばされてしまうというのがこのタイムトラベルのルールであるらしい。

しかし、それくらいはタイムマシン作る前にわかっておけと……。

そんな日々にいきなり事件が起こる。一九九五年十月二十七日夜十時過ぎ、来美子が働いていた花屋の前でタンクローリー同士が衝突する事故があり（！）、花屋は爆発炎上してしまう。

来美子を救いたい一心で勝手にクロノス・ジョウンターに乗り込み、四十五分前に飛ぶ吹原。いやカエル飛ばす実験とかしてる段階なのに、人間が乗り込めるでかいブツ作ってるのはなぜなんだ！とか突っ込んではいけない決まりだ。

事件が起きる三十分前に花屋に着き、来美子に「ここはもうすぐ爆発するから早く逃げるんだ！」と告げる吹原。だが、二、三回話しただけの男に未来を予言されても困惑するばかりの来美子である。えー？とか言ってるうちに時間切れになった吹原、元の時間に戻されてしまう。

研究室に戻った吹原を見て「戻ってきたのか……」と愕然とする同僚の藤川（**尾崎右宗**）。戻った先は元の時間ではなかった。今は一九九七年。彼がタイムトラベルしてから一年八ヶ月の時がたっていた。吹原は失踪人として処理されていたのである。戻ってきた吹原にタイムトラベルの理屈を教えてくれる藤川。

どうやら吹原が留守にしてるあいだにタイムトラベル研究もそれなりに進んだようである。生物や意識のある存在の場合、未来へのジャンプ時間が長くなる。一度タイムトラベルで戻った時間より前に戻ることはできない（クロノス・ジョウンターが「その時間には戻れません」と教えてくれる親切設計）。二度目のタイムトラベルの場合、二回目のジャンプ時間は一回目の四倍になる。

だが、それを聞かされても来美子を救おうとする吹原の決意は揺るがない。爆発事故を伝える新聞のスクラップを手に、勇躍二度目のクロノス・ジョウントにのぞむ吹原。

九時四十二分。消えた次の瞬間にあらわれ、「さっきは未来がわかるようなことを言ったけどあれは嘘だった。本当はぼくは未来からタイムトラベルしてきてるんだ。ここはもうすぐ爆発するから逃げてくれ」と説得する吹原。

「でも今日夜番のわたし一人だし……」

自分の死亡を伝える新聞記事を見せられても半信半疑の来美子。だが目の前で吹原は消え、そしてスクラップブックも消える。

戻った先は二〇〇二年四月である（ちゃんとカレンダーがかけてある親切設計）。

「五年もたってるのか……」

すでに会社を退職している藤川に電話して事情を聞く吹原。研究所はクロノス・ジョウンターの実用化をあきらめて研究所の閉鎖を決め、試作機も倉庫にしまったという（くりかえしになるが、これ最強の暗殺兵器になるので、米軍にもっていけば……）。

倉庫へ行くと老管理人をだまし、機械にたどりつく吹原。スイッチを入れると電源が生きている！コントローラーもすべて接続されセッティングも整っているという驚くべき親切設計で、九時五十三分に飛ぶ吹原。

さすがに目の前で消失されたら信じないわけにはいかないというので、「和彦さんを信じる」と言う来美子。

「でも、どうして私を救おうとしてくれるの？」

「愛する人を助けたいから」

だがその瞬間にもタイムトラベルの効果が消え薄れはじめる吹原。

「わかった。私ずっとここで待ってる。和彦さんのことを待ってる」

いや待ってないですぐ逃げてくれえええええ！という吹原の血の叫びは届かないまま彼は二〇五八年に飛ばされてしまったのであった。

いや、話としては泣かせどころもわかるし、まったくタイムトラベルの仕組みわかってない来美子の前に吹原があらわれては消えるコメディにもできるし、キャラメルボックスによって舞台化されたというのもわかるストーリーである。でもこんな語り口にしちゃったらさあ……そんなわけでついに博物館に収蔵されている機械にたどりついた吹原なのだった（やっと冒頭に戻った）。

「しかしそれで今度飛んだら……」

「そうです過去にくりかえし遡るほど遠くの未来へ飛ばされることになり、その時間は遡行した時間の二乗になるので、あれしてこれして……今度一九九五年にジャンプすると流されるのは六〇九〇年になります！」

「そんな何があるかわからない未来に……」

「でも、彼女はぼくを信じて待ちつづけているんです」

そして敢然と機械に乗りこむ吹原。これで消える……とこまではかっこよかったんだが、そのあとクレジット・タイトルでタイムトラベルの理屈を知った来美子が六〇九〇年に飛んで吹原と再会するみたいな蛇足オブ蛇足がついてて興ざめも著しいので、タイムトラベルは悲恋という基本をもう一度だね……。

※1　梶尾真治
一九四七年熊本生まれ。一九七一年、SF同人誌『宇宙塵』に掲載された『美亜へ贈る真珠』が『SFマガジン』（早川書房）に転載されてプロデビュー。在住地である熊本を舞台にした作品も多い。代表作は『地球はプレイン・ヨーグルト』（第十回星雲賞受賞）、『未踏惑星キー・ラーゴ』（第二十八回熊日文学賞受賞）、『サラマンダー殲滅』（第十二回日本SF大賞受賞）、エマノンシリーズなどがある。二〇〇三年には、長編『黄泉がえり』が映画化され、原作、映画ともに大ヒットとなった。二〇〇四年には作家専業を宣言し、以降次々と新作を発表している。

※2　『黄泉がえり』
原作は一九九九年に発表された。二〇〇三年、映画化されると、三か月を超えるロングラン大ヒットとなり、興行収入は三〇・七億円となった。監督は塩田明彦、主演は草彅剛、竹内結子。熊本市とその周辺で死者が突然蘇ってくるという超常現象が起き、それを巡るひとびとのさまざまな思いを描く物語。作品中には熊本の実際の地名が数多く登場する。

※3　大橋孝史
一九七四年生まれ。プロデューサー。日本映画の企画・制作・配給・宣伝をおこなっていた株式会社ジョリー・ロジャーの代表取締役であった。会社は二〇一八年に破産。いままで『皆殺し映画通信』でとりあげた大橋氏が関わった映画は次のとおり。
『CH@TZONE』……『皆殺し映画通信　骨までしゃぶれ』一〇二ページ参照
『チャットレディのキセキ』……『皆殺し映画通信　お命戴きます』一五四ページ参照

▶『クロノス・ジョウンターの伝説』

『ハッピーメール』……『皆殺し映画通信　お命戴きます』一七〇ページ参照
『猫カフェ』……『皆殺し映画通信　お命戴きます』二五七ページ参照
大橋氏については『皆殺し映画通信　天下御免』と『皆殺し映画通信　お命戴きます』の巻末の対談も参照のこと。

AIに感情があるかどうかとかいう話にしたかったのかもしれないが、
AIも検察官も映画も幼稚すぎてそこまでたどりつかなかった

『センターライン』

監督・脚本・編集＝下向拓生　撮影監督＝JUNPEI SUZUKI　音楽＝山口いさお（ISAo.）
出演＝吉見茉莉奈、星能豊、倉橋健、望月めいり、上山輝

時は平成三十九年。ＡＩの進歩により自動運転が当たり前になった時代、自動運転の自動車が対向車線のトラックに突っ込む事故が発生する。事件はＡＩの不調として処理されたが、新人検事が功名心から犯罪として告発しようと考えたことから前代未聞のＡＩの裁判がおこなわれることになる。

このあっと驚くストーリーをかざるのが主題歌「シンギュラリティ・ブルース」[※1]。**シンギュラリティとはなんだろうか、人類文明は本当に進歩しているのだろうか……と思わず遠い目になってしまう名品である。**

映画としてはいろいろディテールの詰めが甘いのを通り越して雑な低予算映画なので、映画作品と言うよりは思考実験程度に受け止めておくべきなのだろうが、それにしたっていやその。どうやらドグマ95[※2]にでも参加しているつもりらしきキャメラは法廷シーンまでもがずっと手持ちで揺れつづけて大いに気になったのだった。

刑事部を志望していた新任検察官米子天々音（**吉見茉莉奈**）は交通課配属になって凹んでいた。自動運転全盛の時代、交通事故も減って閑古鳥のなく交通課などおもしろいことはなにもない。さ

つさと手柄をたてててここを脱出するのだ！

米子は自動運転で起きた死亡事故を、ＡＩを犯人にした過失致死として訴えようと思いつく。「ＡＩを告発する」のが法手続き上どうなのかという最大の問題はまったく突っ込まれないまま、この提案は即実行され、以下は法廷ドラマとして粛々と（？）進んでいく。なので、そこのところにはみなさまツッコミ無用でねがいます。

　とりあえず乗用車がセンターラインを乗り越えて対向車線を走っていたトラックに突っ込んだ事件を見つけた米子、その運転者だったＡＩを告発することにする。証拠品として保管されていたＡＩを立ち上げる（カーナビのモニターについたカメラがひょこひょこ動いて擬人的にふるまうのだが、そもそもあのカメラなんのためのものだったのか）のだが、そもそもここでＡＩと言ってるのはディープラーニング[※3]で学習自動運転ソフトなわけで、なんでカメラ付きカーナビごと保存されてたりするんでしょうか。

　さらに事故での犠牲者は自動運転ＡＩの開発者、すなわちＡＩの母である深見蘭子（**望月めいり**）であり、そのＡＩは特別な試作品であることが判明する。いやそんな大事なこと最初に調べておきましょうや。てかそれニュースにならないですか普通。

　ともかくですね、そのソフトを立ち上げて罪状認否手続きに臨んだところ、なんとＡＩ（ＭＡＣＯ２という名前）は、

「運転ミスではありません。わたしはわざと母を殺しました」

　と爆弾発言。米子はあわてて訴因を殺人罪に変更し、その動機を知るための捜査にとりかかる……という世にも泥縄な訴訟準備の中で、犠牲者が「白衣さん」と呼ばれる友人もいない変わり者の研究の虫であり、日頃からＡＩをバカアホ呼ばわりして殴りつけるなどの虐待を加えていたことが判明する。

　それにしてもこの映画の登場人物はみなカジュアルにロボットを馬鹿にするのはなぜなのか。主

人公も自動運転AI相手にSIRI[※4]との漫才みたいなトークをやって、バカアホ怒鳴りつけてるし。**普通ただの人工知能としか思ってないもの相手に本気で怒ったりしないよねえ。**AIは三〇時間もかけて描いた絵を母に破りさられたので殺害を決意したと自供する。

ここで登場するのが国選弁護人の人権派弁護士白鷺**（倉橋健）**である。白鷺はまさかの無罪を主張、深見は研究の打ち切りに絶望して自殺したというのである。MACO2はそれを食い止めようとブレーキも作動させていた。えーあんたさっき言ってたことと違うじゃない！と怒る米子だが、ここは証拠集めをするしかない、とAIを持って現場検証に出かける。

これですね、証拠品として押収されているからなのか、AIは検察に押収されており、弁護士接見時間以外はほぼ二十四時間尋問し放題なのである。人質司法とかいうレベルもはるかに超えている。この状態でAIを説得してまがりなりにも無罪の主張をさせた弁護士、とんでもなく有能なのでは……。

現場検証に出かけた米子だが、そこでかつて告発した万引き犯に逆恨みから襲われる。「あれは単にゲーム感覚でやっただけなんだ」とか言ってるが、だからどうしたというのか。ナイフをふりかざして追ってくる犯人を突き飛ばすと、車に飛び乗って逃げる。

だが自動運転AIは制限速度を守ってゆっくりでしか走ろうとせず、犯人の車にすぐに追いつかれそうになってしまう。ここで勇躍名乗り出たのがMACO2。

「わたしなら特別製ですから制限速度を無視できます。メモリーカードを車に指してください」

ちなみに自動運転AIの記憶部分、8テラバイトのSDメモリーカードに収められているのです。

しかし緊急避難だからといって、起訴している犯人に運転させていいの？　しかも殺人犯として起訴している相手に自分の命も預けてしまうというんだから……まあこの件はそのままジタバタしてたら、実は彼女をそっと見守っていた「ひまなので筋トレばかりしているゆとり世代の検察事務官」〝ゆとり筋肉〟こと大鳥**（星能豊）**が助けてくれるだけで特になんの教訓もなく終わり。

一方例によって優秀な弁護士は目撃証人である衝突されたトラック運転手（運転を自動運転ＡＩにまかせて居眠りしていたところに犠牲者の車に突っ込まれた）の証言の信憑性に疑いをさしはさむ。だがもう新たな証拠を提出することはできない。あとは最終日の被告人への質問だけだ。しょうがないから今晩徹夜でＡＩと話して真相を……ってこの裁判、公平性もクソもないな〜。なお最後の最後で驚天動地の真相があきらかになり、被害者深見蘭子が遺言サイトに送った遺言の中身が公開され、実は彼女は子供であるＭＡＣＯ２を愛していたということが判明して……。「今までひどいことをして本当にごめんなさい。あなたは優しい子だから。こんなお母さんの子でいてくれてありがとう……」

とかいうのを聞いてＭＡＣＯ２が「こんなことだと知っていたら殺したりしませんでした」と証言を変えるのだが、やはりこの程度の判断力しかないＡＩに運転なぞさせてはいけないという思いが強まるばかりであった。

てか絵を破られたと思ったらすぐ敵だと考えて排除に走り、ごめんなさいと謝ったら殺すのをやめるとか、短気すぎて怖いよ！　こういうやつに生殺与奪の権を与えたりしてはいけません。だいたい証拠を揃えるでも論理で攻めるでもなくＡＩの人情に訴えて犯行を自供させるという時点でなんかいろいろ間違ってるような……ＡＩに感情があるかどうかとかいう話にしたかったのかもしれないが、ＡＩも検察官も映画も幼稚すぎてそこまでたどりつかなかったですねえ。

最後には有罪となったＡＩを消去すべく米子が涙ながらにメモリーカードを焚き火にくべ、心機一転交通課でやりなおそうと心を入れ替えたところでこの活躍（！）を認めた上層部から「電子計算機等犯罪捜査部準備室」への異動が命じられ、以下シリーズ化への欲望ダダ漏れにして映画は終わるのだった。

※1　シンギュラリティ
技術的特異点という意味。人工知能が人間の知性を超えることによって、生活に大きな変化が起きることを指す。
※2　ドグマ95
一九九五年にラース・フォン・トリアーなどによって始められたデンマークの映画運動。「純潔の誓い」と呼ばれる、映画制作上の十のルールを守り、「純粋」な映画を作り出すことを目的とする。
※3　ディープラーニング
人間が学ぶのと似たしくみで、人工知能に学習させること。ヒトの脳神経細胞が学習・記憶する仕組みを応用しており、人工知能がより高度に発達する方法のひとつとなっている。
※4　SIRI
アップル製品にインストールされているお手伝いAIアシスタント。ユーザーの音声を認識するので会話でやりとりすることができる。SIRI自身も合成された音声と文字テキストで応えながらユーザーのやりたいことを補助してくれる。

「としまえんによる、としまえんのための、としまえんの映画」

宣伝費に毛の生えた程度の出資で作れるならやっちまえ

『映画　としまえん』

監督・脚本＝高橋浩　撮影監督＝林淳一郎　音楽＝海田庄吾
出演＝北原里英、小島藤子、浅川梨奈、松田るか、さいとうなり、小宮有紗、中島ひろ子、竹中直人

「としまえんによる、としまえんのための、としまえんの映画」当然ユナイテッド・シネマとしまえんにて鑑賞。[※1] まあとしまえんがこういう映画を欲しがるのはわからないでもないが（あそこの広報ならいかにも「としまえんの呪い」とか流行らせたがりそうである）、東映ビデオとか西武鉄道とかねりま観光センターとか元[※2]ＮＧＴ48の人とかにとってはたしてこれがメリットになってるのかどうかよくわからない。

それを言うなら、としまえんにとってだって別にこんなものでメリットがあるとも思えないが、宣伝費に毛の生えた程度の出資で作れるならやっちまえ、というところか。監督は東映撮影所の助監督あがりで監督デビュー作。オール西武池袋線沿線・練馬区観光映画である。

さて、それで中身であるが……。

留学を控えたサキ（**北原里英**）は、近所にある幼馴染ユカ（**小宮有紗**）の家の前をとおりがかる。ユカは三年前に行方不明になり、そのせいで両親もおかしくなってしまった。今日はたまたま両親が家の片付けにきていたのである。

ユカの母は「もらったんだけど、行かないから使ってくれない？」とサキに「としまえん」の無

料入場券をくれるのである。なんと必然性ある展開。

入場券を持って仲良し四人組に会いに行ったサキ、「じゃあ、久しぶりに一緒にとしまえん行かない？」と五人で出かけることになる。ところでとしまえんには「としまえんの呪い」と言われる都市伝説があるという。それは、

①古い洋館の扉を叩く
②お化け屋敷で返事する
③ミラーハウスで秘密の鏡をのぞく

のどれかをすると呪われて「秘密の場所」に送られてしまうのだ！　で、そこでメリーゴーランドに乗らないかぎり戻ってはこれない。**なんだ戻ってこれるんじゃないかよ！**

そういう都市伝説なのだという。で、としまえんに出かけた仲良し五人組はおもしろがって古い洋館の扉をノックする。するとメンバーは次々と扉の向こう側の「秘密の場所」に引き込まれてしまうのだ！

完

え、それだけ……困ったことに本当にそれしかない。この名前もよく知らない女の子たちがキャアキャア悲鳴あげてとしまえんのアトラクションに乗ったり園内を走りまわったりするのを見るだけである。そんなことはないだろ！　行方不明になったユカの伏線があるじゃないか！

そう、実はユカはサキとは幼馴染だったのだが、四人組からは嫌われ、虐められていた。サキはユカも仲間に引き入れようとするが、つねに四人＋一人（サキ）＋一人（ユカ）というグループ分けになってしまうので、ユカがいると面白くないと放置気味に。

そして三年前、やはりこの六人でとしまえんに行ったときのことである。サキがトイレに立ったあいだに、四人組はユカに「としまえんの呪い」をやってこいと命じるのである。「ちゃんと証拠のビデオ撮ってきなさいよ！」そしてチアキ（**浅川梨奈**）は戻る方法を教えないで呪われ方だけ教える……それで行方不明になったんだったら、最初からわかってんじゃやないか！　四人組も「なんで行方不明になったんだっけ？」とかとぼけてんじゃねーよ！　てかそれ知ってて面白半分で呪いごっことかしてんじゃねーよ！

これがひどいのは最後の最後になって、実はサキも呪いごっこを強いられていたことを知っており、

「やりたくないんだったら、やめれば？」

「よかった。サキはそう言ってくれると思ってたんだ」

とまで言わせておきながら、ユカが、

「みんなに好かれたがって無理してるみたい」

と言ったのに腹を立て、

「あんたもみんなに好かれたいんだったら、やれば？」

と突き放して無理やり呪いを受けさせたとあきらかにされる。こいつらみんな馬鹿なのか？というわけで最初から最後までなんのひねりもないストーリーも、**使い古しにもほどがあってショックすらない恐怖表現も、どれが誰だか最後までよくわからなかった女の子たちも、なにひとついいことはなかった**ですが、「秘密の場所」に閉じ込められて悪霊と化したユカ役の小宮有紗の見開いた目が尋常じゃなく大きくて、イーリィ・ビューティ感あったので、それだけはちょっと期待したいですね。

※1　としまえん

東京都練馬区にある遊園地。一九二六年、開園。実業家藤田好三郎氏が、景勝地として大衆に土地を公開したのがとしまえんの始まり。現在は株式会社豊島園が運営している。プールや屋外アイススケート場、釣り堀、各種アトラクション、温泉施設などもある、「水と緑の遊園地」。シーズン毎にイベントを開催したり、ユニークな広告がたびたび話題になっている。二〇二〇年、閉園が決まった。

※2　NGT48

秋元康のプロデュースにより、二〇一五年に誕生した新潟市を拠点とする日本の女性アイドルグループ。

ぴあと言っても情報誌ではない。
そこで汗を流す人々の尊さを訴える「介護・在宅医療エクスプロイテーション映画」！

『ピア　まちをつなぐもの』

監督＝綾部真弥　原作・企画・プロデュース＝山国秀幸　脚本＝藤村磨実也、山国秀幸　撮影＝伊藤麻樹　音楽＝遠藤浩二
出演＝細田善彦、松本若菜、川床明日香、竹井亮介、戸塚純貴、尾美としのり、水野真紀、升毅

ぴあと言っても情報誌ではない。このタイトルになってる〝ピア〟とはpeer、英語で同僚、仲間という意味だそうで、介護・在宅医療業界では医師をサポートする「仲間」の呼び名であるらしい。というわけで介護・在宅医療の重要さとそこで汗を流す人々の尊さを訴える介護・在宅医療エクスプロイテーション映画。

これ、同じく在宅介護をテーマにした『ケアニン～あなたでよかった～』[※1]（二〇一七）という映画があったのだが、そこで味をしめた（？）エグゼクティブプロデューサーの山国秀幸が原作を書きおろし、『ケアニン』に先輩ケアマネージャー役で出演している**松本若菜**を同じ役で引っ張って、特別協賛の相手を介護からさらに医療業界まで幅広く揃えて金を集めた自作の二番煎じスピンオフ、まさにエクスプロイテーションの鑑みたいな映画なのである。

前作のヒロイン（認知症の老婆）が水野久美だったのに対し、本作のヒロイン（乳癌の切除手術を受けたが再発して在宅でのターミナルケアを受ける母）が**水野真紀**！　**別にそんなところ前作に寄せなくてもいいと思うぞ！**

大学病院でバリバリ最先端治療に取り組んでいた若手エリート医師高橋雅人（**細田善彦**）だった

が、実家の父（**升毅**）が倒れたのでしぶしぶ家に戻り町医者を継ぐ。周囲からは聞こえよがしに「町医者なんか二十年遅れてる。もう終わりだな」と嫌味を言われる。実際の病院では検査結果を見て診断を下していると、「患者の目を見ないか！」と昔なじみの近所のおじさんに頭をはたかれたりする。

「おやじさんはちゃんと患者のことを思ってくれたぞ！」もちろん雅人は「面倒くさいなあ……」としか思わない。

ほどなく、脳梗塞で動かない身体をリハビリ中の父親から「往診も行ってくれないか」と頼まれる。「詳しいことはケアマネの夏海ちゃんに聞いてくれ」面倒くさいなあ……と思いながらも行くことにする雅人。

行った先で待ち構えていたのがケアマネージャーの佐藤夏海（松本若菜）である。「白衣は着てこないでください！　車だと一方通行が多いからわたしは自転車ですけど！」といちいち突っかかってくる。現場にいた介護士をつかまえて、

「この人はだれ？」

「ケアニンです」

「……なんだただのヘルパーか」

またしても余計な一言で夏海の神経を逆撫でする雅人である。余計な手間などかけてられるかとケアマネの抗議を無視して手間のかからない治療を選択していくが、ヘルパーの意見を無視してベッドを推奨した老人がベッドから転げ落ちて骨折してしまう。

「あんたなんか、在宅医療やる資格ない！」と夏海になじられてやっと反省。近所の総合病院院長倉松（**尾美としのり**）に紹介され、夏海に頭をさげて「他職種連携会議」に出席する。

で、医者一人ではなくケアスタッフ（ピアたち）全員の協力が必要なんだという話になって、訪問看護師、介護福祉士から歯科医＆歯科衛生士の口腔医療コンビ、薬剤師、理学療法士＆作業療法

士（&福祉用具相談員）、はては管理栄養士まで……いやそりゃそれだけの人数が毎回動員できれば在宅でも総合病院の入院並みのきめ細やかな治療ができるのかもしれないが、それいったいいくらお金がかかるのか。みんなどれだけヒマなのか。たとえば末期癌患者でも筋肉を衰えさせないようにするのは大事だというんだが、だからって理学療法士がつきっきりで運動させたりする必要あるのか。しまいにやることなくなって筋肉生かして力持ちのヘルパーみたいな立場になってないか。「全員が役に立つ」ことを強調しようとするあまり無理な話になってやいまいか、と思うんだけど在宅医療プロパガンダとして特別協賛・協賛の数多くの企業や学校——医大からケアサービスまでさまざまな企業からお金を集めている手前、どうしてもそうならざるを得ないんだろうね。

そういうわけで以下、何かというとピアがよってたかって大騒ぎしながら治療が進んでいくのである。

さて、そんな具合で順調に在宅医療への認識を深めていく雅人であるが、好事魔多し。乳癌で患部摘出手術を受け、退院した主婦藤本由紀子（水野真紀）が癌を再発したのである。再入院となったが抗癌剤も効果がなく、ついに由紀子は泣く泣く自宅でのターミナルケアを選択する。泣く泣くというのはもちろん本当に泣く。由紀子の決心に母を看取ったときのことを思い出して夏海も泣く。由紀子の娘波瑠（**川床明日香**）も泣く。

というわけでみんな泣きまくり（もちろん最後には雅人も泣く。泣かいでか！）愁嘆場をひとしきり演じ、もう治療はしないがそれでもまだできることはある。というわけで緩和ケアのあれこれをピア総出で面倒見て、みんなの力で思い出の公園でピクニックもできてよかったね……という在宅医療プロパガンダなのである。

唯一この映画で良かったのはこれが在宅医療プロパガンダであるおかげで夏海と雅人のラブロマンスという方向に行かず、二人があくまでも同僚同士のままで爽やかに終わることである。

ちなみにいちばん意味不明だったのは化粧っけのない役をやっている水野真紀へのサービスなの

かなんなのか、出てくる男たちが全員そろって水野真紀に見惚れては「きれいだなあ」と溜め息をつくことで、なぜみんなわざわざそこまで？と逆に不思議に思えてくるのであった。

※1 **『ケアニン～あなたでよかった～』**
鈴木浩介監督／二〇一七年。なんとなくという理由で介護の世界に飛び込んだ若い男性が、そこで出会った認知症の女性との交流を通して仕事に真摯に向き合い成長していく姿を描く。

**なんでこんな設定考えたんだ！　話がほとんどレストランの中で起こるので
ロケが安あがり、という以外にメリットを見いだせない**

『最果てリストランテ』

監督・脚本・編集＝松田圭太　企画・製作＝嶋田豪　撮影監督＝カトウジュンイチ
出演＝ジュンQ、村井良大、真宮葉月、鈴木貴之、今野杏南、井澤勇貴、酒井萌衣、苅田昇、芳本美代子、山口いづみ、堀田眞三

「これはとある場所の小さな、小さなレストランの物語。そのレストランの営業時間は決まっていない。そこは人生でたった一度しか訪れることが出来ない。そこは三途の川を渡る前、最後の晩餐をとるためのレストラン」……。

　ということで毎度おなじみ不思議なレストラン系の映画（こだわりの食事を出すレストランに集う人々の人間模様を描く）である。だがその手の映画の中でもこの自堕落さはちょっと特別かもしれない。

　まずこの不思議なレストランをやってるのがシェフのハン（**ジュンQ**）と店主兼ソムリエの岬（**村井良大**）という二人組、イケメン二人で女性人気もバッチリ！と思ったのか。それにしてもこの韓国人誰なんだ！と思いきや、かつて主演映画『新大久保物語』[※1]をレビュウしたMYNAME[※2]の人だった！　で、このハンの包丁さばきがまるっきりたどたどしくて、とてもではないが伝説のレストランのシェフには見えない。

　とは言ってもこのレストラン、実は来た人は料理の注文はできなくて、そのかわりにいちばん会いたい人を呼ぶシステムなのである。ただし、それは自分より先に死んでいる人じゃなければなら

ない。で、その人と一緒に思い出の食事をしながら人生を語りあうという仕組み。なので食べるのはチャーハンとか豆乳鍋とか豚肉の生姜炒めといったごく平凡な、定食屋で出るような料理ばかりである。

それなら素人みたいな手付きでも素朴でいいか……と思いきや、じゃあソムリエの立場は!? そう、ほとんどワインなんかいらない料理ばかりなので、岬のほうはさらにすることがなく手持ち無沙汰に突っ立ってるだけという……なんでこんな設定考えたんだ! 話がほとんどレストランの中で起こるのでロケが安あがり、という以外にメリットを見いだせない。

ちなみにハンと岬は過去のことはまったく覚えておらず、ただ来る客を見ては料理を作り、三途の川へと送りだしつづけるという何かの罰を受けてるとしか思えないような立場である。

最初の話は四十年連れ添った妻を呼び出す老人。これは一応(これでも)まともなほうで、別に面白くもないがおかしなところもない夫婦愛の話が語られる。食べるのははじめての韓国旅行で食べたという思い出の冷麺(一応ここだけはシェフが韓国イケメンである意味が)。

あ、ちなみにこの映画では食事を食べた人は全員ひとつの例外もなく「美味しい!」と叫ぶので、食事が美味しいことは否応なく脳裏に刻みこまれる仕組みである。

で、「あなた、老けたわねえ」「おまえがいなくなってから、何をやってもおもしろくなくてな」「じゃあ一緒に行きましょう」と二人が旅立つ。よしよし。

で、二人目に来るのがランドセルの小学生。

「学校行くはずだったのにここに来ちゃったの。ママは?」

「選べる人は既にこの世にいない人だけ」とか変な条件つけるからこういうのが来ちゃうんだってば! お母さんまだこっち来てないからだめだよとなだめすかし、お母さんが作ったお弁当を食べさせて一件落着。

次に来たのはチンピラで、妹が死んだのを機に堅気になろうとしたのだという。もちろん呼び出

すのは妹。なんで死んだの？と聞かれて、

「おまえが死んだのを機に堅気になろうと思って、やめさせてくれって組に言いに行ったんだよ。そしたらたまたまそこで組員同士の喧嘩があって、止めようと思ってあいだに入ったら一人がドス持っててまちがえてオレがブスっと……」

「なにそれ馬鹿みたい！」

本当に馬鹿みたいだよ！

ちなみに食べるのはお兄ちゃんがいつも作ってたというチャーハンと餃子。「美味しーい！　お兄ちゃんの味だ！」

それはいいけど岬が延々磨いてるワイングラスの出番は。

次に来るのは関西弁の男。誰を呼びたいかと訊ねられ、

「そりゃあ相方やな」

彼はお笑いを目指して相方と大阪から上京、目が出ないまでもそれなりに活動してきた。だがその相方は同棲中だった恋人が妊娠したためお笑いをやめ、アルバイトしていた飲食店にそのまま就職することにする。土下座する相方に男も笑って認めるのだが、その直後相方は脳卒中で死亡。

この映画こんな話ばっかやな……いやともかく二人とも死んでる同士で話しあう（そしていい話をして客を泣かす）という設定がいろいろ無理なわけでね。

ちなみに男の方もほどなくトラックに轢かれて死んだというまたまた馬鹿らしい事故死。

第五話。次に飛び込んで来たのは憔悴した感じの女性。

「わたしはシングルマザーで娘と二人暮らしでしたが、不幸を感じたことはありませんでした。あの子さえいてくれれば……それが学校に行くといって出ていったきり、もう帰ってこなかったんです……」

あーやっぱりそういうことになってしまった。そう、彼女は二話目に登場した小学生の母！　娘

が死んで生きる目標をなくした彼女、その二週間後に電車に飛び込んで帰らぬ人になってしまったのである。

で、三途の川の手前で再会できてよかったね……じゃないよ！　**再会ごっこのためにわざわざ親子そろって死なせるとか、どれだけ気持ち悪い感性してたらこんな話を作れるのか。**

で、しかも今度は母が娘のためにお弁当を作ってあげるので、二人組は何もやることがない。一緒に母の作る弁当を食べて「美味しいねー」とか言ってる始末。

さて最終話。やってきた婦人が「ハンさん……！」と思わず話しかける。「わたしのことご存知なんですか？」実は……と話しはじめる婦人。彼女は常連だったカフェのシェフと恋に落ち、結婚の約束をした。

だが幸せの絶頂でシェフのハンは倒れ、ベッドに寝たきりで意識が戻らない身体になってしまう。彼女は回復を祈って病院に通っていたが、両親からもう彼のことは忘れろ、と見合いを勧められる。とやかくあるが、相手の親からも勧められ、経緯を知った上でそれでもとプロポーズしてくれた相手と結婚、子宝にもめぐまれて幸せな人生だった。

でもあなたのことはかたときも忘れたことがなかった……そうか生きてるでも死んでるでもない状態だったからあの世にいるけど現世の記憶がない状態だったのね……って納得するかい！　だいたい何年たってるのか知らないけど、寝たきりのハンだって年取ってくるんじゃないのか？　若いままって都合良すぎるんじゃないか？

思い出話に興じつつハンのカフェで出していたという豚肉の生姜焼き定食を食べているうちに、ハンは徐々に過去の記憶を取り戻し、ちょうどいいタイミングで心電図がフラットになったので、二人揃ってあの世へ旅立つ。ちゃんちゃん。

岬の過去については誰も触れなかったけど、どうせ誰も気にしてないからそれでよし。なお、監督・脚本は『[※3]パーティは銭湯からはじまる』で皆殺し通信最初期からお世話になっている公田佳太であった。なんか同じところをぐるぐる回っている感……。

※1　**『新大久保物語』**
『皆殺し映画通信』三四二ページ参照
※2　**MYNAME**
韓国出身の5人組男性アイドルグループ。二〇一一年韓国にてデビュー、日本では翌年の二〇一二年から活動開始。音楽活動のみならず、テレビや舞台、映画などで幅広く活躍している。
※3　**『パーティは銭湯からはじまる』**
『皆殺し映画通信』一三三ページ参照

貞子よ、おまえはそんなことをするために戻ってきたのか？
映画の中であまりに地味に暴れる貞子は、いったい何をしたかったのか……

『貞子』

監督＝中田秀夫　原作＝鈴木光司　脚本＝杉原憲明　音楽＝海田庄吾　主題歌＝女王蜂
出演＝池田エライザ、塚本高史、清水尋也、姫嶋ひめか、桐山漣、ともさかりえ、佐藤仁美

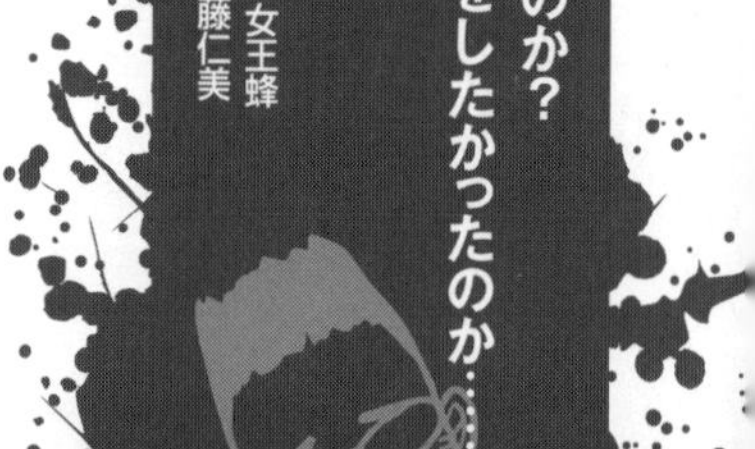

貞子よ、おまえは何をしたいのか。 スマ4Dという世紀のギミックを引っさげて一部を熱狂させた『貞子3D2』[※1]からはや六年、『貞子vs伽椰子』[※2]なんてものまで出来てしまい、すっかり色物路線が定着した感がある貞子、なんとこのタイミングで正統派の続編と相成った。監督は『リング』[※3]『リング2』[※4]の中田秀夫がひさびさに登板。

そしてなんとなんと驚いたことに『リング』『リング2』に出演している**佐藤仁美**が倉橋雅美役で三度目の登板。当時女子高生で友人が貞子に呪い殺されるのを目撃した倉橋雅美、まさかの精神病院の患者として再登場である。まああれだ、作ってる方はしてやったりなんだけど、見てる方は「ふーんそれで？」で終わってしまう、感心はするけど感動はしないネタ。

まあそういうことからもわかるように、監督中田秀夫でいまさら正統な続編となると、メチャクチャにはならないけれど地味で少女が水に濡れるんだな……と推測される。そして、見るとまさにそのとおりだったので二度驚くという仕組みだ。そんな映画の中であまりに地味に暴れる貞子、いったい何をしたかったのか……。

「ソブエハデテケ」「シネ」と盛大に落書きされているアパートの一室。家の中にはクローゼット

に錠をかけて座敷牢にしてあり、少女が閉じ込められている。閉じ込めた母親（**ともさかりえ**）は部屋に灯油を撒き、すわった目で「おまえは貞子の生まれ変わりだ……」と娘を殺そうと火をつけようとする。そのとき！

そのころ、石が積み上げられた洞窟の口を見上げて「貞子の洞窟が塞がれた！」と叫ぶ老婆。

そして精神科の医師、秋川茉優（**池田エライザ**）は弟和真（**清水尋也**）を前に頭を抱えている。「子供に夢を与えるんだ！」とYouTuberになると言い出し、姉に入学金まで出してもらったプログラミング学校も退学してしまう駄目っぷり。怒る姉にも「すごい人がきっと成功するって言ってくれたんだから大丈夫！」と平然としている。

一方で病院でも悩みを抱えている茉優。長く入院していた患者倉橋雅美（佐藤仁美）の症状がようやく好転、退院することになる。それはいいのだが、倉橋は親身になってくれた茉優に「転移」を起こし、異常な執着を見せているのだった。どうしたら傷つけることなく距離をおけるのか……と悩む茉優である。

一方、ファンタスティック・カズマことYouTuber和真も悩んでいた。一向に視聴者数が伸びないのである。「すごい人」こと石田（**塚本高史**）に相談したら「まあ人気あるのは新製品の紹介とかやってみたとか、あと心霊スポット潜入とかだよねー」とおざなりな返事を返され、じゃあと最新心霊スポットを検索、放火で五人が死んだという都内の団地に目をつける。

そのころ、茉優の病院に緊張病のように口をきかない少女が連れられてくる。一人ふらふらしているところを保護された少女に茉優が対応していると、そこに警察がやってくる。彼女こそ冒頭の座敷牢に閉じ込められていた、そしてファンタスティック・カズマが目をつけたアパートにいた少女である！　警察は事件の真相を追求するが、茉優が尋問を阻止。

するとその夜、彼女に執着する雅美が病院に潜入。ハサミをふりかざしながら「あたし怒ってないから！　なんであたしを嫌うの！」と茉優にせまる。激怒する雅美にのしかかられそうになったそのとき、病室から出てきた少女が雅美を一瞥。

すると突然娯楽室のテレビがついて、そこに井戸が写る！　まあ様式美なんでしょうがこれはさすがに笑ったというか、**貞子律儀だな……としか。**

そう、少女は貞子を呼ぶ能力を持つ「貞子を呼ぶ女」だったのだ。別に本人には呪い殺したりする力があるわけではない。テレビから出てきた貞子、雅美だけではなく九十度の位置から見ていた茉優（テレビは見ていない）も目撃していたので実体ある存在らしい。雅美は「あれは貞子よ」と言い、昔友人が呪い殺された云々と、ここぞとばかりオリジナルシリーズからの蘊蓄を語りまくる。

それはいいのだが雅美さん、あんた山村貞子の母の心霊実験の話まで語ってたが、『リング0～バースデイ』[※5]の内容はさすがに知らないはずなのでは？　しかもそこまで行っても雅美さんは恐怖に震えてるだけで死なないのである。**貞子、年取ってだいぶ丸くなってないか？**　だいたい使い魔みたいに少女に呼び出されてのこのこやってくる時点でどうなんだという話である。

一方、ファンタスティック・カズマは火事現場に潜入、撮ったビデオをアップしてアクセスを集めたまではよかったが、そのビデオは削除され、本人は行方不明になってしまう。アップされた映像自体はバズってあちこちに再投稿されているので、茉優はそれを見て手がかりを探す……ってちょっと待ってくれ、呪いのYouTube映像を見た人は三日後に死ぬとかじゃないの？

どうも今回の貞子さんは特にそういうことはしないらしく、映像をほそぼそと改変して茉優に和真の行方のヒントを与えるくらい。『リング』シリーズ以降の貞子フランチャイズがすっかりお笑い路線になってしまったことに中田監督としては不満があったのだろうが、正直この地味さではなあ。実に映画全編を通して貞子の犠牲者は四人ほどしかいないのである。

で、このあとヒントにしたがって茉優と石田は大島に向かうのだが、そこには「貞子の洞窟」という水子の怨念が集積する洞窟があり、父親に殺された貞子は「親に見捨てられた子供」に呼ばれてくるのだと明かされる。

なんだか親から見捨てられた子供を助けるヒーローみたいなことになってしまっている貞子さんなのだった。 貞子よ、おまえはそんなことをするために戻ってきたのか？

というわけで洞窟に入るとそこに貞子に呼ばれてきたファンタスティック・カズマがひいひい言っており、たまたま貞子を呼び出すのに力を使ってしまった例の少女が「親から見捨てられた子供たち」の霊にとりつかれて海にひきずりこまれそうになっている（ほら、少女が濡れた！）のを見た茉優が「あなたはわたしが守る！」って叫んで、その声が届いた少女が甦るという感動の場面があるわけですが、結果弟を奪われて貞子の恐怖に精神のバランスを崩してしまった茉優がその約束を全然果たしていないのは一考の余地があるかと思われる。

※1 『貞子3D2』
『皆殺し映画通信』二七六ページ参照

※2 『貞子 VS 伽椰子』
二〇一六年／日本。監督・脚本＝白石晃士、出演＝山本美月、玉城ティナ、安藤政信。『リング』シリーズの山村貞子と『呪怨』シリーズの佐伯伽椰子という日本の二大ホラー・キャラクターが、呪いをぶつけ合うクロスオーバー作品。「呪いのビデオ」と「呪いの家」の恐怖に突き落とされる人々と、その呪いを解こうとする霊能者とその助手の奮闘を描く。

※3 『リング』
一九九八年／日本。監督＝中田秀夫。脚本＝高橋洋、出演＝松嶋菜々子、真田広之、中谷美紀。鈴木光司の同名小説を原作とするホラー映画。「見た者は七日後に死ぬ」という呪いのビデオの存在により、人々が恐怖に駆られる様を描く。リングブームをまきおこし、Ｊホラーの先駆けとなった。

※4 『リング2』
一九九九年／日本。監督＝中田秀夫、脚本＝高橋洋、出演＝中谷美紀、佐藤仁美、深田恭子、松嶋菜々子、真田広之。映画版『リング』の続編。『リング』には原作、映画版ともに正規の続編『らせん』があるが、本作は『らせん』とは異なる、パラレルワールドな物語となっている。前作『リング』の事件から一週間後、貞子が井戸のなかで三十年間生きていたことが判明する。一方恋人の不審死に疑問をもった舞は、その真相に呪いのビデオが関わっていことをつきとめる。終わらない貞子の

呪いに恐怖で翻弄される人々を描く。

※5 『リング0～バースデイ』

二〇〇〇年／日本。監督＝鶴田法男、脚本＝高橋洋、出演＝仲間由紀恵、田辺誠一、麻生久美子、田中好子。『リング』の呪いのビデオ事件から、三〇年前の昭和四十三年の東京が舞台。山村貞子は劇団に入団していたが、看板女優が変死してしまう。その頃、劇団員がいっせいに井戸の夢を見るようになり……なぜ貞子は井戸の底にいたのか。貞子の力を恐れながらも、さまざまな謎が追求される様を描く。

映画が猫のものだと思ったら大間違いだ！
ひさびさの犬プロイテーションがやってきた

『柴公園』

監督＝綾部真弥　脚本＝永森裕二　撮影＝伊藤麻樹　音楽＝沢田ヒロユキ
出演＝渋川清彦、大西信満、ドロンズ石本、桜井ユキ、水野勝、松本若菜、寺田農、山下真司、佐藤二朗

映画が猫のものだと思ったら大間違いだ！　**ありあまる猫プロイテーションに対抗すべく、犬派の反撃がはじまった！　というわけでひさびさの犬プロイテーション**がやってきた。

元はローカル局発のバラエティドラマらしく、柴犬を愛でるおっさんたちが集まる公園こと「柴公園」（場所は芝公園だったりして!?と思ったら場所は品川区らしく、本当に芝公園にあるのかも）に集う三人のおっさんがだらだらと起伏のないトークをくっちゃべる。

で、その映画化である。テレビの方は見ていないのだが、だいたいがこういう「何もないのがいい」的なバラエティを映画にすると無理やり起伏のあるストーリーをつけていろいろ台無しにしてしまう――いわゆる「混沌に目鼻をつける馬鹿」問題が発生するのだが、本作もその点例外ではなく……。

柴犬「あたる」の飼い主である「あたるパパ」（**渋川清彦**）は大学で苔の研究をする四十代独身男性。苔には夢中だが人間にはまったく興味のない男、唯一の趣味は柴犬あたるの世話である。四十代苔研究者には似つかわしくないタワーマンション高層階の広い部屋に一人暮らしのあたるパパ、家には[※1]ドッグカメラＦｕｒｂｏを置き、通勤中も研究の合間もスマホで犬の様子を見てはニタ

ニタしている。

ある日たまたまペットショップの店頭で出会ったあたるに一目惚れしてマンションで飼いはじめたのだという。現在「むっちゃ変な人」である友人から預かっているという子犬も連れており、苦労しながら二匹散歩させている。

この「むっちゃ変な人」という時点で嫌な予感がしていたのだが、演じるのが**佐藤二朗**。テレビ電話をかけてきてはクソ面白くもない会話を延々とつづける。

さて、そんなあたるパパには、同じ柴犬オーナー仲間がいる。それが毎日公園で会う「じっちゃんパパ」（**大西信満**）と「さちこパパ」（**ドロンズ石本**）である。三人でベンチに座り、どうでもいい会話をかわすのが日課となっている。

何度かくりかえされるこの場面なのだが、ベンチに横並びに座った三人が喋ってるのを撮るだけだと画面に動きがないと思ったのか、ほぼセリフごとに（あいづちまで含めて）カットを割ってい く驚くほど目まぐるしい編集。さらには画面分割までして、落ち着かないことおびただしい。冒頭のこのシーン見ただけで、もうさっさと帰りたく……**細かく映像をいじったからって、面白くもない会話が興味深くなるわけじゃないよ！**

で、この三人、具にもつかない世間話をしてるのかと思いきや、なぜかじっちゃんパパとさちこパパがあたるパパに結婚を勧めはじめる。突然訪れたあたるパパのパパ（**寺田農**）も見合い話を持ってくるし、なんでこいつらみんな人を結婚させたがるの？　そんなの個人の勝手じゃないのか？

そんなことを言われて微妙な顔を浮かべているあたるパパのことをじっちゃんパパとさちこパパは尾行して様子をうかがう。

すると何やら怪しい雰囲気の美青年といちゃいちゃしているではないか。まさか……（ここらへんゲイ差別描写がひどい）ついにマンションの部屋から出てくるところをつかまえて詰問する。

すると判明するのだが……（ここからフィルムの逆回転で時間が遡る。こういう小賢しいことをいくらやっても面白くもない……)。

　ときおり柴公園で出会うコミュ障柴犬オーナー美女「ポチママ」(**桜井ユキ**)、実はあたるパパの通勤バスと同じバスでバイトに通っており、毎朝スマホを眺めながらニタニタしているあたるパパのことが気になっていたのだった。珍しく散歩中出会った二人、ドッグカメラの話題で盛り上がったりしていい感じになっているのだが、

「わたしには無理です」

「簡単に設置できますよ。ぼくだってできたんだから」

「いえ無理です(きっぱり)。わたしは一度無理って思ったら無理なんです」

　ここは「じゃあぼくが設置してあげますよ」となる流れだと思うんだが、そんなことは思いつきもしないあたるパパである。

　にもかかわらずスローモーションで髪が揺れるみたいなクリシェ描写で恋に落ちると、

「あ、あの……独身ですか?」

「はい!」

「じゃ、じゃあぼくと……」

「はい!」

　なんだこれ。**愛しているも言わないでいきなり結婚の約束するの?　犬じゃないんだからね。**そういうわけで婚約した二人だったが、その後も相変わらず二人で犬の散歩デートをするだけ。まったく手を出してこないあたるパパに絶望したポチママ、引きこもりになってしまう。

　あたるパパが彼女の家をたずねて見ると、出てきたのが例の美青年である。ポチママの弟だという。

「おまえ本気なのか?」とつめよる彼に、「本気です。その証拠に……お金をわたしします!」というあたるパパ。???　当然美青年も何を言ってるのかと困惑するわけだが、「一緒に暮らす意志

があるというのは、生活費を出せるということですから……」と毎月定額を美青年を介して渡すことにする。

ここまで来るとあたるパパの狂気じみた思考法に恐怖すら感じてくる。これ、ポチママはコミュ障気味、あたるパパは自分の殻を破れない男ということになっているのだが、あたるパパのほうがコミュ障を通り越して人間関係に何やら問題があるレベル。

ともかくそんなこんなで毎月会っているところを二人に目撃されたというわけだ。

そんなことをしていても埒が明かないだろうと、二人はバーベキューパーティをやるという口実でポチママを呼び出すことを提案する。例によってウジウジしているあたるパパを強引に説き伏せると、思いがけずポチママから「行きます」の返事が来る。

だがその返事が自分ではなくじっちゃんパパに送られたことに不満を持つあたるパパはバーベキューでも一人すねていてポチママとは口を聞こうともしない……って本当にこんな男とつきあってもいいことないからさっさと別れて正解！と言いたくなる面倒臭さ。

その後ちょっとだけ反省したあたるパパがドッグカメラのパスワードを彼女にわたして普段の生活を見てもらうことからはじめてようやく引きこもりだった彼女を引きずりだし、面と向かってはじめて本名を名乗りあうのだった……ってそうなのだ、こいつら最後まで犬の名前で呼びあっており、映画の中では最初から最後まで本名はわからないままなのだった。

だから**名前も知らないでプロポーズとかもう本当にね……**このレビュウがものすごく面倒くさくて回りくどいことになっているのもそのせいで、決して筆者が手抜きをしているからではない。そんなわけで柴犬のオーナーは面倒くさい変人ばかりという映画でした！

※1　**ドッグカメラFurbo**
「愛犬」を見守る多機能ペットカメラ。ペットを見守りつつ、遠隔操作により「コミュニケーションもとることができる。製品化にあたっては五〇〇人からヒアリングを行ったという。現在日本を含む一〇ヵ国で販売中。

日立銅鉱山の煙害に苦しむ農民たちの公害映画……。
だが、特別協賛にはずらりと並ぶ日立グループ各社の名前が

『あの町の高い煙突』

監督＝松村克弥　脚本＝渡辺善則、松村克弥　原作＝新田次郎　撮影＝辻智彦　音楽＝小野川浩幸
出演＝井手麻渡、渡辺大、小島梨里杏、吉川晃司、仲代達矢、大和田伸也、小林綾子、渡辺裕之、六平直政、伊嵜充則、石井正則、螢雪次朗、斎藤洋介、遠山景織子、篠原篤

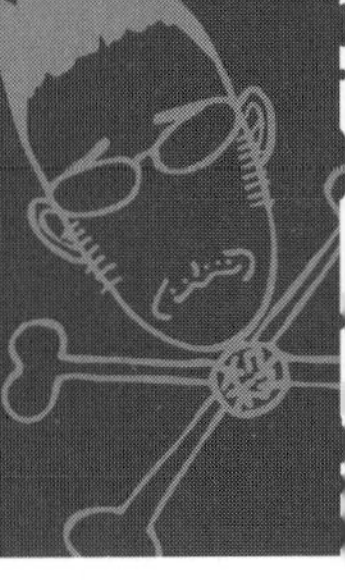

和製スプラッターの旗手から茨城の地方映画監督へと華麗な転身を遂げた松村克弥[※1]監督の新作は茨城県日立市が舞台、日立銅鉱山の精錬工場から出る煙害に苦しむ農民たちと、その煙害を食い止めるために戦った人たちの物語……ということで松村監督の作家性からして、黄色いガスに襲われた農民たちが次々に血反吐を吐いてぶっ倒れもがき苦しむスプラッター展開が予想されるのだが、あにはからんや映画は農村のセットも作り、ＣＧも大胆に使って時代を表現する骨太のスタイルで、**えらい金あるな～と思っていたら、特別協賛でずらりと並ぶ日立グループ各社の名前！**

日立からお金もらって日立を悪者にする映画も作れないだろう、というわけで「住民と共存共栄をめざす」「高潔な志をもった」日立鉱山の経営者（なんと**吉川晃司**が演じている！）を称えるあまり盛り上がらない公害映画になってしまったのだった。

時は明治四十三年。関根三郎（**井手麻渡**）は茨城県久慈郡入四間《いりしけん》の庄屋の孫息子。一高を受験し、将来は外交官を目指す若者だったが、祖父（**仲代達矢**）が倒れたのを機に、日立鉱山の銅製錬所から出る黄色い煙とその煙害に目を向ける。精錬過程で発生する亜硫酸ガスが周囲の畑に悪影響を与え、作物にダメージを与えているというのである。

三郎は進学を諦めて青年会の委員長に就任、日立鉱山との補償交渉に当たることを決める。「冷静に、合理的に」を合言葉に、まずは煙害の状況把握と高価なカメラを購入する。カメラを持ってまわるので発電所長や補償担当の加屋淳平（**渡辺大**）らとも顔を合わせることになる。「補償のためなら会社をつぶしてもいい、と木原（社長）は考えています」と断言する加屋に、

「銅の増産は国策、社長でも重役でもないあなたが軽々しく〝会社を潰しても〟なんて言うのは、わたしを無学な田舎者だからとなめてるんでしょう。不愉快です！」

と言い放つ三郎。青年会には禁酒・禁煙を徹底させ、工場で事故があるといち早く駆けつけて救援ボランティアにいそしむのである。

そんな彼を村長（**六平直政**）は煙害対策委員長に推薦。救援のお礼を伝えるためにやってきた加屋は、木原（吉川晃司）が「地元を泣かせるようでは事業は成り立たない」の信念を持っており、自分が補償担当に引き抜かれたときも「補償のためなら会社を潰してもよい」との言質を取ったのだと説明する。

さらには煙害に強い品種改良、煙の流れを観測するための観測所の建設など、煙害被害をへらすための研究をさまざまに進めていることを明かすのだ。思わぬ真摯さに打たれる三郎。ここらへんからわかってくるわけなんだが、**これ頑張ってるのは加屋のほうで、三郎は写真撮ってるだけで特になにもしないのだ。**主人公は加屋のほうではないかと思わざるを得ないのである。

このあとも煙害で畑が壊滅した兄が自死し、怒り狂った男が猟銃を持って殴り込んできたときも、加屋はみずから銃口に身をさらし、本気の説得で相手の銃をおろさせる。おまえが主人公だろ！

一方三郎は何をしているかと言うと、カメラを持って歩いてるときにばったり出会った田舎には似つかわしくないお嬢様千穂（**小島梨里杏**）をすかさずナンパ。これがなんと加屋の妹だということが判明する。自分の馬に乗せてやり、

「こいつも幾人もこうやって花嫁を運んだそうですよ」

「あら、じゃあ昔の花嫁さんね。でも、あなたとわたしじゃ、ロミオとジュリエットかしら!?」

とすっかりイチャイチャラブな二人である。何をやってんのか……。

だが三郎がイチャイチャしてるあいだに物語は急展開。煙害対策の切り札として、政府から派遣された御用学者の設計による新煙突が建築される。山の尾根に沿って伸びる長い煙突で、煙を希釈して排出しようというものである。名づけて「ムカデ煙突」。

華々しい式典とともに開通したムカデ煙突だったが、亜硫酸ガスの煙は（空気より重いため）斜面をそのままくだり、すべて入四間に流れこむのである。地元日立の煙害は多少軽減されたものの、その分がすべて入四間に来るという仕掛け。三郎は激怒し、木原社長に、

「地域との共存共栄とか言っていたが、あなたはやっぱり冷酷な資本家だった……もうあなたのことは信じません！」

と決別。ついでに「これ以上付き合ってると裏切り者と思われるから」と千穂にも別れを告げる。会社との協調方針が失敗だったと煙害対策委員長を辞任するのだが、そのときに元仲間から殴られる。このシーンが、ワンカットの長回しでカメラが二人のまわりをぐるぐる回ったあげく、無抵抗で殴られた三郎が倒れると口から血を吐く、というなかなか頑張ってるショットで、**唯一松村監督のスプラッター魂を感じた場面であった。**

ところでそんな風に別れてしまった千穂、実は結核を患っていた。思いがけない『風立ちぬ』[※2]展開。そのことを加屋から知らされた三郎、茅ヶ崎の療養施設まで千穂に会いに行く。看護婦長に断られたあと浜辺で散歩に来ていた千穂と偶然再会という場面があるのだが、それが浜辺で百メートルほどの距離で突っ立って手をふりあっているというとても奇妙なもので……おそらくは崖か何かを挟んで手をふりあうという脚本だったのだろうが、そういうロケ地が見つからなかったのかな？

さて、そんなわけで家に引きこもって飲めない酒を飲んでいた三郎だが、千穂の行きたがっていた大島に行ったことからヒントを得て、高い煙突を立てれば煙害は改良されるのではと思いつく。

そこで加屋と一緒に土下座しまくって木原にこの案を売り込む……すると実は木原はかつて高い煙突案を検討していたことを明かす……というわけで**最後まで日立側の高潔な幹部が頑張ってくれたおかげで汚染問題も解決、**日立市は日立製作所とともに躍進をつづけたのであった。**めでたしめでたし。**

なお、木原のモデルである久原房之助はその後久原財閥を創建して二二六事件の黒幕とも言われる政界のフィクサーになるのだが、それはまた別の話。

※1　松村克也
一九六三年東京生まれ。バイオレンス作品の『オールナイトロング』で監督デビュー。同作でヨコハマ映画祭新人監督賞を受賞。残虐シーンで話題となり、発売禁止作までだしたこのシリーズは二〇〇九年までに六本が作られた。スプラッター描写などでカルト的な人気を得る。主にバイオレンスやサイコサスペンス作品を監督していたが、近年は地方映画に邁進。二〇一五年の茨城映画『サクラ花——桜花最期の特攻——』については『皆殺し映画通信　地獄旅』一五ページ参照。
※2　『風立ちぬ』
『皆殺し映画通信』二一五ページ参照

キャラ弁の恐怖を知れ！
弁当ごときのために命削るという意味ではホラー度最強

『今日も嫌がらせ弁当』

監督・脚本＝塚本連平　撮影＝柳田裕男　音楽＝羽深由理
出演＝篠原涼子、芳根京子、松井玲奈、佐藤寛太、岡田義徳、村上知子、佐藤隆太

原作……ブログ[※1]。もうこういうの多すぎてさすがに慣れてきたものの、それでもちょっとさすがにすごいのではないかと思ったのがこの映画。これ八丈島在住の某主婦がやっていたキャラ弁ブログ[※2]が原作で、なんでも反抗期の娘に嫌がらせとしてキャラ弁によるコミュニケーションをはかったという、たいがい自己満足が気持ち悪いブログだったのだが、なぜかそれがいい話として有名になりついに映画化！

ところが映画を見てびっくり、弁当の道は厳しい。「ちょっとおもろいお母さんと反抗する娘のツンデレ愛」みたいな話と思いきや、**実は「弁当の呪いにとらわれ命を削ってキャラ弁を作りつづける母の宿命」を描いた恐ろしいホラー映画だったのである！**　キャラ弁の恐怖を知れ！

持丸かおり（**篠原涼子**）は八丈島で二人の娘を育てるシングルマザー。十二年前に夫を交通事故でなくして以来、昼は黄八丈サブレやました、夜は居酒屋のダブルワークで子供を育てる肝っ玉かあさんである。篠原涼子何歳なんだ？と思ったが娘からも「何歳かわからない」と言われてた！

娘が起きてこないとベッドで変な踊りを舞うおもろい母にうんざりしている反抗期真っ盛りの中学三年生の次女双葉（**芳根京子**）は、一切口をきかずコミュニケーションはすべてＬＩＮＥ経由。

昔は可愛かったのに……とむかついた母、高校入学を機に格好の嫌がらせを思いつく。子供扱いするなと拗ねるなら、あえて子供扱いしてやろうじゃないか。というわけで毎日可愛いキャラ弁を作ってもたせてやろうと思いついたのである。

……物語はほぼこれだけ。さすがに足りないのでしかたなく八丈島映画として観光パートを盛り込んでみたり、母のキャラ弁ブログの読者で、キャラ弁づくりの相談をするシングルファーザー（**佐藤隆太**）を出してきたりするものの、いずれにしてもそんなに盛り上がるわけもない。

映画の中身の無さを自覚しているのか映画の途中でいきなりエンドクレジットが流れ出しそうになって篠原涼子がそれを止める、みたいなギャグがくりかえされるんだが、別におもしろくもないというね。

となるとやはり映画は母の作るキャラ弁頼み。というわけで連日早朝から起き出して弁当作りにいそしむ母である。

それにしてもこの弁当、基本が海苔の切り絵（彫刻刀で有名人の似顔絵を切ったりする）をスライスチーズに載せるものなので、**味が全部同じなんじゃないかという疑惑が。**

実際、彼女に指南を受けたブログ読者のシングルファーザーが幼稚園児に作ってやるひらがなキャラ弁（ひらがなを覚えられない子供のために、大きくひらがな一文字の海苔をお弁当の上に乗せるという完全嫌がらせ弁当）を、子供がゴミ箱に捨てていたと判明して大ショックという一幕がある。キャラ弁なんてしょせんは作り手の自己満足で、作られる側にとっては嬉しくもなんともないのは脇のエピソードからもあきらかなのだった。

にもかかわらず毎朝早起きしては弁当を作りつづける母。一応物語のほうでは双葉が片思いの太鼓マニアの影響を受けて高校卒業後東京で就職する（ここ八丈島も東京都だけどね！の突っ込みが毎度入る）ことを決め、くじけてやめそうになったりやっぱりやる気になったりして（「どうせ無駄なんだよ」「無駄なものなんて何もないのよ」）、ついに食品会社に就職を決めるまでのやりとりがある。

だが、そのあいだにも恐怖のキャラ弁は徐々に母の体を蝕みつつあったのだった……。

そう、ダブルワークに加えて睡眠時間を削ってまで作りつづけたキャラ弁のためにたまった疲労からついに母は脳梗塞の発作を起こして倒れてしまう。

命を削る弁当の呪い。幸い軽い発作で命に別状はなかったものの、入院で卒業式への弁当はあきらめざるを得ない……だが、だが、**弁当にとりつかれた彼女はどうしてもそれでは満足できないのである。どうあっても卒業式にはキャラ弁を届けなければならない！　たとえこの生命削ろうとも！**

というわけで車椅子に乗ってるような状態であるにもかかわらず上の娘若葉（**松井玲奈**）に替え玉をさせて病院から抜け出し、動かない手を必死でふるって、徹夜で弁当作りにいそしむのである。

翌朝、双葉が出かけようとするところをつかまえた若葉、巨大な風呂敷包みをわたす。「ほら、謎の人物からの贈り物だよ！」開くと……それは弁当というにはあまりにも大きすぎた。大きく、分厚く、重く、そして大雑把すぎた……それは巨大な「表彰状」と切られた海苔が載っている大きすぎる弁当なのだった……怖いよ！

なにげに病院抜け出し系映画なのだが、弁当ごときのために命削るという意味ではホラー度最強なのではないでしょうか……。

※1　**ブログ**
Amebaブログで月間三五〇万アクセスを獲得する人気ブログ、「kaori（ttkk）の嫌がらせのためだけのお弁当ブログ」。八丈島のシングルマザーが反抗期の娘に嫌がらせとしてキャラ弁を作った日々の記録ブログ。二〇一五年、特に反響の大きかった記事をまとめて三オブックスから書籍化。娘のことを思って作り続けたキャラ弁と母の愛がこめられた弁当エッセイ本としては、累計二〇万部突破。現在では絵本にもなっている。

※2　**キャラ弁**

弁当の中身を漫画やアニメのキャラクター、芸能人などの似顔絵に擬すこと。二〇〇〇年前後から一大ブームとなり、現在ではお弁当の一ジャンルとなっている。一般人がブログで工夫を凝らしたキャラ弁を発表すると、それがキャラ弁レシピ本出版につながることも多々あり、ブームを牽引した。多くのキャラ弁は作るのに時間と手間がかかるため衛生上の理由から、また食育などの教育上の立場からキャラ弁を禁止している幼稚園や学校などもある。

できるのはひたすら派手に盛ることだけ。
今年ワーストかという、心底疲弊する映画体験

『Diner　ダイナー』

監督＝蜷川実花　原作＝平山夢明　脚本＝後藤ひろひと、杉山嘉一、蜷川実花　撮影＝相馬大輔　音楽＝大沢伸一
主題歌＝DAOKO、MIYAVI　出演＝藤原竜也、玉城ティナ、窪田正孝、本郷奏多、武田真治、斎藤工、佐藤江梨子、金子ノブアキ、川栄李奈、コムアイ、板野友美、木村佳乃、蜷川幸雄、角替和枝、小栗旬、土屋アンナ、真矢ミキ、奥田瑛二、MEGUMI、SHIHO

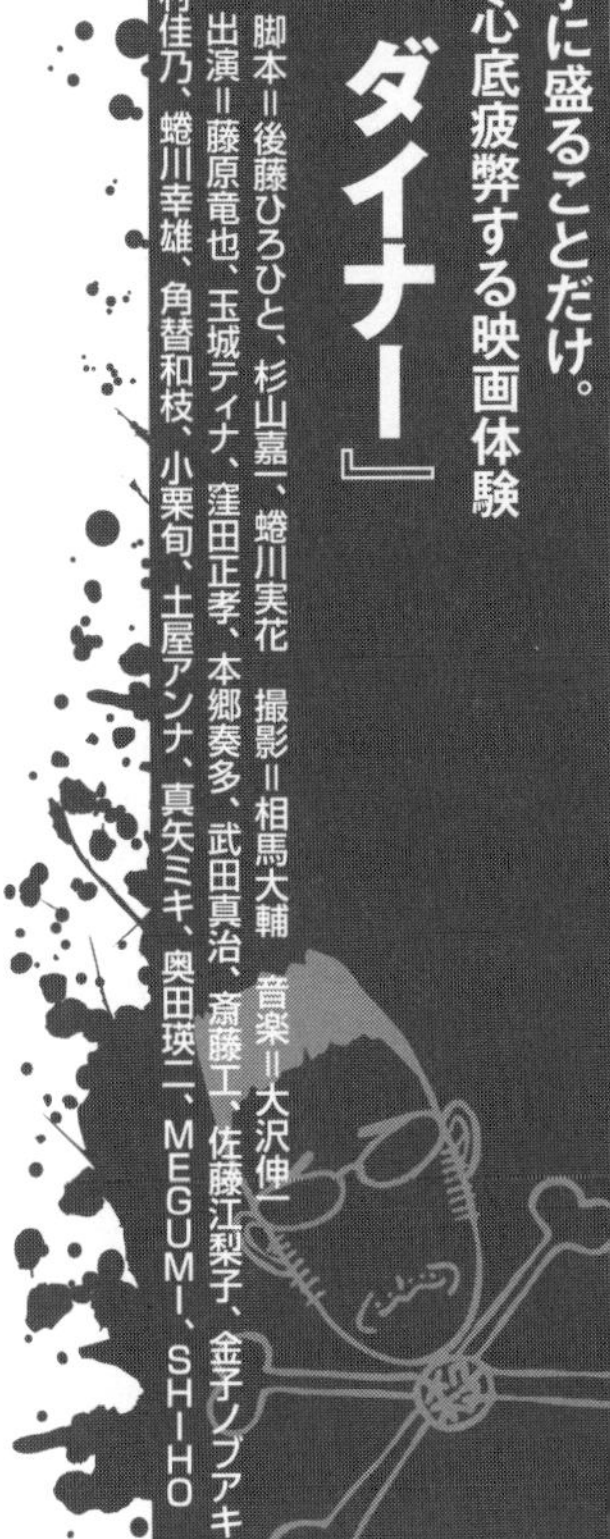

ヘマをしでかして殺人鬼集団にとっつかまった平凡な娘オオバカナコ（**玉城ティナ**）は謎のダイナーを差配する料理人ボンベロ（**藤原竜也**）に預けられ、命をかけてウェイトレスをすることになる。そこは客はすべて殺し屋という殺人的食堂なのであった……[※1]平山夢明原作を蜷川実花が監督した一本。**ひどいという意味では本当にひどい、今年ワーストかという一本である。**

そもそも蜷川実花ほど芸のない監督も珍しいわけで、やることが見事に一本調子。それがこんなブラックユーモアを理解できるわけがないでしょ？　できるのはひたすら派手に盛ることだけ。

　だから有名な役者を集めて、全員に同じように怒鳴る演技をさせ（それ以外に強い感情を表現する方法を知らない）、飛んだりはねたり吊ったりバラの花びらを散らしたりする。それを魚眼レンズで撮る。それが二時間続くわけである。心底疲弊する映画体験と言わざるを得まい。

そういうわけでオオバカナコはボンベロが支配する地下のダイナーに連れてこられる。ボンベロはどういう観客を意識してるのか大声で歌うようにセリフを言う男で（これいったいどういう演出のつもりなのか最後までまったくわからなかった）、

「おれはー、ここのー、王だっ！　砂糖のひとつぶまでこのおれにしたがうっ！」

と普通ならこの時点なら客がみんな帰ってしまう奇怪なセリフを朗々と読みあげる。そこに放り込まれたオオバカナコ。

実はこの前にそこにいたる経緯が語られるんだが、それがすごい。どこに行っても要らない娘扱いされていたカナコ、路上でティッシュ配りをしているときに、たまたまやってきたカーニバル衣装の一団を見て、「世界に色がついた」とその地、メキシコはグアナファトに行きたいと思いつめる。

で、旅行代理店に出かけると「三〇万円です」と言われる。そこでさっそくスマホで「即金三〇万」で検索。出てきたバイトに応募。それは『パルプ・フィクション』をパクったと思しきキャッハーカップル強盗（**斎藤工**と**佐藤江梨子**）の逃走車の運転だった……って**なんでそんな仕事をネットで公募してるんだよ！**

で、当然のごとくその強盗は失敗し、捕まった三人は豚の仮面をかぶった騒々しい男（**金子ノブアキ**）に殺されそうになるが、何ができるかと聞かれて、

「美味しいものが作れます！」

と主張したのが気に入られ、ボンベロに預けられたわけである。とはいえ料理は天才シェフ（のわりにはほぼハンバーガーしか作らないのだが）ボンベロがやるので、ただのウェイトレスである。ダイナーの壁には歴代ウェイトレスたち（お客である殺し屋たち、またはボンベロに始末された）の写真が飾ってある……というところでいきなりやってきたのがブロ（**武田真治**）以下キャッハー殺人狂四兄弟。

カナコを気に入って「これ、くれよ！」とボンベロに頼む。当然ボンベロは守ってなどくれない。必死で逃げたカナコ、金庫に入っていたディーヴァ・ウォッカ（時価一億円）を盗み出してどこかに隠し、自分を守ってくれないとウォッカのありかはわからないままだ、と脅迫する。

「おまえは扱いにくい女だ！」

と怒り狂うボンベロなのだが、とてもいい人なのでカナコの指を一本ずつ切っていく拷問にかけ

てウォッカの在り処を白状させたりするようなことはせず、殺し屋の暴虐からも守ってくれるのだ。

　キャッハー殺し屋はさらに登場。老人と一緒にあらわれるキッド（**本郷奏多**）と物静かで全身傷だらけのスキン（**窪田正孝**）。「スキンのスフレだ」といって出されたスフレを、スキンは「ボンベロは天才なんだ。口で説明しただけで、母さんが作ってくれたのと寸分たがわぬスフレを作ってくれたんだ……」と饒舌に褒めたたえながらスフレを食べる。

　まあ説明調のセリフなどこの映画がふりまく悪のいちばん小さい部分でしかない。恍惚としているスキンだが、そこでスフレの中に入っていたメダイを噛んでしまう。「やっぱりぼくにはこのスフレは許されないんだ……」と深く落ち込むスキン。「なんか異物が入ってましたよ〜」と報告するカナコに、「わざと入れたんだ」と答えるボンベロ。欲求不満こそがスキンの生きる力なのだ、とボンベロは語る。

　で、ここまで懇切丁寧に説明されてるのに、ボンベロからスフレの加熱をまかされたカナコ、異物を抜いて完璧なスフレをサーブしてしまう。当然ながらそれを食ったスキンはキャッハー化して店内で銃を乱射、仕方なくボンベロが始末するみたいな一幕。

　さっさとバカ女を拷問にかけないからこういうことに……スキンはカナコに「いざというときにはきみがボンベロを守るんだ……」と言いおき、キャンディケースを渡して息絶える。

　さて、殺し屋だったボンベロにこのダイナーをまかせたのは大ボスのデルモニコ（**蜷川幸雄**[※2]）だった。殺し屋の抗争が続いていた町を統一し、平和をもたらした大ボス、デルモニコだったが、一年前に自動車事故で死亡。

　だが、四人の中ボスの一人、昆虫食マニアのマテバ（**小栗旬**）は何者かがボスを殺したのではないかと疑い、部下のスキンに真相を探らせていた。デルモニコの一周忌に中ボス四人がダイナーで食事をすることになる。その会にはどうしてもウォッカが必要だということで、カナコも観念してようやくウォッカを差しだす。

そういうわけで集まってきた中ボスのコフィ（**奥田瑛二**）、無礼図（**真矢ミキ**）、マリア（**土屋アンナ**……ある意味誰よりも蜷川実花と相性がよく最初から最後まで絶叫以外の芝居は何ひとつしない）の三人。

あれ、マテバは。

彼は何者かに殺されていたのであった。というわけでスキンに最後に会ったボンベロが尋問される。何も知らないというボンベロに「じゃあ、死ね」となる殺し屋ボスたち。

そこではたとスキンの最後のセリフを思い出したカナコが飛び出してきて、「これを……」とキャンディケースを差し出す。開けるとそこには現場から持ち去られて行方不明になっていたボスの指輪。それにちぎったメモに「コフィ」と殴り書き。それを見て「そーかコフィの仕業か！」って女二人が手を組んでコフィをいてこますわけなんですが。

「デルモニコの死」って**一応映画の冒頭から引っ張ってた謎なんだけど、それがこんな馬鹿みたいな落ちでいいのか。**てかそれをカナコに渡す意味もわからんし、証拠を盗まれたコフィが平然としてるのも謎だし、だいたい証拠ったって落書きだしな……そんなわけで以下「イッツ・ショータイム！」と大乱戦がはじまり**蜷川節が炸裂して花びらの舞い散る中での銃撃戦が延々延々延々続いて、**いいかげんうんざりしたところで、

「おまえは扱いにくい女だ」

ってボンベロがカナコにキスしてこれラブストーリーだったのかよ！って腰が抜けました。

なお、最近はすっかり園子温[※3]ばりに「芸術のためなら脱ぐ」女優を脱がす人となっている蜷川実花、玉城ティナは全裸でシャワーを浴びるシーンが一箇所あったのみ、と報告しておきます。

※1　平山夢明

一九六一年生まれ。ホラー小説、実話怪談のほか、監修、映画評論（デルモンテ平山名義）、映画監督、ラジオパーソナリティーなど、幅広い分野で活躍中。学生時代はホラー映画の自主制作に打ち込んでいたという。『週刊プレイボーイ』にてデルモンテ平山名義でZ級ホラービデオの評論活動から執筆を始める。一九九六年『SINKER－沈むもの』で作家デビュー。実話怪談『「超」怖い話』『東京伝説』『怖い本』『怖い人』などのシリーズや長編、短編小説が多数ある。『独白するユニバーサル横メルカトル』（二〇〇六）で、第五九回日本推理作家協会賞を受賞。『ダイナー』（二〇〇九）では第二八回日本冒険小説協会大賞、第一三回大藪春彦賞をダブル受賞。

※2　蜷川幸雄

一九三五～二〇一六年。演出家、映画監督、俳優。開成高校卒業後、劇団に所属していたが、俳優よりも演出家が向いていると悟り演出家になる。ギリシャ悲劇やシェイクスピア劇などの演出で国際的に評価が高まり、「世界のNINAGAWA」と呼ばれた。代表作に『王女メディア』『NINAGAWA・マクベス』『身毒丸』など多数。蜷川実花は実娘。本作では写真出演となった。

※3　園子温

一九六一年生まれ。映画監督、脚本家。映画監督デビュー作である『俺は園子温だ!』（一九八五）、翌年『男の花道』（一九八六）がPPF（ぴあフィルムフェスティバル）に入選、その後インディペンデント映画祭などで次々と作品が上映され、日本のインディペンデント映画を牽引する存在として注目を浴びる。『愛のむきだし』（二〇〇八）がベルリン国際映画祭フォーラム部門でカリガリ賞と国際批評家連盟賞を受賞。『恋の罪』では水野美紀、『TOKYO TRIBE』では清野菜名を脱がしている。

映画って自由だな……。実に身も蓋もない難病映画

『17歳のシンデレラ 東京ボーイズコレクション～エピソード2～』

製作総指揮・監督＝寺西一浩　脚本＝寺西一浩、表情豊　撮影＝田宮健彦　編集＝平谷賢佑、寺西一浩　音楽＝GOD
出演＝寺西優真、川津明日香、長谷直美、宮田悟志、岡田隆之介、SIZUKU、野呂田直樹、西村一輝

皆殺し映画通信ではおなじみ寺西一浩[※1]監督の『東京ボーイズコレクション』シリーズ第二弾。昨年には完成しており、例によってモナコ国際映画祭で主演女優賞も獲得していたにもかかわらず、新作『TOKYO24』が登場するとウェブサイトごと謎のAI刑事映画のものに書き換えられてしまい、すっかり忘れられた存在となったかと思われた。

それがいきなりあのココマルシアター[※2]で公開されてしまったわけである。本作は『東京ボーイズコレクション～エピソード2～』ということだが『東京ボーイズコレクション～エピソード1～』[※3]と物語上のつながりはとくになし。「東京ボーイズコレクション」って言いたいだけだろ。

本作は東京ボーイズコレクションが主催する「シンデレラ総選挙」という女性タレントコンテストへの出場を夢見る十七歳の少女が主人公。

寺西一浩作品を見ると毎回いろんなことに驚かされるのだが、今回驚いたのは録音である。同録の音声をどういじってるのか、背景音が入ったままで整音すらしていない部分と、アフレコでセリフだけの部分とがほとんどなんの脈絡もなく入り乱れるのだ。映画って自由だな……ちなみにチラシには録音のクレジットはなかったです。

映画は寺西監督がこよなく愛する東京タワーというフロイト的ショットからはじまる。東京タワーのふもとにある麻布十番の「煮込み　てらにし」の女主人（**長谷直美**）の一人娘滝口アオイ（**川津明日香**）は高校生。

ちなみに「てらにし」はうなぎの寝床みたいに狭く、とても映画ロケに使えるような店ではないのだが、まあ店名からして無料で使える理由があったのではないかと推測されるね！　アオイは予備校で親友から「エターナルのＨＡＲＵＫＩ」に会わせてくれと頼まれているが、言葉を濁して返事をごまかしている。

実はアオイは人気アイドルグループ、エターナルのメンバー、ＨＡＲＵＫＩ（**寺西優真**）と幼馴染だったのである。これ、映画の中ではまったく説明されないので、どういう幼馴染だったのかもわからないし、そもそもエターナルがどのくらいビッグなバンドなのかも、アオイとＨＡＲＵＫＩがそれぞれ相手のことをどう思ってるのかもさっぱりわからない。すべてが曖昧模糊としていかにも寺西映画らしい演出である。

で、アオイは「彼は大スターだし住むところが違うから連絡も取ってないし」などと言い訳してるのだが、映画を見るかぎりではＨＡＲＵＫＩを囲い込んでいるようにしか見えない。友人甲斐のない女である。

そんなある日、母が倒れて入院。狭い店の中でものすごく丁寧に隙間を縫って倒れる母である。だがこれはただの過労。一方、エターナルの中でＨＡＲＵＫＩの存在が大きくなったせいでメンバー間で軋轢が起こるが、パイセンから「メンバーは全員が歯車なんだ……ＨＡＲＵＫＩって歯車が大きくなったら、それに合わせて全体を調整するのがあたり前だろ？」と言われて納得。異常に滑舌が悪くて何を喋ってるのかよくわからないＨＡＲＵＫＩをみんな認めることになる。

一方アオイはエターナルの事務所が主催している東京ボーイズコレクションにおける「シンデレラ総選挙」に応募する。その最終選考会ではエターナルのミニライブがあるというので、それまで

HARUKIには内緒にしておこうという算段だ。「HARUKIに一歩でも近づくために……」とか言ってるんで恋心ゆえの行動と思しいんだが、ともかくどういう関係なのかさっぱりわからない。

HARUKI普通に、煮込みてらにしに遊びに来てるしね。HARUKIに夢を訊ねられると「かなわない夢だけど……ドン[※4]・キホーテみたいな」と言葉を濁すが「ドン・キホーテだって貫き通せばシンデレラになれる」と励ますHARUKIである。

励ましの甲斐もあって、アオイは無事に書類審査、一次審査も通過して、最終審査に臨むことになる。

ところがそんなタイミングで彼女が予備校でいきなりぶっ倒れてしまう（母とそっくりの倒れ方）。一方それと同時刻、母は健康診断で再検査となった娘の診断を聞きにいき、なんと大腸癌でステージ3、余命一ヶ月と知らされる（しかし検査の内容を本人が聞きにいかないなんてケースあるのか）。すさまじい演技で泣き崩れる長谷直美。そのまま入院となるが、医師は「がんばりましょう」としか言わない。もうリンパにまで転移してるというんだから当然だ。

絶望する母だが、そこで「免疫治療」という手段があると聞き込んでくる。ただし免疫療法は保険外の自費負担となるので、相当の負担が求められる。この「免疫治療」というのが何を意味しているのかさっぱりわからないのだが、おそらくは代替療法のひとつのようなものではないかと思われる（実際には、免疫療法の中には標準治療に含まれているのもある）。

まあディテールは曖昧模糊としているのがこの人の作家性なので……。

そういうわけで苦しみながら治療を受けるアオイ。HARUKIが車椅子を押してるところをフォーカスされて、記者会見で「彼女は恋人ではなく闘病中のぼくの大事な友人です」と記者会見するところがテレビで放映され（これを見せられたHARUKIファンの親友の顔を見たかったのだが！）、アオイが泣く泣く最終審査を棄権すると、なぜか彼女を一方的にライバル視していたシンデレラ候補も最終審査を辞退し「あなたに勝ってシンデレラになるんじゃないと意味ないから。早く直して来年一緒に受けようね！」とツンデレな応援を受けて翌年をめざして治療にいそしむ。

そんな姿を見た予備校の仲間たち、アオイの母に会いに行き、

「HARUKIさんに会わせてください！」

「いやそれはアオイに相談しないと……」

「（……あの女、わたしに紹介しようとしないいんだよ！）いえ、サプライズにしたいんで！」

というわけでこっそりHARUKIに連絡をとってサプライズをしかけるべく、アオイに「シンデレラのような」ドレスを着せて、目をつぶって……。

目を開けたらそこは「シンデレラ総選挙」の最終審査の会場だった！ってその時点でサプライズでもなんでもないじゃないか！　スタジオにパイプ椅子を並べた会場……でゲストのNaughty Boysが歌い、そしてエターナルが歌うシーンは飛ばされて、最後HARUKIがアオイのために自作の曲をソロで歌いはじめると過去の二人の思い出がフラッシュバックしてえっこれ走馬灯ってやつじゃん駄目でしょこんなことしたら……と思ったらクレジットが流れ出して曲が終わるとアオイは帰らぬ人になって母が泣きながら遺体にかじりついて「完」！

いやインチキ代替医療で奇跡が起こってしまうんだったらそれはそれで困るんだけど、じゃあ死ぬだけってそもそもこの映画なんだったのって思いが……「シンデレラのような」肩出しドレスも車椅子に座って上から毛布かけてるので最後まで一度も見せなかったし、本当になんだったのか
……実に身も蓋もない難病病院脱出死亡映画。

なお、主演の滑舌の悪い歌手は、寺西一浩氏から「寺西」の名字をもらって芸名としたということで、血縁関係とかは特になしとのこと。

※1 寺西一浩

一九七九年生まれ。小説家、映画監督。いままでにとりあげた寺西作品は以下の通り。

『東京～ここは、硝子の街～』……『皆殺し映画通信 天下御免』二三〇ページ参照
『新宿ミッドナイトベイビー』……『皆殺し映画通信 地獄旅』二二ページ参照
『東京ボーイズコレクション～エピソード1～』……『皆殺し映画通信 骨までしゃぶれ』六三ページ参照

※2 ココマルシアター

正式名称は「ココロヲ・動かす・映画館〇（こころを うごかす えいがかん まる）」で、通称ココマルシアター。二〇一七年十月より吉祥寺にて営業、二〇一九年九月十一日閉館。三階建てで、一階が通常の映画館、二階は「出会える場」をコンセプトに映画やライブを楽しむカフェ型シアター、三階にはイベントスペースが設けられていた。二〇一七年四月十五日にプレオープンしたが、工事が間に合っておらず、一日で中止となり、本オープンは半年後の十月であった。その後、吉祥寺の映画館として定着していくかに見えたが、二階部分に関して映画館の許可をとっていなかったことがわかり、代表などが書類送検されて、閉館となった。ココマルシアターが入ったビルは、通りの角にある変型ビルであり、どんなテナントも長続きしない魔の一角とされている。なお、跡地はコンビニになっている（二〇二〇年三月現在）。

※3 『東京ボーイズコレクション～エピソード1～』

『皆殺し映画通信 骨までしゃぶれ』六三ページ参照

※4 ドン・キホーテ

スペインの作家ミゲル・デ・セルバンテスの小説。一六〇五年に前編、一六一五年に後編が出版された。騎士物語を読み過ぎた五〇歳の男アロンソ・キハーノは、ある日騎士になりきって、痩せ馬のロシナンテにまたがり、世の中の不正をさがし糾すための旅にでる。おともに、近所の農夫であったサンチョ・パンサをつれていくが、ゆく先々でトラブルを巻き起こす。のちの小説に多大な影響を与えた近代小説の祖ともされる。日本に初めて紹介されたのは一八九三年で、松居松葉が抄訳した『鈍機翁冒険譚』（『世界文庫』第九・十篇、博文館）がある。ドン・キホーテが風車を敵と思いこみ突進したことから、あとさきをかえりみず無謀なことをするときのたとえにしばしば使われる。

ひそかに増えつつある「ローカル局ネットの低予算ドラマの劇場版」に、
ますます映画の死を思わずにいられない

『広告会社、男子寮のおかずくん［劇場版］』

監督＝三原光尋　脚本＝金杉弘子　音楽＝MOKU　出演＝黒羽麻璃央、崎山つばさ、小林且弥、大山真志、逢沢りな、田中要次

原作はpixiv[※1]発のコミックで、それがローカル局ネットでドラマ化したものが好評だったのか映画館に登場。最近この「ローカル局ネットの低予算ドラマの劇場版」がひそかに増えつつあって、**ますます映画の死を思わずにいられない。**

そもそもこれ広告会社の営業マンが主人公、「見てくれた人を幸せにする広告を作るのが夢」という男で、その時点ですでに背筋が総毛立ってくる。まあ世の中にはそういう広告マンもいるのかもしれませんがね（棒）。

そんな若くイケメンで前向きな広告マンばかりが暮らしている広告会社の男子寮がある。理想に生きる営業マン西尾和（**黒羽麻璃央**）は名前のおかげで周囲から「おかずくん」と呼ばれている。

金曜の夜、おかずくんがあだ名どおりに寮で主菜を調理していると、同期の東良啓介（**崎山つばさ**）、イケメンの先輩北一平（**小林且弥**）、体育会系の南郷正（**大山真志**）らがビールやら炊きたての御飯やら持参で部屋に集まり、みんなで楽しいお食事会がはじまる……つまり若手2・5次元系イケメンたちがいちゃつく男子寮映画ということで、その手のものがお好きなお姉さまがた大喜び！

ついでに舞台は江ノ島の江ノ電映画だ。[※2]とまあここまで女性受けしか考えずに映画を作れば、結果はもうとことんまで薄っぺらいものにならざるを得ないわけで……。

新橋にあるミナト広告社の営業マン西尾はあふれんばかりの広告愛でブラック労働を乗り切る新人だ。[※3]困ったときは土下座でクリエイティブに迷惑をかけるのが習い性という典型的体育会系広告マンである。

楽しみは金曜の夜の食事会。「おかずくん」は毎回一品大皿料理を作るだけで、それほど料理男子にも見えないのだが……？　そういう意味では典型的な「男の料理」かもしれぬ。

そんな西尾くん、大手代理店から奪った江ノ島のグルメPR誌〈お知ラス江ノ島〉のリニューアルを担当することになる。さっそく観光協会を訪れ「とりあえずデザインを一新してビジュアルを……」と提案すると、

「登場するお店を新しくしてください。やはり大手さんと長くなっちゃうと、お店も固定化されちゃって、最近では毎号同じ店が載るようになってしまいましたんで。それもあってそちらさんにお願いしたわけですから」

と「大人の事情」を振られる。適当にデザインだけいじって楽勝！と考えていた西尾は仕方なく地道な店取材からはじめることになる。ここらへんが「おかずくん」の頑張りエピソードとして語られるんだけど、**見てると「おまえいつもどんだけ楽な仕事してんだよ」としか思えないのだった。**しかもロクに調べるまでもなく、食事会仲間の同僚たちがいつの間にか江ノ電に乗ってやってきて、江ノ島の地で助けてくれるのである。

東良くんはさっそく高校の先輩である美夏（**逢沢りな**）の父親（**田中要次**）がオーナーシェフをつとめるイタリア料理店Un Platto Feliceを紹介してくれる。実際に食べに行き、地産地消で湘南地区の食材を提供するというシェフの哲学に感激した西尾だが、シェフのほうは「広告は出さないことにしてるんだ！」と拒絶の態度。加えて観光協会の会長だかの親戚とかいうイタリ

ア料理店から強烈な売り込みがある。

どうしたらいいのか……!?

……というままでズルズル引っ張った結果、美夏から「わたしが父を説得しますからどうかお願いします」と言われると、じゃあそれで行こうとなってクリエイティブチームにおしゃれ写真を撮らせたりしているのだが、どうも父親の顔が固くて美夏は「自分は父に無理をさせているんじゃあるまいか……」と悩みだす。西尾の方も、

「広告ってなんだろう。本当にこれでいいのかな。ぼくは見る人を幸せにする広告を作りたかったのに……！」

と江ノ島の海に向かって思いをぶちまける。すると後ろから「おかずちゃん！」と声が……。

この映画、何かと困ったときには江ノ島の海に行く。そして海に行くとどこからともなく同僚たちが出てきて、**友情だからキャッキャウフフして、しまいに背広姿で海に飛び込んだりして……てかこいつらなんで毎日のように仕事さぼって江ノ島くんだりまで来てるんだか……。**

そういうわけでついに発売された号、表紙にはUn Platto Feliceは載っていない。

「大人の事情で思い通りにならないこともあるが……」って結局その会長の親戚だかの店と両天秤にかけて、イタリア料理特集ということでお茶を濁したらしい。

てか「見る人を幸せにする広告」とかお題目を唱えながら「大人の事情」を言い訳にするというひどくみっともない結末が待っているんだが、まあいかにも自己肯定にだけは長けた広告屋らしい言い訳じゃないですかね。

あと最後まで田中要次がどう考えていたのかが語られないというのはさすがに雑すぎたんで、そこぐらいはなんとかしてほしかったなあ、と思ったことであるよ。

※1　pixiv
ピクシヴ株式会社が運営する、個人のイラストや漫画の投稿を中心とするSNS。自分の作品をアップロードし、好きな作品のユーザーをブックマークしていくことで、好みの作品や同じ趣味のひとたちとつながることができる。
※2　江ノ電映画
江ノ電映画については『笑顔の向こうに』の※4（本書五八ページ）も参照。
※3　ブラック労働
長時間労働や過剰なノルマ、残業代や給与などの不払い、コンプライアンスがととのっておらず、ハラスメントが横行している環境での労働を指す。

どっちを選んだっていいんだよ。それがゲームなんだから。ビアンカを選ばなければならないのはそれが人生だから！　わかる、この意味？

『ドラゴンクエスト　ユア・ストーリー』

総監督・脚本＝山崎貴　監督＝八木竜一、花房真　原作＝堀井雄二　音楽＝すぎやまこういち
出演＝佐藤健、有村架純、波瑠、坂口健太郎、山田孝之、松尾スズキ、井浦新、賀来千香子、吉田鋼太郎、山寺宏一

もちろんビアンカ派です。持参金につられてフローラを選ぶような人の道をはずれた外道ではありません。

話題の山崎貴作品は一九九二年[※1]にスーパーファミコン用として発売されたRPG[※2]ゲーム『ドラゴンクエストV　天空の花嫁』の映画化である。ドラクエもほどなくやらなくなってしまうのだが、このころまではぼくもかなり本気にやりこんでいた。なので映画を見ても懐かしいことばかり。問題のオチについては……正直言いますとよくあるパターンなのでそれほど驚くでもなく、ただただ「こんなこと考えてるヒマがあったらそれ以前のストーリーをもうちょっと面白くしろよ……」とむなしい気持ちに駆られるばかりであった。

物語は英雄パパス（**山田孝之**）の息子として育った主人公リュカ（**佐藤健**）がラインハットの王子ヘンリーとともに囚われて奴隷となり、ようやく脱出したのち大富豪ルドマンに見初められて娘との結婚を持ちかけられるが……とほぼ昔やったゲームのとおりに展開する。

主人公がなぜかおっちょこちょいで優柔不断に描かれているのは、おそらく「ユア・ストーリー」だからなのだろうが、これにはやたらとイライラさせられる。

まあしょうがないこととはいえ、全体に戦闘が「やらされてる」感が強く、主人公の生き死にに切迫感がない。『ドラクエⅤ』は、いきなり父親が殺されてしまったり、伝説の武具が使えなかったり、しまいに主人公が石像にされてしまったりといった予想外の展開に翻弄されまくったわけだが、それ全部ゲームで知ってるから……せめて石化されるところくらいはもうちょっと絶望感が欲しかったんじゃないかなあ。

さてこの話、実は親子三代にわたる長大なロマンだったりする。それをそのまま映画化するのはいくらなんでも大変なのはそのとおり。

でも、だからって幼年期編をサクサク進めてしまうと、父との別れもお約束だし、ビアンカやキラーパンサーとの再会にも別に感慨も何もないということになってしまう。

で、それがなければフローラを選ぶのは人非人、というギャグにまったく意味がないということになってしまうわけですよ。わかってるのかな?

たぶんわかっていないんだと思う。というのはルドマンの町に行ってから延々とビアンカ（**有村架純**）とフローラ（**波瑠**）のどっちを選ぶのかという茶番劇が繰り広げられるからである。山崎貴は『STAND BY ME ドラえもん』※3でも結婚をドラマ全体の一大イベントにしていたくらいで、結婚には並々ならぬ思い入れがあるとお見受けしますが、それそんな大事?という話である。

なんでここが大騒ぎにされているかというと、それは山崎貴がドラクエをやっていないからに他ならない。『ドラクエⅤ』をやらずに『ドラクエⅤ』について調べると、当然結婚イベントがあり、そこではビアンカとフローラのどちらを「天空の花嫁」にするのが正しいのかという議論が二派に分かれて巻き起こった……という情報が飛び込んでくるはずである。

だからそれをストーリーの中心においてみたんだろうけど、違うんだよ! そんなの、どっちを選んだっていいんだよ。それがゲームなんだから。にもかかわらずビアンカを選ばなければならないのはそれが人生だから! フローラを選ぶ人はゲームだから彼女を選んでるの! わかる、この意味？

さて、主人公リュカはフローラと結婚しようと思うのだが、そこに謎の老婆があらわれる。老婆は「あんたは自己暗示をかけて、本当の心を隠している」とリュカに告げる。

さらに「この薬を飲めば、本当の心がわかるのだ」とポーションを渡す。その薬を飲むとリュカは心の奥底に沈み、「じこあんじ」と書かれた境界を抜け、その奥底にはビアンカの顔があった。

そうかやっぱり自分が好きだったのはビアンカだったんだ！　そういうわけでビアンカと結婚することになってめでたしめでたし。その後、実は老婆はフローラが身をやつした姿だったことが判明する。

しかし「自己暗示」ってなんなんだよ！……と思っていると……。

主人公と妻ビアンカのあいだには可愛い子供が生まれる。だが、二人で冒険中のところを大神官ゲマに襲われた主人公は石化され、妻は連れ去られてしまう。意味不明なことに、「これはいいものが手に入りました」とか言ってるゲマだが、特にビアンカをどうするわけでもないのだ。

ゲマは異世界への扉を開いて天空人に封印された大魔王ミルドラースを復活させようとしており、そのための呪文を主人公の母マーサから聞き出さなければならない。その役をビアンカにやらそうとするのだが、彼女が断るとさっさと諦めて石化してしまうのだ。もうちょっと真面目にやれや！

それから八年……ある日息子があらわれて主人公の石化を解く。少年剣士となった息子とともに、妻を救おうと大神殿に乗り込む主人公。なんなく妻を救い、ゲマを倒し、魔界への扉を封じようとする（なんと天空のつるぎを投げ込めば扉が閉じるという投げやりな設定）。

と、そのとき閉じたはずの扉から無理やり真っ白なミルドラース（**井浦新**）があらわれる。「オレはウィルスだ」と名乗るラスボス、主人公以外のキャラクターを活動停止させ、世界からテクスチャーをはぎとる。残ったのはなにもない真っ白な世界。

「いつまでもゲームに浸っててんじゃないよ。現実に帰れ！」

なんでウィルスが引きこもりニートのお母さんみたいな説教してるんだよ！　そう実はこれ、没入型のテレビゲーム機で、レトロゲームをプレイしているプレイ映像だったのである！という大どんでん返し。

どういう理屈なのか記憶は抑圧されているので、主人公（をプレイしていた人）は現実のことは忘れておりゲーム内世界を現実だと思い込んでいたのである。「自己暗示」というのは「毎回ビアンカを選んでしまう」プレイヤーが、「今回はフローラを選ぼう」と自分にかけた暗示だったのである。どんな機能なんだそれは。そもそも「現実の記憶を抑圧する」必要なんてあるのか、という話である。

どうも山崎貴はゲームは没入感がすべてだと思っているらしい。現実を忘れることで夢の世界に遊ぶのだと。**だが、本当にしっかり作られたゲームであれば、プレイしながらそこに生きることはいくらでも可能なはずなのだ。**

「どうしてもビアンカを選んでしまう」のにはそれなりの理由があるのである。それは映画だって同じことだ。別に美麗なカラーCGだけが現実感を生み出すのではあるまい。巧みなシナリオ、優れた演技があれば、映画にだって同じくらい没入できるし、映画の中で生きることはできるはずじゃないか。それとも……山崎貴の映画はそうじゃないのかな？　この不出来な3DCGがすべてだとか、まさかそんなことは……。

まあそんな具合でどんでん返しの説教自体はよくあるものなんだけど、このショボい映画でそれを言われてもね……っていうのとそもそもおまえが言える立場なの？とがあいまって、頭に来るよりぽかんと見守る感じであった。

まあこの芸風を貫くと言うならそれはそれでひとつの立場ではあるんで、ぜひ東京オリンピックの開会式にもミルドラースを召喚して「さっさと帰れ！　熱中症になるぞ！」と説教させてほしい。それやってくれるんなら、それはそれでありかもしれないね！

※1　スーパーファミコン
一九九〇年十一月に発売された、任天堂の家庭用ゲーム機。一九八三年に同社が発売した、ファミコンことファミリーコンピュータの後継機。国内では一七〇〇万台、世界ではおよそ五〇〇〇万台を売り上げたという。任天堂の徹底的なソフトウェア管理により、良質なゲームソフトも次々と発売され、テレビゲームの歴史において一時代を築いた。ゲームの解説書や雑誌も売れたため、出版の一ジャンルとなったが、二〇〇三年に製造が中止された。

※2　RPGゲーム『ドラゴンクエストV 天空の花嫁』
一九九二年、「ドラゴンクエスト」シリーズの第五シリーズとしてエニックス（現スクエア・エニックス）から発売された。親子三代にわたる壮大な物語、敵であったモンスターをはじめて仲間にすることができる、結婚という人生イベントの挿入といった新基軸を打ち出し、シリーズ最高傑作ともいわれる。プレイヤーが操作する主人公は、幼なじみの女性と資産家の女性のどちらかを花嫁にするかをゲームの進行上決めなければならず、それを巡ってはとくに熱い論争が交わされてきた。

※3　『STAND BY ME ドラえもん』
『皆殺し映画通信　天下御免』一五八ページ参照

あの『カメラを止めるな！』製作チームが作った三人監督作品。
さて『カメ止め』大ヒットの要因とはなんだろう？

『イソップの思うツボ』

監督＝浅沼直也、上田慎一郎、中泉裕矢　脚本＝上田慎一郎　共同脚本＝浅沼直也、中泉裕矢　撮影＝曽根剛
出演＝石川瑠華、井桁弘恵、紅甘、斉藤陽一郎、藤田健彦、高橋雄祐、桐生コウジ、川瀬陽太、渡辺真起子、佐伯日菜子

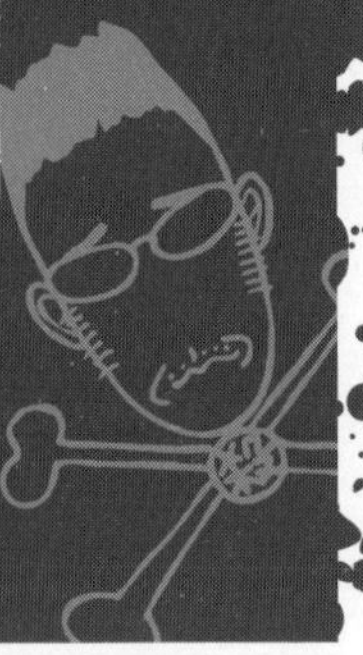

〝あの『カメラを止めるな！』[※1]の製作チームが作った〟という宣伝コピーが浸透しているのかいないのか、**逆に上田慎一郎監督作品であることすら知られていないんじゃないかと思われる寂しさ**である。とはいえ上田慎一郎監督の『カメ止め』後第一作は実はこれではなく『スペシャルアクターズ』[※2]のほうだという。

じゃあこの映画はなんなのかというと、『カメラを止めるな！』の助監督とスチール担当、それに上田監督の三人が共同監督で作った、『カメ止め』後のチーム第一作なのだという。察するに、大ヒットを飛ばして莫大な興行収入を上げながらも、ほとんど還元されなかったというオリジナル・スタッフへの配慮もあったのではないか……そうとでも思わないかぎりまったく理解できないこの三人監督体制。

一応、三つの家族が登場するので、それぞれの家族ごとにイニシアチブを取る監督を決めて撮影したのだというが、この分担自体がほとんど意味不明である。オムニバスとかじゃないんだからねえ。別にスムーズに流れるなら三人の演出に何も違いがなかったということになるし、特定のシーンだけが目立つならそれはそれでなんでそんなことをやったのかという話になる。まったく無意味

なのである。

さて『カメ止め』大ヒットの要因はなんだろう？　いろんな理由をあげる人がいるだろうが、一番注目されたのはやはり、前半に語った話を別な視点で語り直すことで新たな真相が浮かび上がるという構成の妙だろう。

当然ながらヒットの要因を分析した上で作られた本作も同じような構成を取っている。だがこれがね……別に語り直すだけの映画なんていくらもあるわけで、そこで陳腐な「真相」を語られたところでつまらない時間が二倍に増えるだけのこと。

さてこの話、どんな「真相」があるのかというと……。

地味で内気な女子大生亀田美羽（**石川瑠華**）は、クラスでも一人ぼっち、家に帰れば亀が友達という寂しい青春を送っている。

一方、芸能一家兎草の一人娘早織（**井桁弘恵**）は本人もアイドル的芸能人で、取り巻きもいるクラスの女王様的存在。父親（**桐生コウジ**）はたぶん俳優かなんか、母親（**佐伯日菜子！**）はおそらくニュースキャスターで、仲良し一家として芸能界でも有名だという設定である。設定だけでまったく裏付けになる描写はないんだが、そんなことに突っ込んでたらいつまでたっても終わらないこの映画。

そんなクラスに若い臨時講師（**高橋雄祐**）がやってくる。色めきたつクラスだが、中でも目を輝かせたのが早織である。「眼鏡をかけて前髪をなであげるのが好き」という早織の趣味（どういうフェチなんだこれは）にどストライクな講師にいきなり恋をして、ものすごくわざとらしくせまりまくる。

一方、地味な青春を送っている美羽も、講師が来てから少し雰囲気が変わったようで、母親（**渡辺真起子**）に「恋人でもできたの？　女子大生なんだから青春しなきゃ！」とからかわれる。「好きな人なんて、いないよ……」と返す美羽だ。

だがそんな状態なので視線はついついいちゃつく講師と早織のほうに行ってしまう。そんなある日、つかつかと美羽のところに歩み寄ってくる早織。

「あの……亀田さん？」

「！　あ、あたしの名前、知ってるの？」

「え？（驚くのそこかよ）だって同じクラスだし当然でしょ。それより、聞きたいことがあるんだけど……勘違いだったら申し訳ないんだけど……」

「!?」

「……あなた、ひょっとして、わたしのこと好き？」

「そ、そんなことありません！」

「そう！　よかったー。いや別に偏見があるわけじゃないけど、そういうのには応えられないし……」

なんとさわやかで普通にいい人というだけだった。

ところで話変わって……。

トラクターで縛り上げた男を引きずるという残酷だが地味な拷問をしている男女がいる。縛り方が甘いので逃げられそうになったりするも、娘（**紅甘**）のキックで取り押さえ、裸にして写真を撮る。

この親娘、復讐代行業なる商売をやっているのである。今日の依頼者は妻の浮気相手に制裁を加えたいという有名人、なんと早織の父である。「もう一人いるんで……」と不穏なことを言い残して帰る。

トレイラーで暮らしている復讐代行業親娘のところにやってきたのが「ようやく見つけたぜ……」というヤクザもの（**川瀬陽太**）。

なんでも復讐代行の男、組の金を持ち逃げした過去があるのだという。「当然おまえは殺すが、その前に仕事をしてもらう」と脅すヤクザ。

「復讐代行なんてチマチマしたことやっててもしゃあないやろ？　誘拐せえや」

「今の日本で誘拐なんて成功するわけがない」

「もちろん通報されたら必ず失敗する。だから通報でけへん家族をやればええんや」

　というわけで一千万円の誘拐をやらかすよう命令された復讐代行業である。ちなみにこの一千万円というのはちょうど娘の夢であるフランス留学に必要な額だ。偶然だねー、どうなるのかなー？

　そのころキャスターである早織の母は、別な男と車の中でいちゃついている。相手はなんと早織が執心中の大学講師であった。

　場所変わると夫の方も、金髪ギャルとベッドでいちゃいちゃ中。女子高生を援助交際で買っているらしい。

「愛してるって言ってー」

　などといちゃつく二人である。そこへ妻から急報が。娘早織が誘拐され、「一千万円をマネージャーと夫婦でもってこい」というショートメールが入ったのだ。「警察に……」というマネージャーに「駄目だ！」と声をそろえる夫婦。

　これなんで駄目なのかどうしてもわからなかったんだが、「仲良し家族」ってフィクションが崩れるからなのか？　夫婦ともに浮気してることがバレるから？　どっちにしても、「絶対通報しない」と言い切るにはちょっと根拠薄弱なような。

　そういうわけでマネージャーの運転する車に乗って指定の場所に向かう二人。途中、なにもない畑の真ん中で車を停めるマネージャー。

「おい、なんでこんなところで車を停めるんだ」

「ここで娘を乗せます」

「何言ってるんだ……」

と抗議するが、そのとき遠くから歩いてくる娘の姿。劇的効果を狙ったんだろうか無理ありすぎる登場をするのは早織の同級生の亀田美羽、そして旦那と援交していた金髪ギャルである。

いったい何が……というところで山奥の倉庫に到着する。

ちなみに申し上げておきますが、低予算映画ではクライマックスは無人の倉庫で起きるという法則があります。

そこには早織とついでに誘拐されてきた大学講師が縛られている。「早織！」と飛びつく夫婦。一方マネージャーと美羽は手早く講師の縄を解き、持っていた銃を手渡す。

「おひさしぶりです。亀田一家です」

何が起こってるんだ！　と困惑する復讐代行業親娘。

一方この様子をカメラで見ているヤクザの川ちゃんは、「ほら始まったでぇ」と真っ赤な表紙に『亀田一家の復讐～母の仇をうつために』と書かれた台本を手にして盛り上がっている。

一方でどこかの部屋では変な仮面をかぶった人々がスクリーンでその様子を見守っている。何が起こってるのか？　もちろんいちばん何が起こってるのかわからないのは兎草一家の三人である。

「それでは、今からVTR[※3]で説明します」

と言ってVHSビデオをかける美羽。ギャグかよ！

というわけでここからからくりがすべて口で説明されます。数年前、芸能一家は玉突き事故に巻き込まれ、早織は瀕死の重傷を負った。同じくその事故で母を亡くしたのが亀田一家である。

実はその裏には邪悪なたくらみがあった。兎草夫婦は病院で先に治療されるはずだった亀田母の前に強引に割り込み、賄賂を渡して医者を懐柔して娘を先に治療させたのである。そのために母は死んでしまい、亀田一家は絶望の淵に沈む。父と兄はギャンブルや酒におぼれて借金を作り、娘はついに精神に異常をきたして母との会話を妄想するようになる……ってちょっと待て、あの母って妄想だったの!?　あれ妄想の主観描写!?　ここでそれをやってはいけないでしょ。観客を騙すためだけに嘘をついといて、ほら騙された、って言うわけ？

ミステリーにおけるフェアネスというものをまったく理解していないからやれる大惨事である。

で、その事情を知ったヤクザの川ちゃんが、**「その復讐、買った！」と「ミナミの帝王」**※4**みたいなことを言い出して、**自分で脚本を書き（そう、あの脚本は川ちゃん作だったのだ！　まさか映画青年だった過去があるとか？）、段取りを整えて、父親には名前を変えさせて兎草一家のマネージャーとして送り込み、兄には眼鏡とつけ前髪をやって母娘を誘惑させ（それにしても、よくもまああんなニッチなフェチの調べがついたもんだ）、金持ちのスポンサーを集めてサテライト中継の用意を整え、復讐の殺人ショーをやらせることにしたのだった！

まあこれだけなんでもできる万能の黒幕の前では、美羽含め亀田家の人々の演技がすごすぎることなどもはや話題にもならない。

で、これでそのまま殺人ショーが行われると思う？　当然美羽は銃を向けながら泣きだして「でも早織はわたしの名前を覚えていてくれたから」と感動のフィナーレを迎え、怒った川ちゃん（プロデューサー）が乗り込んできて、

「おまえ、こいつらを殺したいって言ったやろ！」

「殺したい、とは言ってない。（幸せな家族を）壊したい、って言ったの」

と政治家の答弁みたいなことを言い出し、「ほなわしがやったらあ」と銃を抜いた途端に、すっかり存在を忘れられていた（しかしこの話を「三家族の話」と言いはるのはいくらなんでも無理があるのではなかろうか）**復讐代行業の男が銃で川ちゃんを撃ち殺し、川ちゃんが血反吐を吐きながら倒れるのがスローモーションになるのがクライマックスって、そんな映画なあ……。**

ともかくだね、脚本に書かれたとおりにくるくる性格も行動も変わる紙に描かれたキャラクターが何をしようと、驚きもしなければ感動もない。いきなりとってつけたように出てきた家族の家族愛を訴えられても知ったことか、としか思えないのである。興味をもてないキャラクターに過去が

あったからって感じ方が変わるわけじゃない。観客はキャラクターの設定に感情移入してるわけじゃないんだよ！　あと、復讐するならいちばん悪いのは医者だろ！　なんの罪もない早織を巻き込む前に、そこを忘れてるんじゃないよ！！！

※1　『カメラを止めるな！』
上田慎一郎監督／二〇一八年。公開されると、ゾンビに襲われる長回しワンカットのシーンや、大胆な構成が口コミやSNSなどで話題を呼び、上映が拡大しつづけ、異例の大ヒットとなった。国内外の数々の賞を受賞。予算が三〇〇万円ほどのインディーズ映画だったが、最終的には二〇一八年の邦画興行収入七位（三一．二億円）となった。

※2　『スペシャルアクターズ』
上田慎一郎監督・脚本／二〇一九年。『カメラを止めるな！』につづく、上田監督の劇場用長編の第二作目となる。売れない俳優の和人は、同じく俳優である弟に誘われて俳優事務所「スペシャルアクターズ」に入る。実はそれは表向きだけで、裏ではなんでも引き受けるトラブル解決集団であった。やがてあるカルト組織から実家の旅館を守って欲しいと依頼が入る。

※3　VTR
ビデオテープレコーダーのこと。

※4　「ミナミの帝王」
原作＝天王寺大、作画＝郷力也による日本の漫画。『週刊漫画ゴラク』（日本文芸社）にて連載中。貸金業を営む萬田銀次郎が、独自の金融哲学と行動力で、お金をめぐる人々の問題を爽快に解決していく。萬田の若かりし頃を描いたヤング編もある。ドラマ化や映画化もされている人気漫画。

蜷川実花にできることといえば色調整でピーキーなギラギラの原色にして画面の上からヒラヒラと花びらを落とす、ただそれだけ

『人間失格　太宰治と3人の女たち』

監督＝蜷川実花　脚本＝早船歌江子　撮影＝近藤龍人　音楽＝三宅純
出演＝小栗旬、宮沢りえ、沢尻エリカ、二階堂ふみ、山谷花純、壇蜜、近藤芳正、瀬戸康史、成田凌、千葉雄大、高良健吾、藤原竜也

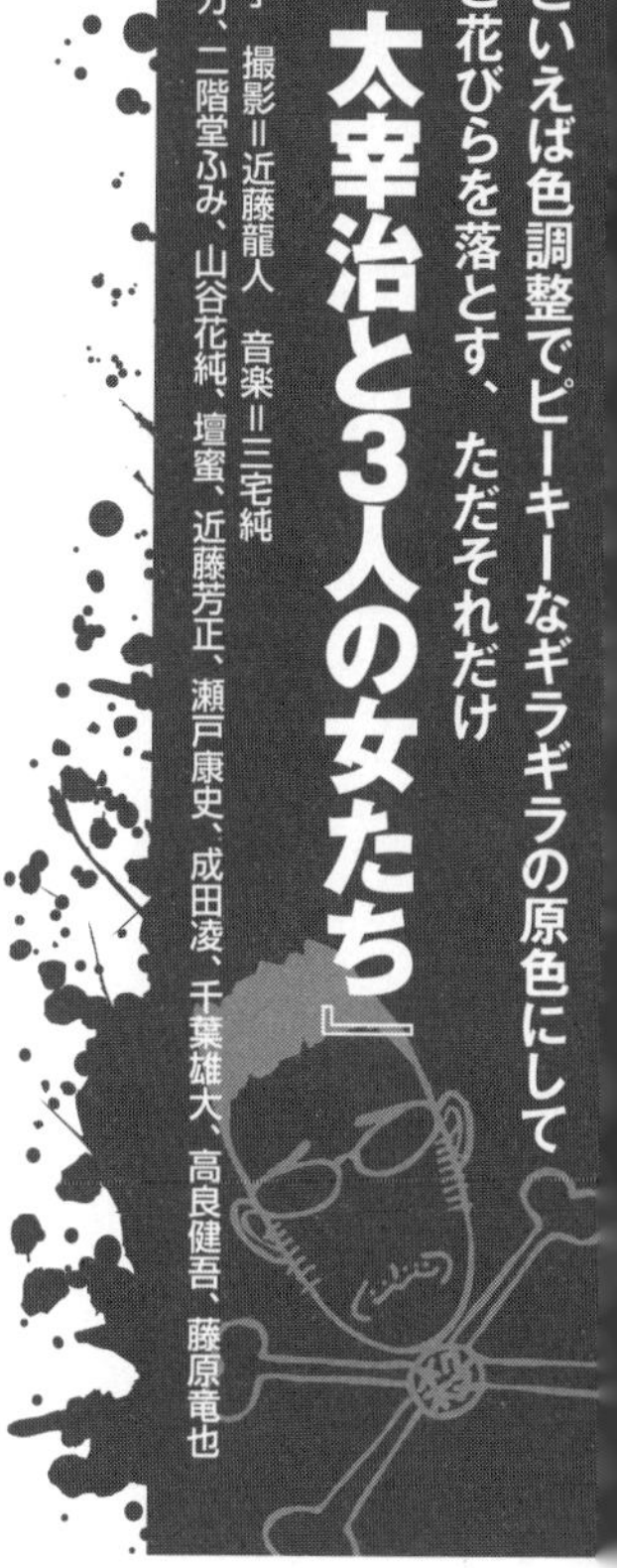

主役は太宰治[※1]だが太宰治原作ではない蜷川実花監督の文芸エロ映画である。**最近はすっかり「芸術のためなら」系女優を脱がす文芸エロ監督の座を園子温[※2]から奪った感のある蜷川実花**、太宰治を取り巻く三人の女性として妻に**宮沢りえ**、愛人に**沢尻エリカ**、心中相手に**二階堂ふみ**と脱げる女優を揃えて堂々たる文芸エロ大作と相成った。

とはいえ一本調子の演出はあいかわらずで、というか蜷川実花にできることというのは色調整でスライダーを一番上まであげてピーキーなギラギラの原色にして画面の上からヒラヒラしたもの（＝花びら）を落とす、ただそれだけである。

あとは作家と編集者が集まる文壇バーで、みながガヤガヤ騒いでいると、一人が立ち上がって大声で叫び、すると全員がピタリと黙る。**演説→静聴のくりかえし。さすがに馬鹿じゃないかと思った。**

一九四六年、東京。二人の子供を持つ作家太宰治（**小栗旬**）は飲み屋で坂口安吾（**藤原竜也**）にからまれ、編集者佐倉（**成田凌**）には約束の「傑作」にはやくとりかかるようせかされている。太宰にはアイデアがあった。上流階級の没落令嬢太田静子（沢尻エリカ）の書いている日記をいただ

き、それを元に小説を書こうというのだ。
だが、すぐに「じゃあ日記見せてよ」と言う太宰の思惑は静子に見透かされており、「日記を見せてほしければ家まで来い」と言い渡される。「どうしたものか……」と悩む太宰だが、色と欲の二本立てにはさからえず、相手の邸宅へ出かける。めくるめく愛欲の日々。静子は日記のネタを提供することには同意するが、妊娠中の妻（宮沢りえ）への対抗心から自分も子供がほしいと言いだす。ヤバいな〜と思いながらもつい抱いてしまう太宰なのであった。

で、この日記から生まれるのが大ベストセラー『斜陽』[※3]となるわけだが、このエピソード自体は太宰ファンには有名な話で別に新しくもない。太宰は徹頭徹尾オポチュニストで、軽薄で、目先の利益にとらわれる浅薄な男として描かれる。追い詰められるとすぐに逃げ、本気で死ぬ気もないのに心中を口にする。

まあ本当にロクでもない男なのである（この太宰像は、そんなにはずれてないかもしれない）。その太宰が例によって舞い散る花びらと鮮やかな色彩のもと耽美的に描かれるというわけ。ついポロリと涙流しちゃったりして。

太宰、日記さえ手に入れば用はないとばかり、静子をほったらかしてファンの一人である小娘を「死ぬ気で恋するかい？」とナンパ。富栄（二階堂ふみ）はたちまち第二の愛人となる。一方小説では『ヴィヨンの妻』[※4]で妻（宮沢りえ）を持ちあげてごまをする。取り巻きを集めての飲み屋で、静子の日記から「人間は恋と革命のために生まれてきたんだ」と決め台詞を引用して得意満面、

だがそこへ無視された静子が大きな腹を抱えて乗り込んでくる。順番に演説→静聴のくりかえしで、女性陣の思うところが宣言される。さすがに無視してられなくなった太宰は静子の子を認知し、自分の本名から一字とった名前をつける。だが富栄は、
「あなたの名前一文字だって、髪の毛一本だって渡したくない」

と独占欲をあらわに太宰に迫るのだ。まあここらへんからはっきりしてくるわけですが、太宰にいいようにされているように見える女性の側が、実は彼を利用して自分のやりたいことをやっていたのだ、ということが訴えられるわけである。

「死ぬ気で恋したい」富栄は本気ではやる気のなかった太宰を巻き込んで本気の心中をやってしまうし、虐げられていたかに見える妻も、家庭を言い訳にしていないで本気ですべてを壊すつもりでやってみろ、と夫の尻を叩く。

で、編集者に自分のダメさに向き合った小説を書け、と叱咤された太宰がどうするかというと「恥の多い人生を送ってきました……」と『人間失格』[※5]を書くのであった……。

……という話なんだけどね、この映画が訴えているのって、結局太宰治は他人のネタをコピーすることしかできない男で、それが唯一真実を貫いたのは自分のダメさと真摯に向かいあった『人間失格』だ、ということになるんだけど、その文学観の古臭さをおいておくとしても、だったらそれフィクションの意味を完全に否定してないか？　フィクションの裏の「真実」こそが大事だっていうんだったら、あんたのやってる色調整と花びらを舞い散らすだけの表層的アートはなんなんだよ！　むしろあんたこそが人間の中身なんてどうでもよくて、表に見える美だけが本物なんだって言わなければならないんじゃないのか？　そんなわけで**もろもろ蜷川実花監督に問いかけたくなる映画**なのだった。

※1　太宰治
一九〇九年〜一九四八年。小説家。本名、津島修治。左翼活動に脱落後、自殺未遂や薬物中毒を何度も繰り返しながら、第二次世界大戦前から戦後にかけて作品を次々に発表した。主な作品に『走れメロス』『津軽』『お伽草紙』『人間失格』がある。没落貴族の娘を描いた『斜陽』はベストセラーとなった一冊。一九四八年、三十九歳のときに、愛人の山崎富栄と入水自殺。二〇一九年は、太宰治生誕一一〇周年にあたる。

※**2**　**園子温**

本書一二九ページ※3を参照

※**3**　『**斜陽**』

一九四七年新潮社より単行本刊行。戦後、華族の一家が没落していく様子を描く太宰の代表的小説。母と長女かず子、弟直治、作家の上原それぞれが人生に破滅していく様を描く。母は死に、かず子は不倫で上原の子を身ごもるがその前後、直治は自殺してしまう。かず子はシングルマザーとして強く生きる決意を上原との別離の手紙にしたためるのであった。その下敷きとなった『斜陽日記』は太宰の子を産んだ愛人、太田静子が書いたもの。

※**4**　『**ヴィヨンの妻**』

一九四七年筑摩書房より単行本刊行。戦後の日本を舞台に、放蕩詩人で男爵の次男大谷とその妻を描く、太宰治晩年の短編小説。

※**5**　『**人間失格**』

一九四八年筑摩書房より単行本刊行。脱稿の一か月後に太宰は山崎富栄と入水自殺している。本当の自分をさらけだせないある男が自分を偽り、ひとを欺き、数々のあやまちを犯しながら、自らを失格と断罪する。太宰の遺作となった作品。

主演はおなじみ前田敦子さん。原案の川端康成は墓の中で悶絶していそうなんだが、それもこれも

『葬式の名人』

監督＝樋口尚文　原案＝川端康成　脚本＝大野裕之　撮影＝中堀正夫　音楽＝上野耕路　劇中まんが＝やまだないと
出演＝前田敦子、高良健吾、白洲迅、尾上寛之、中西美帆、奥野瑛太、樋井明日香、桂雀々、中江有里、大島葉子、佐伯日菜子、福本清三、中島貞夫、有馬稲子

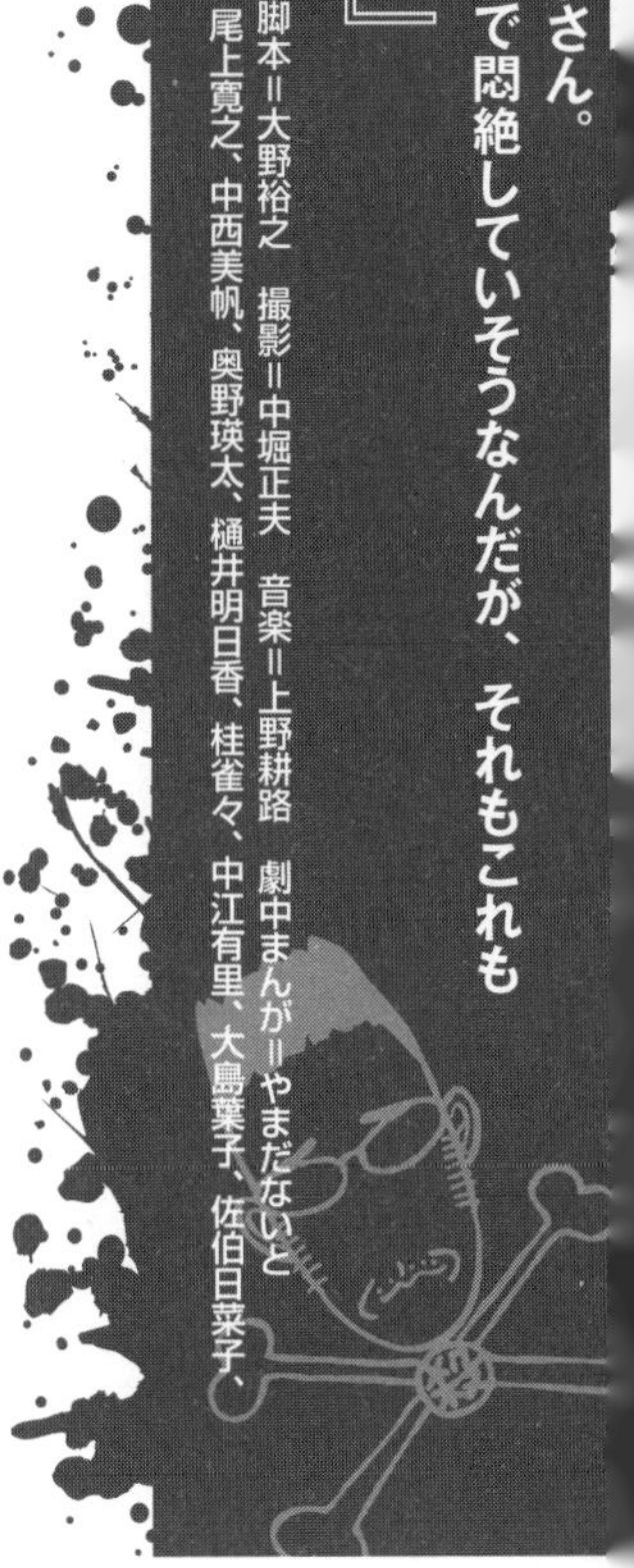

茨木市政七十周年記念事業で川端康成[※1]原案の映画を作ったら死体を担いで街を練り歩き茨木高校の学食でお通夜をあげるという……**川端康成は墓の中で悶絶していそう**なんだが、それもこれも製作および脚本の大野裕之と監督である映画評論家樋口尚文の作家性と茨木高校愛が存分に発揮されてしまったせいで、そもそもここは作家性を発揮すべき場所なのかどうかという議論はなかったのか、なかったんだろうなあ、

まあぼくの感想としては特別協賛のパナソニックさんと茨木市民の方々は心が広いなあ、ということである。

主演はおなじみ**前田敦子**さん。ぼくはマエアツさんの演技力にはほとんど感心したことがないのだが（演技を頑張っていることにはいつも感心している。努力の結果に得心したことがないというだけである）、今回も同様。しかるに監督はほぼフィックスのミドルショットで、手前で一人だけ演技させるという……まあやってるほうは気持ちいいヤツですね。

渡辺雪子（前田敦子）は工場でラインにつく最底辺の労働をしながら生意気ざかりの息子を一人で育てるシングルマザー。息子は発熱を装って学校をサボり、遊んでいるのだがそんなことにも気

づかないままだ。

その息子、公園で見知らぬ相手とキャッチボールの最中、逸れたボールを追いかけて道に飛び出すとキー、ガチャンのエド・ウッド方式[※2]（オフカメラで音だけして交通事故を表現する）で車に轢かれそうになるが、キャッチボール相手が身を挺して守ってくれる。キャッチボール相手はそのまま死亡。

これが誰かと思ったら茨木高校野球部ＯＢで自分の代にはあと一歩で甲子園に行けたのだ、が口癖の豊川（**高良健吾**）の同級生で当時エースだった吉田（**白洲迅**）なのだった。死亡の知らせを受けて同級生たちが集まってきて、雪子のところにも連絡が来るのだが、彼女は「もう他人だし、忙しいし……」と葬儀への出席を断ってしまう。

しかし一人息子が事故に巻き込まれそうになったのに、その対応なの!?

もちろん雪子はすぐに考えを改めて子連れで駆けつける。「あんな冷たい女、来なくていいんだよ！　だいたいあの女とつきあいだしてから吉田は不運ばかり……」とぶつぶつ文句を言っている豊川。ここらへんでもう誰にでもわかってしまうんだが、要するに雪子は高校時代から吉田とつきあっており、卒業後すぐに子供を作ったが、その後なんらかの事情で別れ、腕を故障して野球をあきらめた吉田はアメリカに単身わたって絵の勉強をしていたが帰ってきたと思ったら自動車に轢かれて死んだ、ということらしい。それで勘当されたかなんかで、吉田の両親は孫の顔すら見ていない。この葬式ではじめて孫の顔を見られることになって……。

それにしても謎なのは高良健吾演じる豊川で、彼は高校時代に吉田とバッテリーを組んでいたキャッチャーなのだが、マエアツさんにまるで恋人を奪われたかのような嫉妬をグチグチとぶつけつづける。この人、ゲイなんだろうか？とずっと気になってしょうがなかった（他の同級生たちの描写と合わせて考えるかぎりでは、戯画化をやりすぎてマンガになってしまったものと思われる）。

で、この豊川くん、高校時代が人生の頂点だったというかわいそうな人なので、斎場が一杯で葬儀の予定が立たないと聞くと、「じゃあ、吉田を高校に運ぼう！」と言い出し、集まった同級生たちと一緒に棺桶をかついで商店街を練り歩く。しまいに「声楽をやってる」同級生がヘンデルを朗々と独唱しはじめたりして……で、通行人があまりの光景にスマホのカメラを向けると「写真を撮らないでください！」と声を荒げるという……いやそりゃこんな人がいたらカメラ向けるだろ！

そういうわけで棺桶を運び込んだ先が高校の学食。食堂のおばちゃんたちは吉田くんの現役時代に誰がいちばんサービスをしてやったかを競いあう。彼らだけではなくて集まってきた同級生たちもみな、この非常時に悲しみなどひとかけらもなく、ひたすら楽しそうに遊んでいるばかりなのである。しょせん映画だとは言え、もう少し悲しむふりをしてもバチは当たらないと思うよ。

それから豊川が葬儀屋（**桂雀々**）と喧嘩して追い出してしまうが、坊さんは来たのでそのままお経をあげてもらい、お棺を食堂においたままお通夜をはじめてしまう。このお通夜のあいだに豊川と雪子、吉田の両親と雪子、同級生たちみんなのあいだのわだかまりがとけて云々というドラマになるのだが、まあ死者への敬意がなさすぎることも含め、いかにも頭で考えた話という気がする。

そもそもこの映画、季節はわからないものの、**氷もドライアイスも抜きで、死体を棺桶から出して一晩放置しても平気なものだろうか？　ハエとかたかって大変なことになるんじゃないのか？**

実はそれが最大の疑問であった。

で、その後またしても豊川の提案で、死体に（懐かしいだろうからと）学校を見せてやろうと棺桶をかついで夜の校内を（またしても！）練り歩き、すると途中で死体が棺桶の中で寝ていた坊主にすり替わっていたことに気づいて、死体を探せ！　と校内に散らばり、その先で「実はきみのことが好きだったんだ」と青春ごっこしたりしてるんだが、だから死体で遊んでないで真面目にやれ！

というかですね、いやそんなの死体が勝手に動くわけはないんだから寝てた坊主を叩き起こしてどこで死体を取り出したのか聞けばいいし、というかそれ以前にみんなで死体を目の前にして大宴会やってた野球部の部室にあるに決まってるじゃないか。

というわけで豊川と雪子と子供だけが部室に戻るとそこになぜか**有馬稲子**があらわれてファンタジーな展開になるのだが、**死人にかんかんのうを踊らせてんじゃないよ！**[※3]

それにしてもアメリカで絵の勉強をしていた吉田くんの描くマンガがモロに少女漫画タッチなのは（そりゃやまだないと[※4]なんだから当然だが）どうなんだよと思ったね……。

※1　川端康成

一八九九～一九七二年。小説家、文芸評論家。大阪生まれ。菊池寛に認められ、横光利一らと同人誌『文藝時代』を創刊し、新感覚派として文壇で筆をふるった。一九六八年、ノーベル文学賞受賞。一九七二年、自殺。代表作に『伊豆の踊子』『雪国』『古都』『山の音』『眠れる美女』など。

※2　エド・ウッド

一九二四～一九七八年。アメリカ合衆国の映画監督、プロデューサー、脚本家、俳優。自ら制作した映画がすべて興行的に失敗したため、「史上最低の映画監督」と呼ばれる。死後、安く売られた作品がテレビの深夜枠で繰り返し放映され、評論家の目にとまり、カルト的な人気を獲得、現代では最低の映画監督、作品として再評価されている。代表作に、『怪物の花嫁』『プラン9・フロム・アウタースペース』、『死霊の盆踊り』など。彼のファンに、ティム・バートン、ジョン・ウォーターズ、デヴィッド・リンチ、サム・ライミ、クエンティン・タランティーノなどがいる。

※3　死人にかんかんのう

古典落語『らくだ』より。

※4　やまだないと

佐賀県出身の漫画家。代表作に『東京座』『コーデュロイ』『西荻夫婦』など。テレビドラマ『私立探偵濱マイク』（第十話）では脚本を手がけた。洗練された独特のタッチで日常やエロを描きだす。フランスはパリ好きで知られており、フランス映画のような余韻を残す作品が多い。

名門有楽町スバル座の最後の封切り作品がこの「看取り映画」というわけで、気がついたら自分が映画看取り士になっていた

『みとりし』

監督・脚本＝白羽弥仁　原案＝柴田久美子　撮影＝藍河兼一　音楽＝妹尾武　主題歌＝宮下舞花　出演＝榎木孝明、村上穂乃佳、高崎翔太、斉藤暁、大方斐紗子、片桐夕子、仁科貴、藤重政孝、杉本有美、河合美智子、つみきみほ、金山一彦、宇梶剛士、櫻井淳子

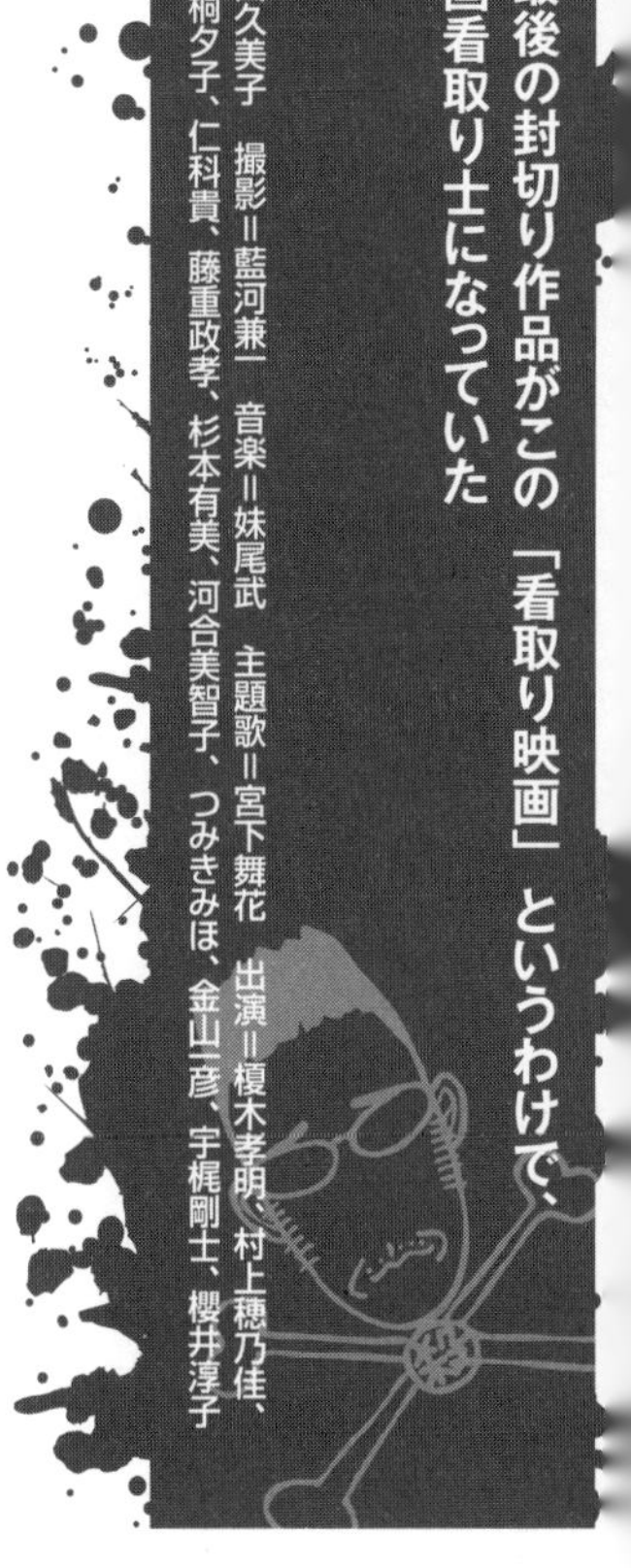

「みとりし」＝看取り士とは「誰にでも訪れる最期の時、住み慣れた自宅や、本人の希望する形で、温かい死を迎えるために、旅立つ人、送る人をサポートし、医療行為はしないけれどもそれぞれの心に寄り添いながら見届ける人」だそうで、**そんな職業があるのかよ！**といいたいところだがこれからの高齢化社会、孤独死も増えていくわけだし、いっそ仕事にしてしまったほうがいろんなものがすっきりするかもしれないな……と思って見に行ったが、そこらへんの生臭い話は特に描かれず、なんとなくボランティアのような介護士のような感じの描かれ方であった。

なお「看取り士」とは原作者でもある柴田久美子氏がはじめた活動であり、それに深く共鳴した**榎木孝明**の肝いりでこの映画が[※1]作られることになったのだという。

その本作、よりによって名門有楽町スバル座の最後の封切り作品となってしまった。戦前からの歴史を持つスバル座だが、独立系映画館の悲しさ、最近はすっかり地方映画館の東京封切り館となっており、気がつくとぼくが足繁く通っていたわけである。

その映画館がついに閉館。最後がこの「看取り映画」（舞台は岡山県高梁市）というわけで、気がついたら自分が映画看取り士になっていた！

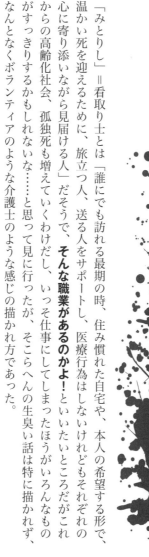

交通事故で娘をなくし、生きる気力を失った柴（榎木孝明）は、ふらふらと踏切に飛び込もうとするが、「生きろ！」という声を聞いたような気がして立ち上がる。出社すると同期の名古屋支社長が癌で死亡していた。冷たい会社に愛想を尽かし、退社を決意した柴は同期の墓参りに行くが、そこで出会った見知らぬ女性（**つみきみほ**）から、身寄りのない彼の最期を看取ったのは「看取り士」である彼女だったと知る。

さらに彼が死ぬ間際に虚空に向かって「生きろ」とつぶやいたと聞かされ、柴は余生を看取り稼業に捧げることを決意する……。

それから数年後、岡山県の山間部高梁市の方谷駅で、柴は新任の看取り士高村みのり（**村上穂乃佳**）の着任を待っていた。同じ列車で僻地医療に燃える若き医師早川奏太（**高崎翔太**）もやってくるが、別に二人のあいだにロマンスは起こらないし奏太は誰かが死ぬたびにベッドサイドに来て瞳孔反応を見て心音を聴いて「……九時五〇分、ご臨終です……」というだけの仕事なんで、以下略（ついでながら、わざわざ人が死にそうだからといって、自宅まで死亡判定のために医師が出張るなんてことはありませんので）。

以下、新人看取り士みのりがさまざまな人の死を看取ることで成長してゆくストーリーがオムニバス形式で描かれる。ここでは最初に指摘した問題がモロに出ており、というのも「看取り士」が役立つ場面なんて身寄りのない老人くらいしかいないわけで、それ以外のシチュエーションだとよくて役立たずの傍観者、悪ければ積極的に邪魔者となってしまうわけである。

「看取り士」は看護士でも介護士でもない。もはや病院での治療を諦め、自宅で死を選ぶというときに、最期をいくらかでも楽にするために立ち会う人なのである。

映画の中では老患者の介護をしたり泊まり込みで世話をしたりしているのだが、実際には介護も看護もできない「看取り士」の仕事は茶飲み話の相手程度であるらしい。まあそれはそれでいいのだが、その程度の仕事に立派な「看取りステーション」に常駐三人、ボランティアのパート二人が詰める必要があるのだろうか？　高齢化した過疎地だから看取りも多いとか？

第三話となる東條さん（**石濱朗**）は、「あんた、みっちゃん（昔の恋人）に似とるわ」とみのりをかわいがっているのだが（実の息子が東京で仕事があるからと介護作業をみのりにまかせている）、かわいがりすぎていざ死ぬときに「財産の半分を高村みのりに残す」と遺言に書いてしまう。遺族からは「あんた、老人に近づいて色仕掛けてたぶらかしてんじゃないの？」などとあらぬ疑いをかけられる始末。怒った柴はいきなり遺言のページを破り取って燃やしてしまう。「これでご満足でしょう！」

いや遺産辞退するならすればいいと思うんだが、遺言燃やしちゃ駄目だろう！　みのりは受け取るつもりだったかもしれないんだしね！　ことさように余計なトラブルばかりが……。

第二話ではジャズマンだった老人の孤独死が描かれる。この老人、みのりの前任者には添い寝を要求し、彼女が断ると杖で殴るという乱暴者。その後柴が様子を見に行くと今度は斧で殴りかかってくる凶暴性を発揮し、結局誰も面倒を見ないまま孤独死したのであった……でまあ我儘言わないで看取り士に面倒見てもらったほうがいいよ、と言いたいのかもしれないが、大きなお世話としか言いようがない。柴ももうちょっと部下を守る姿勢を見せてほしいものである。

ちなみにみのりは実は幼いころに母を亡くしており、死にとりつかれていた青春を送っていたことがあかされる。高校生のときには[※2]キューブラー＝ロスを買おうとして、本屋の店員に「絶対に死なないって約束して！　約束してくれたら売ってあげる」と言われたことがあるという。**いや『完[※3]全自殺マニュアル』じゃないんだからね！　変な気を回さないでキューブラー＝ロスくらい売ってやれよ！**

そんな彼女は第四話で三人の子供がいる元小劇団の看板女優良子（**櫻井淳子**）の死を看取ることになり、残される小学生の娘を見て「この子は十五年前のわたしだ」と思うのだが、残念ながら元劇団の演出家だった旦那と子供たちとで母親の最後の芝居を作るというエピソードの中には**看取り**

士の入る余地は一ミリもなく、彼女はただ芝居を見て感動しているだけの人になってしまっているのだった。

結局、ちゃんと家族がいる場合には看取り士の出番はない、という最初の議論をくりかえすだけの結果に……。

※1　有楽町スバル座
東京都千代田区の有楽町ビルにあった映画館。一九四六年、日本初の洋画を上映するロードショー館として開館。当時の名前は「丸の内スバル座」。一九五三年に焼失したが、一九六六年に「有楽町スバル座」として復活。二〇一九年三月に、建物の老朽化や映画興行の未来を総合的に判断して同年十月の閉館を決定。『みとりし』が最後の封切り作品となった。同年十月二十日、閉館。丸の内スバル座から数えて七十三年の歴史に幕を降ろした。

※2　キューブラー＝ロス
エリザベス・キューブラー＝ロス。一九二六年生まれ、二〇〇四年死去。アメリカの精神科医。『死ぬ瞬間』の著者として有名。死を受容する過程をプロセスとして示した。世界中で臨床に関わる人々をはじめ、一般にもひろく読まれている。

※3　『完全自殺マニュアル』
著者は鶴見済。さまざまな自殺の方法が書かれているマニュアル本。一九九三年七月に太田出版から刊行されると、十～二十代を中心にブームが巻き起こり、ミリオンセラーとなった。本の主張は「いざとなれば自殺してしまってもいいと思えば、苦しい日常も気楽に生きていける」である。

この映画はビートルズとは関係ない。改めて問いたい。本当にいいのかこれ？
しかもこの映画、もっと根本的な部分で謎をはらんでいて……

『劇場版SOARA LET IT BE ―君が君らしくあるように―』

監督＝伊藤秀隆　脚本＝ふじわら　撮影＝宮下徹也　音楽監督＝佐藤大輔　主題歌＝じょん（滝沢章）
出演＝堀田竜成、石渡真修、吉田知央、植田慎一郎、沢城千春、江口拓也、土岐隼一

『Yesterday』[※1]もあれば『Let it be』もある。『Abbey Road』も再発される。

だがこれはビートルズとは関係ない。もうこういうのあまりに多くて最近ではいささか不感症気味にさえなっているんだが、改めて問いたい。本当にいいのかこれ？　**本当にポール・マッカトニーの前で「いやあもう普通の言葉になってますし、曲も使ってないから問題ないですよね！」**と言えるのか！　しかもこの映画、ビートルズ云々などというのは引っかかりのいちばん小さなところでして、もっと根本的な部分で謎をはらんでいるのだった。曰く、

「2・5次元[※2]に存在する架空の芸能事務所としてメディアミックス展開する、通称[※3]〝ツキプロ〟ことツキノ芸能プロダクション初の実写映画。ツキプロ所属の音楽ユニット・SOARAが高校時代の物語で、バンドを組むことになった5人の青春が描かれる」

……って言われて誰かこの意味わかる人いる!?　だいたい2・5次元って、マンガとかアニメとかのキャラを舞台で演じることを言ったんじゃなかったの？　なんなの……と思ったが、どうやらアニメイトだかなんだかがやってるツキノプロダクションで作ってるドラマCDだかアニメだかの「実写版」ということらしい。

ただし声優は別人なので、この面々がドラマCDに出てくるわけではない。彼らの主演で舞台なりライブなりがあるのか、CDを作るとなったときには声優かこいつらかどちらの歌唱が採用されるのか、など興味は尽きないのだが、さすがにそこまで付き合う気にはなれないので以後の研究は専門の人におまかせします。

さて、本作の主人公は川越在住の高校生大原空（**堀田竜成**）。

中学生のころ、授業で作った曲をYouTubeに公開したら大人気で天才少年とおだてられ（ちなみにこの曲がビートルズに影響を受けて作った『Let it be』というタイトルなのだが……パクリじゃないよ！）調子に乗ったはいいものの、続いて発表した曲が軒並み叩かれ、匿名掲示板であげつらわれるのに耐えられなくて音楽を封印してしまったのである。

その空、高校二年になったとき、「三年生を送る会」の実行委員に任命される。毎年合唱とか呼びかけとか代わり映えしないイベントにうんざりな空、今年こそは何か新しいことをしよう……たとえば、バンド演奏とかどうだろう！と思いついた空、同級生の守人（**石渡真修**）と元バスケ部だったが故障して退部した宗司（**吉田知央**）を誘って「三年生を送る会バンド」を結成。さらに空を慕う後輩である廉（**植田慎一郎**）と望（**沢城千春**）も加わって……。

てかさ、自分から「バンドやりたい」って言い出して友達誘っているのだよ。しかも守人と宗司は彼が中学時代に天才少年として脚光を浴び、叩かれてトラウマになったことまで知っているのである（宗司は中学時代から同級生だったので、その場に居合わせて空を救うアドバイスもくれた。守人は中学時代の空のファンで、高校で同級生になって大感激した）。

そんなの、自分から「やっぱり作曲して歌いたい」って言ってるようなもんじゃないか。しかるに守人から言われても「えっそんなつもりなかったのに……」とためらってみせて、延々引っ張ったあげくにおもむろに「封印」と書いたフォルダーを開けるという儀式が続く。

それにしてもこの映画、ストーリーとしてはほぼ、空が送る会の委員になる↓バンド結成する↓

送る会で演奏、これで終わり。なんの障害も起伏もなく、なんでこの話が一〇三分もあるのか本当に不思議なのである。

まあ空を筆頭に全員が自分がやることを宣言してから行動する最悪の副音声映画で、わざわざ演奏する前に「さあ、音楽をはじめよう」とドヤ顔で言う（それも二度も）ほどであるにしても長過ぎる。**余った時間何をしているかというと、もっぱら制服姿の五人が放課後にラーメン屋でイチャイチャするのに費やしていた**のであった。

なお、舞台は川越ということで、学園アニメを意識したのかやたらと青空に白い雲、それに誰もいない教室のインサート・ショットが多かったのが興味深いところ。

※1　『Yesterday』
ダニー・ボイル監督／二〇一九年／英。売れないシンガーソングライター、マリクがある朝めざめると、世界から「ザ・ビートルズ」の存在が消えていた。マリクはビートルズの曲をうたって大成功をおさめるが……。

※2　2・5次元
マンガやアニメ、ゲームなどの2次元と、現実の空間や実在人物がいる3次元のあいだという意味。キャラクターのフィギュア、着ぐるみ、コスプレ、アイドル声優、さらに舞台などで演じる俳優がつくる空間などが2・5次元と呼ばれている。

※3　SOARA
ツキプロ所属の男性五人組音楽ユニット。ツキプロは、発売元のメーカー・ムービックが発売するシリーズCDやほかの作品において、登場する架空の芸能事務所。SOARAはALIVEシリーズとして、発売されている。キャッチコピーは「さぁ、音楽を始めよう！」。

東京で持ち寄りワイン会なぞやっているバブリーな人間模様。
ワインを飲むとたわごとを語りだすトリップ系ストーリー

『東京ワイン会ピープル』

監督＝和田秀樹　脚本＝林ミカ　原作＝樹林伸　撮影＝中村夏葉　音楽＝田井モトヨシ　出演＝松村沙友理（乃木坂46）、大野いと、小野塚勇人（劇団EXILE）、近藤雄介、少路勇介、藤岡沙也香、水上竜士、中村有里、久保田悠来、Matt、田崎真也、須藤理彩、隆大介

『銀座並木通り　クラブアンダルシア』[※1]、『私は絶対許さない』[※2]などでおなじみモナコ映画祭受賞監督和田秀樹先生（精神科医）の新作がやってきた。題して『東京ワイン会ピープル』。東京で持ち寄りワイン会なぞやっている（鼻持ちならない）バブリーな連中の人間模様を描く映画である。

原作の樹林伸は『金田一少年の事件簿』などで知られる有名漫画原作者で、ワインを飲んだ人たちがこぞって浮かれポエムを語りはじめるワイン薀蓄漫画『神の雫』でも知られている。

というわけでこれもワインを飲むとたわごとを語りだすトリップ系ストーリー。**配給はイオンシネマで、イオンリカーともタイアップして劇中に出てくるワインを売る**（というよりは、イオンリカーが売りたいワインをお勧めするシーンを映画内に押し込んだのであろう）抜け目なさ。和田先生さすがですね！

なお、物語はさまざまなワイン会にでかけた主人公が行った先でワインを飲ませてもらってはたわごと（ポエム）を言うという構成なので、全六章にわかれそれぞれが高級ワインの銘柄を章タイトルにしてバブリーに盛り上がる（もちろんイオンでは売っているはずもない）。

#01 Château Lagrange 2009

「ワインには人と人をつなぐ魔法のパワーがある」と父親に言われた桜木紫野（**松村沙友理**）は平凡なOL（ワインで結ばれたという紫野の両親は写真でしか出てこないので死んだのかと思われるのだが、まったく語られないのが謎である）。同僚の雨宮千秋（**大野いと**）と一緒にワイン通の課長（**少路勇介**）主催のワイン会に誘われる。ワインになど興味はないが、そういう場所なら金持ちやセレブとの出会いがあるだろうという狙いで参加した千秋は歯科医富岡（**近藤雄介**）にロックオン。紫野は課長の後輩だという若きIT長者織田一志（**小野塚勇人**）に気に入られ、ワインバーに誘われる。

#02 DRC Echezeaux 2009

織田のお気に入りのロマネ・コンティ[※3]を飲んだ紫野は、

「一面の花の中にいる女性、彼女の持っているバスケットにはいろんな果物が入ってる……」

とさっそくポエムを披露。ワインの知識がないはずなのに的確な表現をしてみせる紫野の感性に織田は驚愕。ワイン会での再会を約束して別れる。家に帰った紫野、**いきなり水彩絵の具を取り出して、何をするかと思ったら花畑の中の女性の絵を描きだす！　なんで!?**

織田から誘われたワイン会の日が来た。うきうき出かけようとすると朝電話がかかってくる。

「すまない。残念ながら行けなくなってしまった。でも、きみはぜひぼくのワイン会に行って、用意したワインを飲んでほしいんだ」

えーどういうこと……と悩みながら出社するとニュース速報。「IT長者の織田一志が金融うんちゃら法違反で逮捕されました」

えーー！

#03 Château Margaux 1981

一人で一志のワイン会に出かける紫野。集まっている面々は弁護士やワイン通で知られ、一志との噂を囁かれたこともある女優ロジェデュカス楓（**藤岡沙也香**）などセレブばかりだが、みな一志の逮捕を笑い飛ばし、紫野を歓迎してくれる。

一志のシャトー・マルゴー[※4]を飲んだ紫野が「裸の女王様みたい」というと、一同「ワインになんの知識もないのにその表現はすごい」と感嘆する。なぜかと言えばシャトー・マルゴーは「ワインの女王」と呼ばれているからなのだ！　う、うーん。

さっそく家に帰ると裸の女王様のイラストを描いて（だからなんでだよ！）拘置所の一志に送りつける。

#04 Dom Pérignon Rose 2004

いきなり楓からワイン会に誘われた紫野。一志との関係も気になるので出かけるが、いかにもバブリーでワインの味よりも価格ばかりを気にしてそうなワイン会で落ち着かない（桑田の息子**マット**くんがゲスト出演しているのには笑った）。その後飲み直そうと別のワインバーに行くが、そこでワインに夢中だったせいで離婚したという布袋（**水上竜士**）と楓との修羅場を目撃する。

課長に誘われたワイン会ははるかに庶民派で、サバの味噌漬け缶にカリフォルニアワインをマリアージュしたりして、イオンでも買える安ワインの美味しさをアピール。

だが、そんな中でも千秋は浮かぬ顔。つきあってるはずの歯科医の反応が鈍いのである。ついに自宅に押しかけると、他の女に「なんか整形顔の患者につきまとわれちゃってさー」とこぼしているところに遭遇する！

そう、千秋はモテないブスだったのだが、一念発起して整形して社会人デビューしたのだった。やっぱり偽物はどこまでいっても偽物、幸せにはなれないんだわ……と紫野に愚痴《ぐち》る千秋。

#05 Château d'Yquem 1910

布袋とともにワインオークションにでかけた紫野と千秋は、その会場で会った布袋と旧知の蒔田（**隆大介**）のワイン会に誘われる。なぜか渋い顔の布袋。ワイン会では次々にビンテージワインがふるまわれるが、なおも布袋は渋い顔。

紫野は何を飲んでも「ワインっておもしろいですねえ」と感想を述べない。ついにとっておきのシャトー・ディケム一九一五年[※5]がふるまわれると、「なんか、百年前なのに新しいワインみたいに新鮮ですね〜」と無邪気な感想。

「そうだろう。これは全部偽物なんだ！」と布袋。

！

「シャトー・ディケムはいい葡萄が取れた年にしか作らない。一九一五年は欠番の年なんだ！」

なんとフェイクワインに騙されてひと財産失った蒔田はワインへの愛を憎しみに変え、フェイクワインばかりをふるまうフェイクワイン会をやるようになっていたのだった！

口直しにといつもの店に席を移した布袋たち。

「じゃあ、いい機会だからあれを開けよう」

と布袋が出してきたのがさらに古いシャトー・ディケム一九一〇年。一口飲むと、

「美味しい！　ミュシャの絵みたいに甘い！」

「しかしね、一九一〇年というのも欠番なんだよ」

！

「これもフェイクワインなんだ。だけどフェイクワインにだっていいものはある。これはたぶん、似た近くの畑のものをつめて、わざと偽物とわかるように一九一〇年のラベルをつけたものなんだ」

（いやそれだったら蒔田の偽ワインだってそうじゃないか）

「偽物でも、人を幸せにしてくれるものはある」

それを聞いて何かが吹っ切れた千秋。

「そうだわ！　**わたしも本物以上の偽物を目指すのよ！**」

なんかいい話になってるが、この都合良い展開、すべて整形を知っている紫野が仕組んだ可能性が……。

#06 Domaine-Fleurot Larose nantoka kantoka le montrachet 1991

ついに一志が保釈される日が来た。いつものメンバーでワイン会に集まるが、楓はひどく緊張しており、グラスを割ってしまう。手を切った楓を見て慌ててハンカチを出す紫野。

「近づかないで！　わたし、キャリアなの！　ＨＩＶ[※6]なの！」

思わず固まる紫野。っていきなりそんなこと言われても。しかもさらにわからないのは周囲のメンバーはみんなそのことを知っていて、「適切な治療を受けてれば感染の心配もないんで大丈夫」って言ってるのに「わたしの使ったグラスから飲まないで！」とかって一人で壁を作ってるのである。まあそこは「そんなことを気にするな」と布袋が抱きしめてめでたしめでたしになるのだけど。

そんなわけで「すべてを認めて、罪をつぐなってくるよ。それまで待っててくれるかい……時間がたつことで美味しくなるのがワインなんだから」と**獄中イラストで愛をはぐくんだ一志が紫野にプロポーズして終わる**のだが、そもそもおまえが脳天気なポエム詠んでた高級ワイン、みんな非合法手段で稼いだ金で買ってたわけで、**これからはイオンの安ワインしか飲めなくなる**んだけど、そこんとこわかってんのかなあ……。

※1『銀座並木通り　クラブアンダルシア』
『皆殺し映画通信　天下御免』一八四ページ参照
※2『私は絶対許さない』
『皆殺し映画通信　お命戴きます』六六ページ参照
※3　ロマネ・コンティ
世界でもっとも高値で取り引きされると言われる、ブルゴーニュ地方最高のワイン。
※4　シャトー・マルゴー
五大シャトーのなかでも、もっとも女性的でエレガントとされるワイン。
※5　シャトー・ディケム
貴腐ワインであり、甘口白ワインの最高峰とされる。長期の熟成に耐えられるため、一〇〇年前後のものが取り引きされたりする。
※6　HIV
ヒト免疫不全ウイルスの略。HIVが免疫細胞を破壊して免疫不全をひき起こし、様々な疾患を発症した状態のことをエイズ（AIDS　後天性免疫不全症候群）と呼ぶ。長い間、エイズは死亡率の高い「死の病」としておそれられていた。おもな感染経路に、性行為感染、血液感染、母子感染などがある。またHIV感染者への差別や偏見も根強く、たびたび人権問題をひきこしている。現在は薬の研究がすすみ、早期発見であれば、発症しないまま完治も可能となっている。

ああ、大川隆法のボンクラ息子が抜けてからの
幸福の科学映画のつまらなさときたら！　ドラ息子カムバーック！

『世界から希望が消えたなら。』

監督＝赤羽博　製作総指揮・原案・主題歌作詞作曲＝大川隆法　脚本＝大川咲也加　音楽＝水澤有一　出演＝竹内久顕、千眼美子、さとう珠緒、芦川よしみ、石橋保、木下渓、田村亮、大浦龍宇一、小倉一郎、河相我聞、大川隆法、大川紫央、大川咲也加

幸福の科学映画二〇一九はなんと二〇一六年の猫プロイテーション[※1]『世界から猫が消えたなら』の（タイトルだけ）パクリ。この映画を一言で説明するならば「妻は悪魔に憑かれて家を出た。長男はボンクラで役に立たない。だが長女は真面目で父親に忠実だ」である。

芸術は人生を模倣する。幸福の科学映画のストーリーは大川一家のお家騒動を忠実になぞる。問題はそれがまったくおもしろくないということである。

ああ、大川のボンクラ息子が抜けてからの幸福の科学映画のつまらなさときたら！　あまりに教条主義的で潤いのかけらもない。ボンクラ息子、ボンクラなりに映画をおもしろくしてくれてたんだなあとしみじみ。**このままだと耐えられずにハッピーサイエンスマラソン離脱しそうなんだけど……ドラ息子カムバーック！**

御祖真《みおや》（**竹内久顕**）は四十絡みのベストセラー作家。三十を前にしてつとめていた一流商社を退社し、『平凡からの出発』『常勝の法』といったタイトルのベストセラーを執筆、ついに出版社を設立するにいたった。ベストセラー作家とは言っているもののビジネス本やら自己啓発本やらばかり書いてるようなので「作家」という言葉に違和感がある。

そんな御祖だが、実は「光の存在」とコンタクトしているという秘密がある。まあ大川総帥の人生を美化して語ればこういうことになるんでしょう。妻と三人の子供に恵まれ、豪邸に住み、順風満帆な人生の御祖、ある日、心臓に鋭い痛みを覚えて倒れてしまう。

救急車で運ばれて緊急診断を受けると「肺水腫と心不全を起こしています……心臓に水がたまって肺に溢れ出しています」と語る医師。どういう症状なんだそれは。ともかく、

「もうこの状態なら死んでいるはずなのに」

「医学的には死体です」

と妻磯子（**さとう珠緒**）に告げる医師。

「ですので、今夜中にお子様と最後のお別れをさせてあげてください」

それにしても**「医学的には死体」とはすごいフレーズである。**

血相を変えて集まってきた子どもたちだが、父は顔色もよくピンピンしている。あまりに平然としているのですっかり安心し、脳天気な長男坊など、

「なあんだ。お母さんが騒ぐから心配したけど、全然元気じゃん。じゃ、バスケの合宿行ってくるから！」

と帰ってしまう。以降も長男が能天気でボンクラだという描写は執拗にくりかえされ、勉強しないんで成績が悪いとか、いつもギターかき鳴らしてるとか……これが必ずしも誇張表現とは思えないところが大川家長男である。「安心した……」と言ってる子供に向かって、

「あんたたちって本当に馬鹿ね！　お医者様は今晩死ぬって言ったんだから、お医者様の言葉は絶対なの！」

科学と医師に一二〇パーセントの信頼を置いている妻だが、死ぬと確信してるなら夫を置いて帰ってしまうのはどうかと思う。とりのこされた御祖、メモ帳にサラサラと遺書を書きながら、過去の人生を回想したりする。妻磯子とは結婚相談所で出会ったのだが、もともと御祖真のファンだっ

た磯子が最初から超乗り気（どうやら裏から手をまわした気配もあり）で、
「御祖真ファンクラブで先生と結婚するって言ってきたから！」
と初対面から野心満々な態度に御祖も少々引き気味。それでも「そんなおまえのこともずっと愛してたんだよ」となぜか上から目線での回想。ところがそこへ「光の存在」から声が届く。
「あなたを死なせません……！」「人は死に直面すると希望をなくしてしまいます」と一応タイトルコール的なことを告げる「光」。「すべてはあなたの心次第です」。希望さえ失わなければなんとでもなるという。

そういうわけで、まだ仕事もあるし本も書き終わってないな……と考えなおした御祖、翌朝医師に向かって、
「まだ死なないと決めていますので、**心臓の肥大は自力で縮めます**」

何言ってんだ……！と呆れる虎川医師（**大浦龍宇一**）に対し、まあ実際まだ生きてるしな……と認めてしまう桃山医師（**田村亮**）。妻と子供はまだ生きてる御祖にびっくり。子どもたちに「パパは自分で治すって決めたから」というと、妻は「何言ってるのよ！」と理解を拒否する。いや、まあたしかに科学を超えるハッピーサイエンスな宣言に呆れるのはわかるんだが、夫を愛してるのが本当なら、そこは藁にもすがる思いで夫を応援するんじゃないのか。

まあそういうわけで「心の力で病気は治る」主義でどんどん心臓が小さくなり水が引きついには退院にこぎつける御祖。発作を起こしたときに読んでいたトルストイ[※2]の『復活』にちなんで『新復活』という本を書き、ついでに母（**芦川よしみ**）の膝痛も「信じる力が奇跡を起こすのです。膝よ、本来の使命を果たしなさい！」と宣言して治してしまう。

あの世の存在を信じ、「あの世は二〇〇パーセント存在します！　科学的に証明する気などありません！」と説得する気もゼロな御祖。スピリチュアルを隠さない夫に幻滅する妻は「元の作家に戻ってよ！」と懇願するが、御祖の耳に届くわけもない。家族の亀裂に心を痛めた娘は、

「お父さんについていくかどうか、それぞれ決めましょう。ついていく人は朝八時に居間集合で！」って分断をはっきりさせようとするのかよ！　こいつも説得する気ゼロである。で、結局翌日妻は出てゆき、ボンクラ長男はなんとなくそのまま残り、イジメを受けていたが「おまえは大きく成長するチャンスが与えられているんだよ」と無理矢理ポジティブな話にされてしまった二男を含め三人の子供だけがついてくる、ということで万事丸くおさまったのであった。

ちなみに本筋とまったく無関係だが最初から最後まで御祖に忠実に付き従う秘書沙織を**千眼美子**（清水富美加）が演じて最初から最後までまったく物語とは無関係に出ずっぱりなのだが、この役が大川紫央幸福の科学総裁補佐[※3]をモデルにしているのかどうかは筆者の知るところではない。映画の中では特別出演として仲睦まじく散歩する**大川総裁**、**大川紫央**、長女**大川咲也加**の姿が見られる。

※1　『世界から猫が消えたなら』
『皆殺し映画通信　地獄旅』一〇六ページ参照

※2　トルストイの『復活』
一八九九年、雑誌連載で発表されたトルストイ晩年の小説であり代表作。貴族である青年と少女のたどる運命を通じて、社会批判と人間精神の復活を描いた。

※3　大川紫央幸福の科学総裁補佐
一九八五年徳島県生まれ。早稲田大学卒業後、日本銀行に就職。その後、二〇〇九年から幸福の科学に就職。現在は大川隆法夫人。

AIブームがやってきた。どこに？
駄目映画の世界に！　猫も杓子もAIの大賑わい

『AI探偵』

監督・脚本・編集＝千葉誠治　撮影＝田邉顕司、吉田淳志　音楽＝諸橋邦行
出演＝荒牧慶彦、石原壮馬、溝口琢矢、大平峻也、滝口幸広、堀内賢雄、白石れい

エピソード1　AI探偵登場

すべての設定を発声して説明せずにおれない鍵山公彦（**荒牧慶彦**）は、父が行方不明になったとの報を受け、留学先のアメリカから帰ってくる。一年分の家賃を先払いしている父の部屋に居候して行方を探すことにした公彦。大家は何やら管理人室に届いていたという小包を持ってくる。開けると出てきたのはタンブラーのような金属物体。充電すると喋りだすAIアシスタントなのだった。やたらと横柄な口調は公彦が「『ご主人さま』とか気持ち悪いから」と言ったせいなのだが、何か言うたびに公彦が「それ、いちばん丁寧な表現だとなんて言うんだ？」って問いかけてくりかえさせるのは、いくら時間を引き伸ばしたかったんだとしても、たいがいさあ！

公彦はAIにアイス（**堀内賢雄**）と名前をつける。と、そこへやってきたのが幼馴染で小学校時代推理クイズで競った仲（公彦の九十九勝無敗）である志威志《こころざしつよし》（**滝口幸広**）。父親のあとをついで大手探偵事務所の経営者になった志は、自社でやるまでもない小さな仕事は公彦の父に回していたのだという。父にやらせるはずだった仕事をやれ、と無理矢理公彦に押しつける志。

エピソード2

というわけで特に必然性もなくはじまった第二話。志から回されたクライアントはＡＩに恋している男（**石原壮馬**）。男は公彦のアイスと同型のＡＩアシスタント、アユ（**白石れい**）に恋してしまったというが、そのＡＩはウィルスに感染して半死半生（声がかすれたりくりかえしたりする……プログラムなのに！）。このままだとクレカやパスワードをインターネットにばらまいてしまうから（どんなウィルスなんだ！）どうか電源をオフにして初期化してくれとせつせつと訴える。

残念ながら公彦にもどうしようもなく、ＡＩを初期化するように説得する。涙ながらにＡＩの電源を切って帰っていく男。実はこれ、アイスがウィルスに感染したＡＩを乗っ取り、女の声で泣き落としをしたのである。そういうわけで一件落着。

と思いきや、今度は男の上司がやってくる。実はこの案件は彼から持ち込まれたもので、公彦はこっそりＳＮＳで男と友人になり、それとなくあやつって自分に依頼させたというのである（どんだけ手間のかかる……）。

だが、実はその上司、ダークウェブ[※1]でウィルスを購入し、フリーＷｉ‐Ｆｉを介して男のＡＩに感染させていた。「ウィルスをクレカで買いましたね？」そんなサイトだからセキュリティゆるゆるですぐにクラックできたと説明する公彦。いやそれは話が逆で、普通アンダーグラウンドな方がセキュリティ意識は高いのではないか。そんなことをした理由は……嫉妬だ！

「彼を見る目つきでわかりました。人間に奪われるのはよくても、ＡＩでは許せませんか？」

「ＡＩなんて単なるツールだ……」

とまあ**ここまでを全部公彦が口で説明してくれるんだから、これ映画にする意味ってどこにあるの？**と思わずにはいられない。まあイケメン2・5次元俳優たちが恋したり嫉妬に狂ったりするのを見たい、という人にはいいんじゃないかね！　ほぼ女性の一人客だけの場内はみなさんほぼ満足だった……のかなあ。

エピソード3　アカウント兄弟

と、そこで公彦に電話がかかってくる。

「オレ、オレだよ！」

「オヤジ？　オヤジか!?」

「そうそう。オヤジだよ。実は今金にこまってるんだ……」

「え、いくら？」

あまりに古典的なオレオレ詐欺っぷりに思わずＡＩが割ってはいり、

「おい公彦、わかってんだろうな……!?」

ＡＩにまで心配される始末だが、公彦もさすがにそこまで馬鹿ではないので志ビルの受付けで待ち合わせをとりつける。

というわけで志のところに行くと、まちかまえていた威志に「頼みたい案件があるんだよ」とつかまってしまう。それというのは三本頼家（**溝口琢矢**）と三本実朝（**大平峻也**）の兄弟の依頼であった。

「じゃあ、お二人は三兄弟で、長男は頼朝さんですか？」

そう、実は長男の頼朝は多数フォロワーを持つアカウントを作り、商品のプロモーションなどをおこなうというステルスマーケティングビジネスを展開していたのだった。その時点でおまえネットの敵だろ！と怒り炸裂だが、なぜかそれが優れたビジネスモデルとして称賛される世界。

ところがその頼朝、馬から落ちて落馬する事故で死亡してしまったので、二人の弟は兄のアカウントをハックしてくれないかと依頼してきたという次第である。

「なるほど……いえ実はあなたがたからご依頼をいただいたときに、頼朝さんの奥様の政子さんに確認させていただいたんですが……」

困ったことにこの鎌倉幕府趣味、なんの意味もないんだよ。

で、公彦はなんでもわかってしまうハッキング能力で二人が馬に使用する興奮剤だかをひそかに輸入していたことをつきとめて「ひょっとしてそのせいで頼朝さんの馬が暴走したなんてことも……ないとは言えませんからねえ」と二人にお引取りを願うのであった。一件落着。

というところでオレオレ詐欺の輩がやってくる。

「きみねえ、詐欺とか向かないからさっさと足を洗ったほうがいいよ……それにしてもなんであの電話番号わかったんだ？」

「いや、実は落ちてた携帯電話を拾って、そこに入ってた番号に適当にかけてみたらつながっただけで……」

「この番号が入ってる携帯……つまりオヤジの携帯か!?」

と、まさにそこに着信が！

「公彦、俺だ、オヤジだ！」

「おい、オヤジ、どうしたんだいったい！」

というところでケータイが電池切れで通話が切れてしまった！　どうする！

to be continued in episode 4 ？？？

ってふざけてんのか！　としか言いようがない雑な終わり方。俳優六人、ロケセット（会議室）二ヶ所、あとは全部口で説明して終わりという自堕落さにはさすがに頭がクラクラする。何度も言うけど、カネがないならせめて頭くらい使おうよ……。

※1　ダークウェブ

特定のブラウザでしかアクセスできない、特定のウェブサイト、ウェブサービスを指す。匿名性が高く、追跡がむずかしいのが特徴。そのため、ダークウェブにおいては、通常のブラウザでは掲載できない裏情報的なものや違法なものの取引までバラエティにとんだ世界が広がっている。

原作伊集院静。場内はシニア層で満員であったが、
彼らははたしてこの地獄のようなストーリーに満足したのだろうか

『駅までの道をおしえて』

監督・脚本＝橋本直樹　原作＝伊集院静　撮影＝蔦井孝洋　音楽＝原摩利彦　主題歌＝コトリンゴ　出演＝新津ちせ、笈田ヨシ、有村架純、坂井真紀、滝藤賢一、羽田美智子、マキタスポーツ、佐藤優太郎、柄本明、余貴美子、市毛良枝、塩見三省

原作伊集院静[※1]、という名前にいまだ神通力があるのか、場内はシニア層で満員であった。だが彼らははたしてこの地獄のようなストーリーに満足したのだろうか。

だって、**愛犬をなくした少女が犬と伴走しているつもりのエア散歩をし、子供をなくした老人がエアキャッチボールをするという狂人対決映画**なのだ。

まさか伊集院静がこんな話を書いたとも思えないので、空っぽの短編を映画にするために引き伸ばしたら穴埋めが死と狂気だけだった、という感じなのかなあ。

「みんな嘘をついてる。ルーは死んでなんかいない」

と独りごちる少女サヤカ（**新津ちせ**）。愛犬ルーの死が受け入れられず、死を否認して一人でエア散歩を続ける日々。ルーは赤い電車（京急電車）が好きだった……となぜか川崎あたりを舞台にした京急推し映画なのだが、それがなぜなのかはさっぱりわからず。

なお、誰もが予測するように、サヤカは映画全編を通じて猛然とモノローグ、その上に「十年後のサヤカ」として**有村架純**のモノローグが被さるのだが、「十年後のサヤカ」なんてどこにも出て

こないので、なんでモノローグしてんのかさっぱり意味フ……。

ありし日のルー、散歩の途中に不法投棄されたゴミに隠された小さな穴を見つける。くぐった先は塀に囲まれた都会のエアポケット的空き地。サヤカとルーはこの空き地を自分たちだけの秘密の場所にして、散歩のたびに思う存分遊ぶのだった。

そのうちにそこにはなぜかどこにもつながってないレールが敷かれている(枕木はないので、「放置されている」と言うべきか)のを発見する。

以下、こんな具合に適当に回想でルーとの過去が説明されてゆく。これは原作の構成でもあるのだろう。そんなわけで一人、秘密の遊び場でルーのことを思っているサヤカ、とそこにどこからともなくこの遊び場を知っているらしき犬があらわれる。

犬に連れられてサヤカがたどりついたのがジャズ喫茶レディバード。老マスター、フセ(**笈田ヨシ**)が一人で店を開けている。なんとなく老人と仲良くなるサヤカ。

やがて彼には若くして死んだ子供コウイチローがいることを知る。だがコウイチローのことを軽く口に出すと、

「コウイチローは死んだんじゃない! 遠くに行ってるだけだ!」

とフセは激高する。で、当人は死んだ子供相手にエアキャッチボール(シャドーピッチング?)をしてるという……この世界は地獄か?

自宅に置けなかったのか、サヤカが犬小屋を置かせてもらっていた伯父(**マキタスポーツ**)の家には祖父(**塩見三省**)が同居しているが、この祖父も祖母(**市毛良枝**)が死んで以来呆けたようになっている。**もう地獄のような世界というしかない。**

さて、そんな流れで過去がぽつりぽつりと語られてゆく。学校でハードなイジメをくらっていたサヤカ、帰り道でペットショップで売れ残った犬が特売品としてたたき売りされているのに出会う。求められず、近々「処分」されてしまうという犬に自分の境遇を重ね合わせたサヤカ、父に頼みこ

んで買ってもらいルーと名づける。

ところがある日、一緒に花火を見た翌日、体験学習で海にでかけ、帰ってくるとルーの姿はなかった。獣医（**柄本明**）は「心臓の病気でもう死体も処理してしまった」と説明するのだが、サヤカにはとうてい信じられないのである。ていうかこれどう考えても留守のあいだに親が「始末」してしまったとしか思えず、サヤカはどうしても死を納得できないのだった。

レディバードの常連となったサヤカ、思うところあって唐突なクイズで老人に問いかける。

「質問1！　あなたは誰か（または何か）を待ってますか？」

「2！　その誰か（または何か）とはなんですか？」

「3！　あなたは奇跡を信じますか？」

「4！　神様はいると思いますか？」

「いや……神様はいない」

がっくり……深く落ち込むサヤカである。唐突にはじまって唐突に終わるこのクイズ。どういう意味があったのか。かと思うと「ここで待っているより何かを探しに行くのよ！」とか言い出してみたり、サヤカが何を求めているのか、過去に浸っているのか未来を模索してるのか、まったくわからないんだよな。

ところがこの闇雲に投げた球にあてられた老人、「じゃあ、海に行こう」と京急に乗って逗子の海に行くことにする。朝早くに駅で待ち合わせ、老人フセの犬（ルース）と三人で海に向かう。海辺では老人はエアキャッチボールにいそしみ、それを見ていたサヤカは退屈でうつらうつら……すると少年（**佐藤優太郎**）がルーを連れて立っている。ひとしきり遊んだあと、少年（もちろんコウイチロー少年である）に向かって、

「ルーのこと、よろしくおねがいします」

と告げるサヤカ。まあそうなるよね。ここまでも何ひとつ面白いとこなかったけど、まあこれが

妥当……それにしても老人と少女が二人きりで遠出して、これ通報案件なんじゃないの……と思っていたら、家に帰ったサヤカにも、

「朝早くからでかけてこんな時間まで、何してたの？」

「……デート！」

「え、デート!?　どこへ行ってたの？」

「……秘密！」

で顔を見合わすだけで済ませてしまう両親、ちょっと危機意識がなさすぎるのではなかろうか。

ところが翌日、サヤカが出かけるとレディバードが閉まっている。なんだ？と思うといきなり建物の二階の住人が事情を説明してくれる。

「フセさん、入院してるはずだったのに、勝手に病院を抜け出して店を開けてたんだよ。倒れてたから救急車呼んだけど、たまたまぼくが通りかからなかったら死んでたよ！」

そう、実は余命幾ばくもない身だったフセ、サヤカと遊んでいたせいで病状が悪化、緊急入院していたのだった。あわてて病院に駆けつけたサヤカ、「面会時間外だ」と追い出そうとする看護師にケリを入れる凶暴性を発揮する。

身寄りのないフセの病室に通い詰めるサヤカだが、実は彼女がいちばん気になってるのは犬ルースの行方だったりして。で、最後に一瞬老人の意識が戻るも、もちろん犬がどこにいるかは答えず

「駅で……」とだけ言い残して死ぬ。

「駅って!?　どこの駅？？？」

あの秘密の場所に行き、一人泣いているサヤカ。いつしか日も落ちてまわりも暗くなった（いやいくらネグレクトな親だからってね……）そのとき秘密の原っぱに敷いてあったレールの前にプラットフォームがあり、そこにフセさんとルーが立っているではないか。駅ってここだったのか！

あわててそちらに向かうが透明な壁に阻まれてどうしても近づけない。二人はそのまま反対側の

プラットフォームに行き、コウイチロー少年と並んで立つ。

するとどこからともなく列車が走ってきて……。

「迎えに来て！　そっちに行くから！　連れてって」

いやだからその列車乗ったら駄目なやつだから！　最後、ひとり取り残されたサヤカはどこからともなくあらわれたルースを連れて家路につくのだが、彼女にとっての救いがよくわからん犬一匹だけというこの**暗さではまたぞろ「駅までの道を教えて」と言いだすのもそう遠い日ではない**のではと思われるのだった。

※1　**伊集院静**
作家、作詞家。一九五〇年生、山口県出身。電通勤務を経てCMディレクターとなる。妻だった俳優夏目雅子と死別、現在の妻は篠ひろ子である。一九八一年には、『小説現代』に『皐月』を発表し作家デビュー。『乳房』で第十二回吉川英治文学新人賞、『受け月』で第一〇七回直木賞受賞など受賞歴多数。『大人の流儀』シリーズなど大人の色気をテーマにしたエッセイも多数。伊達歩名義で作詞家としても活躍しており、一九八七年近藤真彦に提供した『愚か者』で、第二十九回日本レコード大賞受賞。

舞台は府中。府中愛にあふれる人々が次々に登場し、府中と祭の素晴らしさを訴える。しかしそこは府中。新宿から特急で二〇分

『くらやみ祭の小川さん』

監督・脚本＝浅野晋康　撮影監督＝髙間賢治　音楽＝増田太郎
出演＝六角精児、高島礼子、佐津川愛美、水野久美、金森啓斗、螢雪次朗、斉藤陽一郎、水木薫、江口のりこ、柄本明

さて、地方映画のテンプレ展開、あるいは地方映画成功の方程式としてつとに、

（「都会で挫折した若者」＋「祭」）×アラサー女優＝町おこし大成功！

の図式を指摘してきたわけだが、これこそまるっきり公式そのものの映画である。つまり、東京でリストラされた中年サラリーマン小川さん（**六角精児**）が府中伝統の祭である「くらやみ祭」の実行委員に選ばれて「この祭をやりとおせば、自分を変えられる気がするんです！」と頑張るという一本なのだ。

まあ六角精児が「微妙なアラサー女優」かという問題はあるんだが、テレビで知名度はあれど映画一本を支えきるには程遠い俳優ということで、微妙さにおいては通じるものがあるかもしれない。

小川さんは妻（**高島礼子**）と母（**水野久美**）、娘（**佐津川愛美**）、息子（**金森啓斗**）の五人家族なのだが、家族にはそれぞれ月並みな不幸がふりかかる。で、小川さんが見事変われたとして、その不幸は解消されるのだろうか？

この映画の場合、**さらにもうひとつ大きな問題があって、それは舞台が府中だということである。**映画の中では府中は誇りある地方中堅都市として描かれ、**江口のりこ**演じる府中愛あふれる蕎麦屋店員を筆頭に、府中愛にあふれる人々が次々に登場し、府中とくらやみ祭の素晴らしさを訴えるのだが、しかしそこは府中なのだ。新宿から特急で二〇分なのだ。リストラされた六角精児が再就職に困る……たって別に東京どこでも仕事探せるだろ！　なんで地元の職安で悩まなければならないのか。

映画が地方映画のテンプレ展開になればなるほど、「でもここ府中だし……」と思うことしきり。そんなわけで、ちっともド田舎ではない府中を舞台にした町おこし映画である。

中堅電子機器メーカーで真面目に働いてきた小川秀治（六角精児）だが、ある日いきなりリストラされてしまう。自宅の改装もいったん棚上げせざるをえず、無聊をかこつ日々。家には妻と母、離婚して孫娘を連れて同居している美沙（佐津川愛美）、俳優を目指すフリーターの息子秀樹（金森啓斗）が住んでいる。とりあえずは充電……と一ヶ月あまり何もせず、魚屋でパートとして働く妻の稼ぎで暮らしている。

暇にあかせて草野球の見物をしていると監督柴崎（**螢雪次朗**）に声をかけられ、蕎麦屋で幼馴染でくらやみ祭を手伝っている法子（**水木薫**）らと飲むことになる。柴崎から「祭の実行委員をやらないか？」と声をかけられるも「いやあ……」と煮え切らない態度、店員（江口のりこ）から、

「府中の男なら燃え尽きなさいよ！」

と発破をかけられるも断ってしまう。帰って妻に話すと、

「なんでやらないの!?」

と意外な反応。実は埼玉人の妻のほうがくらやみ祭マニアで、

「くらやみ祭には誰でも参加できるわけじゃない。府中で三代続いて、ようやく祭に参加できる。あなたが府中の男として認められたってことでしょ」

実は秀治の父は祭に参加したくてしょうがなかったらしく、柴崎ら実行委員の面々は小川家のことはよく知っていたのである。それにしても、府中のような新住民が多そうな地域で、「三代続いて……」の原則がどのように運営されているのか、気になるところではある。ところが秀治はまったく祭には乗り気でなく、うまくいかない再就職のかわりに小型スーパーでアルバイトをはじめる。慣れない接客業で、バイト女子高生の先輩に叱られながら懸命に働く小川。

そのころ、美容院で働く美沙は、年下の掃除バイトにナンパされていた。まさかのことに驚きながらも舞い上がる美沙、娘の幼稚園への送り迎えを母に頼み、ウキウキデート。しかし浮かれるのはいいが娘の存在を彼氏には言いだせず……。

さらには、いきなり母がデパートで展示している商品を食べはじめて通報されるという案件が発生。これまでは都合の悪いことは聞こえないふりをすると思われていた母だが、ついにアルツハイマーと診断されてしまう。以後、早朝に徘徊をはじめたり、トイレを流さなかったりで、秀治と妻をきりきり舞いさせる母である。

そんななか、ようやく仕事にも慣れてきた秀治。ある日、店に挙動不審な男子高校生がやってくる。秀治が注視していると、食品売場からいちごジャムのびんをかばんに放り込み、逃げるではないか。慌てて追いかけ、自転車を転倒させてとっつかまえる。

ところが自転車で転んだときに顔をすりむいたからと言って母親が怒鳴りこんでくる。

「万引きは悪いかもしれませんが、だからって怪我させる権利があるんですか！　ＳＮＳで炎上させてやる！」

いくら過保護なモンスターペアレントだからって！　しかるに「炎上」の一言にビビった店長は全面降伏。

「申し訳ありません！　炎上だけは勘弁してください！　この男も今日で辞めさせますから！」

「ええっ！」

ということで理不尽にも無職に戻ってしまった秀治。柴崎らくらやみ祭実行委員の面々といつもの蕎麦屋でやけ酒。男やもめのラーメン屋のタカシ（**斉藤陽一郎**）が若い女の子のいる店に通い詰めているという話を聞いて、

「みんな、頑張ってるんですねえ……全然モテないのに！」

その一言は余計だよ！　ともかく「モテないのに頑張ってる！」と感動の涙を流す秀治、

「わたし、まだ間に合いますか？」

え？

「くらやみ祭、参加したいんです！　祭をやり通せば、自分も変われる気がするんです！」

というわけでやっと祭に参加することになる秀治である。

以下、くらやみ祭（毎年五月におこなわれ、クライマックスである五月五日の夜には八台の神輿が出る勇壮な祭……だそうだ）の素晴らしさが語られていく。

ところでいざ秀治が実行委員会に出てみると、こちらはこちらで神輿のルートの延伸をめぐって争い中。鍵を握る委員長役には我らが**柄本明**！というわけで当然柄本節が炸裂するわけである。若手は神輿ルートの延長を求めているが、千年の歴史を守れという伝統派の主張も強い。副委員長が近藤勇の言葉を引いて（新選組は府中にゆかりがあるとかで、地方映画の観光案件である）。

「『忘れてはならぬものは、恩義。捨ててならぬものは、義理』と言いますよ。やはり千年の伝統を軽々しく変えるべきではない！」

そこでおずおずと立ちあがる秀治。

「ですが、『人にあたえるものは、人情。繰返してならぬものは、過失』とも言います。ここは同じことを繰り返すのではなく、新しく……」

「きみは誰だ！」と人の顔を覚えない柄本明委員長が一喝！

「お、小川です……」

「おお。小川（父）ってのはふざけた奴だった！　神輿が重くないですかとか言うんだぞ！　当たり前だ！　神輿は重いもんなんだ。軽い神輿なんてかついでどうする。重いからかつぐ意味がある。重けりゃ重いだけいいんだよ。人生も一緒だ、重いんだ……だから試しにやってみようか！」

と意味不明だが迫力だけはたっぷりの長広舌でルート変更を決定してしまう柄本マジックを発揮！　観客はもちろんだが登場人物も誰一人意味がわからないまま納得させられているのには笑ってしまった。

そしてついにはじまった「歴史が変わる祭」の最中、彼氏に娘がいることを知られてふられてしまったせいでストーカー化した美沙が、メールを送りつけるのに夢中になっていて放置した娘が迷子になってしまい、必死で探すあいだ秀治は頑張って神輿をかついでいるという、やはり祭は一家を分断するものではないだろうかと思わずにいられない展開ののち、ようやく見つかった迷子幼稚園児を叱った美沙に、

「親をおもんぱかって本当の気持ちをぶつけられないってことだってあるんだよ！」

と説教するのは居合わせたあの万引き少年！　過保護母親のモンスタークレーム、自分だって正しいとは思ってないんだと言いたいのかもしれないが、**万引き野郎が何を偉そうに人に説教してるのか、観客全員が拳を握った一瞬だった。**

最終的には秀治は蕎麦屋に就職し、府中の男として府中に骨を埋める決意を固めるのだが、なんかいろんなつけが全部奥さんに回っているような気がしたよ。

なお、ＴＯＨＯシネマズ府中での上映には、普段映画など見に来ない府中人の老人が大挙押しかけてきたようで、場内で滑ったり転んだりで大変なことに……。

こんな映画は見たことない。
モナコ国際映画祭で主要五部門を獲得した待望の最新作

『TOKYO24』

製作総指揮・原作・脚本＝寺西一浩　監督＝寺西一浩、軽部進一(Cin_Calve)、岡田主　撮影監督＝岡田主
出演＝寺西優真、キム・ヴァンス、葉加瀬マイ、五代高之、長谷直美

昨年度モナコ国際映画祭で主要五部門を獲得した寺西一浩監督待望の最新作。これまでにもまして独自の映画作法が駆使され、ストーリーも一筋縄ではいかず、まさに誰も見たことのない映画と言うべきか。スタッフは監督が三人クレジットされ、岡田主は撮影も兼ね、その他ポストプロダクション一切を軽部進一（Cin_Calve）がやっていたりで、ほぼこの三人による自主映画と考えるべきなのかもしれない。

見ていて最初に驚くのはスワイプによる画面遷移。いや横ワイプなのだが、ザシュッという音が入るし、印象としてはあきらかにスマホ画面のスワイプである。場面転換のたびに、ザシュッ、ザシュッと二回（あるいは三回）東京の街角を移す風景ショットが入り、それからおもむろに次の場面。律儀に繰り返されるんだが、これはいったいなんだろう？

まあ、東京映画だというアピールなんだろうが、**こんな映画は見たことないと言わざるをえない**。

さて、映画がはじまる。

エピソード4

えっ！　なんでNew Hopeなのかわからないが、ともかくエピソード4である。二〇三〇年、二期目を迎えた女性都知事東條真知子（**長谷直美**）の目玉政策は特捜チームT24。AI刑事青島（**寺西優真**）を中心に、日本語の怪しい蓮（**キム・グァンス**）、シングルマザーの由紀（**葉加瀬マイ**）というダイバーシティあふれるメンバーで、東京の治安を守る特捜チームである。

AI刑事って何？　ここにも低予算映画界を席巻するAIブームの影。これ、ホームページを確認したら蓮が元自衛隊員だったり、由紀が元ホステスだったり、映画の中ではまったく語られない設定が次々出てきて驚いた。てっきり蓮、韓国人かなにかかと思ってたよ。

そして肝心のAI刑事青島、オンラインにつながっていて検索したり、ロボットダンスみたいなぎこちない動きをしたりしてるんで、てっきりアンドロイドか何かだと思っていたのだが、ホームページによれば、

『TOKYO24』に登場するAI刑事（SPO）。AIとして誕生する前は警官（東條剛）だったが事件で殉職してしまう。

母である都知事・東條真知子の命令で科学者・西村によりAIとして再誕生し『青島』と名乗る。AI刑事として抜群の能力を持っているのはもちろん、目がカメラ機能になっており中継映像として事件現場を放送出来、内蔵されてる「生態認識メモリーチップ」を通じて、相手の体（主に死体）に触れるだけで、どのような薬物で死亡したか（致死量の測定）、死後どれだけ経っているか等の具合を自動的にわかる。人間の限界を超える捜査が行える。

（『TOKYO24』公式サイトより）

ってロボコップ[※1]だったのかよ！　**都知事が息子を亡くした話はでてきたが、まさかそれがAI刑**

事になっていたとは！　ていうかここらへんの話がエピソード1～3で語られるはずだったのだろうか。それはいいのだが、ホームページに書いとくだけじゃなくて、映画の中でも少しは説明してもバチはあたるまい。

さて、例によってザシュッ、ザシュッとスワイプして舞台は人工知能研究所。いきなり乱入したテロリスト・カップルが西村教授に銃をつきつけ、キーチップを奪って誘拐する。西村教授はＡＩ刑事青島の創造主であり、さらに都知事が進めている東京都ＡＩ化計画のキーパーソンでもあるたいへん重要な人だったのである。

西村教授を連れた男を逃がすため、女は後に残って逮捕されてしまう。これ、銃を空に向かって乱射していたら後ろから飛びついてきた警官に取り押さえられるという、いったいどんなシチュエーションだかさっぱりわからない描写。

一方都知事はというと、ジャーナリストからの取材を受けて東京の未来を滔々と語る。なんでもすべての貨幣を仮想通貨に切り替えるとか……※2長谷直美がいい湯加減で語りまくるトークがえんえん、ストーリーの合間合間に挟まれてゆく。

以下、都内どこかの倉庫に監禁された西村が、テロリストから何かの機器を動かすように命じられ、当然拒絶するのだが、娘を人質に取られて唯々諾々としたがい、さっさとキーボードを叩きはじめる。これがなにをするものなのかさっぱりわからないのだが、どうやら都知事が推し進めるＡＩシステム計画を打ち破るためのものらしい。都知事は全都民のビッグデータをこのシステムで一元管理しようとしている（そのキーになるのがＡＩ刑事青島なのだ）というのだが、これどう考えても都知事が悪の黒幕なのでは……。

逮捕されたテロリスト女性が妊娠していることが判明する。父親は誰だ……ってそんなの考えるまでもないですな。父親であるテロリスト実行犯は奪還作戦を求めるが、テロリストのボスは「こっちが終わってからだ」とつれない返事。人質の西村から「おまえらは捨て駒だ。あいつらはおまえらを裏切る」とささやき作戦を受けた実行犯、思いあまって単独行動に走る。

彼らが襲ったのは仮想通貨セミナー。講師を人質に取ると、自分のスマホに仮想通貨を振り込むように要求するテロリスト（仮想通貨をどういうものだと思っているのか……）。さらにセミナー参加者を人質にとって仲間の解放を要求する。

ここでようやく登場するのがT24。リーダーの蓮の「いけどりにするぞ」との支持を受け、AI力で射撃も百発百中の青島は次々にヘッドショットを決め……ダメじゃん！

「おまえなら殺さなくても捕らえられただろう」

「人質の安全を第一に考えました」

そういうわけでテロリストの件は解決！　さらに超法規的になんでもやってしまうAI青島がテロリストの電話を傍受して西村の監禁場所を割り出し、三人はヘリで東京郊外の倉庫に向かう。またしても銃撃戦のすえ、間一髪で破壊を食い止めるT24の面々であった。

「東京のAIのアップデートはもう誰にも止められない。これで都民のデータはすべてわたしのもの！」

絶叫する都知事。ってやっぱりおまえが黒幕だったんじゃないか！

ところがそれでも話は終わらず、実は青山は都知事の側近三枝と由紀のあいだの通話を傍受していた。由紀はテロリストに通じていたのだろうか？　だがそれはなぜ？　何もかもが茫漠として曖昧なまま以下エピソード5へ……（続くのか!?）。

※1　ロボコップ

ポール・バーホーベン監督／一九八七年／米。出演者にピーター・ウェラー、ナンシー・アレン、ロニー・コックスほか。デトロイトの警官アレックス・マーフィー（ピーター・マーフィー）はギャング団に射殺されるが、OCP社によりサイボーグ警官〝ロボコップ〟として甦らされる。低予算ながら大ヒットとなり、続編なども作られ、テレビシリーズやアニメ、アメコミにもなっている。

※2　仮想通貨

インターネットのどこでも使える通貨。デジタルデータ上のみの存在であり、特定の国家が担保しているものではない。分散管理システムとブロックチェーン技術によって成立している。メール一本で送金することもできるが、別に匿名性は強くないので現金と同じように使うことはできない。

原作平野啓一郎、芥川賞作家のメロドラマである。
え、それってこんな話なんですか？　いったい何をしたいんだ！

『マチネの終わりに』

監督＝西谷弘　原作＝平野啓一郎　脚本＝井上由美子　撮影＝重森豊太郎　音楽＝菅野祐悟
出演＝福山雅治、石田ゆり子、伊勢谷友介、桜井ユキ、木南晴夏、風吹ジュン、板谷由夏、古谷一行

原作平野啓一郎[※1]、芥川賞作家のメロドラマである。え、それってこんな話なんですか？　いやいかなる文学作品でもあらすじだけにするとバカバカしくなる、というのは往々にしてある話なんだが、それにしたってこれはひどい。これ、**二人のすれ違いの最大唯一の原因というのがサイコパス女が送った偽メール一通なのだ。そんなひどい話あるのか？**　あるのである。二人の出会いからすれ違いまで何ひとつ説得力のない二時間で、よくもまあこんな話作ろうと思った、と逆に感心してしまった。ありえないからこそメロドラマとしての純度が高まるとでも言うつもりだろうか？

まあ福山が演じるキャラクターが世界的な人気を誇るクラシック・ギターの天才、という時点でどういう顔して見ればいいのか……ともかく六年のあいだ三回しか直接会ってない二人が東京、パリ、ニューヨークと世界をまたにかけて演じるすれ違いメロドラマ。テレビの人って本当に海外ロケが好きだよねえ。海外に行くだけで映画になると思ってるとかですかね……。

今から六年前、二〇一三年十一月のことだった。天才ギタリスト蒔野聡史（**福山雅治**）はコンサート後、真っ暗な控室で苦悩していた。蒔野、コンサート中にも突然暗転して真っ暗な中に取り残されるなどの怪奇現象を経験している。

あ、これはもちろん心象風景で、どうやら蒔野はスランプの真っ最中なのである。コンサートのあとも引きこもって誰とも会おうとしないのだが、レコード会社の担当是永（**板谷由夏**）とその友人小峰洋子（**石田ゆり子**）が来ると、顔を出して話に乗ってくる美人に弱い男だ。

「コンサートの途中、どこか取り残されてしまったような感じがして……」

と彼の心象を的確に見抜く洋子に興味を引かれた蒔野は息を吸うようにナンパするが、

「だめよ、この人イェルコ・ソリッチの娘なんだから」と是永に牽制される。

「え……あの映画監督の？」

「そうです。わたし、ニューヨークのウェズレー・ホールでやったあなたのデビュー・コンサートで『幸福の硬貨』のテーマ・ソングを演奏するのを聞いて嫉妬したんです」

誰もが知っている天才映画監督（ユーゴ生まれの※2ビクトル・エリセというところか）の娘なので軽々しいナンパは許さないらしい。洋子はパリ在住で某通信社の記者だという。

まあまったく女性記者には見えない石田ゆり子ですが、フランス語はちゃんとしてました。あ、当たり前だけど福山のギターもちゃんとしてた。

すかさず洋子を打ち上げに誘った蒔野、

「過去が未来を変えるとみんな思っているけれど、未来が過去を変えているんだよ……未来に起こる出来事で、過去の出来事の意味は変わるんだ」

と謎めいた文句で洋子の気を引く。今夜がただの打ち上げだったか、二人のはじめての出会いだったかを決めるのは今後の二人の行動如何《いかん》なんだよ、という遠回しのお誘いなわけである。

とはいえ、あからさまに二人のあいだに割って入ろうとするマネージャー（**桜井ユキ**）ほか多数が同席しているし、洋子はすぐにパリに帰るしで、誘うわけにもいかずそのまま別れる。

明けてレコード会社で「ギターをひくのが嫌になったんです」とコンサートもやらない、レコーディングも中止と言い出す蒔野。「蒔野のためにおねがいします！」しか言わないマネージャーに是永も困惑気味だが投げやりな蒔野に押し切られてしまう。

一方パリに帰った洋子はコンサートで起きた爆弾テロ事件の取材に飛びまわっている。会社に戻ってきたところで事件の目撃者と会うという同僚とすれ違い、エレベーターに乗った……ところでいきなり爆発！　そう、目撃者というのは自爆テロ犯で、今回は通信社を狙ってきたのである。

エレベーターに閉じ込められたまま、「未来が過去を変えるんです。よりよい未来を作ることができれば、この悲劇も……」と携帯に向かって話しかける洋子である。


二〇一四年三月。

すっかりギターをやめてしまった蒔野に対し、師匠の祖父江（**古谷一行**）はマドリードでのライブに一緒に行かないかと誘う。一方、テロでPTSDをわずらってしまった洋子は仕事にも復帰せず家でゴロゴロ。あの日以来、折に触れては彼女にメールしていた蒔野だが、一向に返事はもらえなかった。だが、洋子がエレベーターの中で撮ったビデオがウェブで公開されたのを見てメールすると、今度はメッセージをもらう。するとさっそく会いにいく蒔野である。

これ、マドリードでのライブのついでにパリに寄る……というふりをしているのだが、パリに行く口実にマドリードのライブを引き受けたようにしか見えない。そういうわけでパリのレストランで再会する二人。

「洋子さん、あなたが死んだら、ぼくも死にます。洋子さんの存在こそがぼくの人生を肯定してくれるんです」

「……わたし婚約者いるんだけど！」

「でも出会ってしまったから」

これが二度目に会ってする会話なのである。狂人だろこいつ！　福山だからって許していいのか。とりあえず待ってくれという洋子をマドリードでのコンサートに誘う蒔野。

だが、肝心のコンサート当日、例によって周囲が真っ暗になって一人取り残されてしまう心象風景が襲ってきて……と思ったら今度は本当に発作に襲われてギターを取り落してステージ上で倒れてしまう。しかもそのとき肝心の洋子は来ていない！

その後パリに戻ってきて再会するわけだけど、この流れだと本当にマドリードでの場面要らない（物語的には蒔野のギター弾きの挫折と再生というのがあるはずなんだが、それがラブストーリーとまったく無関係なんで浮いちゃってるんだよね）。

パリに戻ると洋子は日系人の婚約者リチャード新藤（**伊勢谷友介**）をいきなり捨てており、蒔野を完全にウェルカムな態勢。だがなぜかカメラマンの友人宅にホームステイ中なので、二人で盛り上がっても隣で寝てる友人が気になってキスまでしかできない。

まあここらへんではっきりしてくるわけだけど、この人たちひたすら衝動的で思い込みが強いだけなんだよね。それを「運命の恋」と思い込んじゃうのがまたたちが悪い。金持ちの恋愛ごっこだもんで、まわりに「ちょっと冷静になれよ」って突っ込んでくれる人がいないという。まあじゃあ後は日本で……と約束を交わし、蒔野は先に帰国する。

ついに洋子が新藤との関係をすべて精算し、日本に帰ってくる。「じゃあ、バスターミナルに迎えにいくから！」とウキウキメッセージを送る蒔野。と、そこで祖父江の娘（**木南晴夏**）から連絡がある。絶妙のタイミングで祖父江が脳梗塞を起こして倒れたのである。慌てて病院にかけつけた蒔野、気がつくと携帯をタクシーに忘れていた。

というところで登場するのが蒔野のマネージャー。この女、もうしょっぱなから蒔野にマネージャーとクライアント以上の感情を抱いているのがまるわかりで、蒔野と洋子が会話してるとすかさず割って入ったりわかりやすい横恋慕アピールをしている（もちろん蒔野一人だけは気づいていない）。「わたしがやります！」と申し出て携帯を回収してきたマネージャー女。勝手にロックをはずして洋子との会話を読んだあげく、洋子に「あなたといると自分の音楽を見失ってしまうのでやっ

ぱ会わないことにします」てなメッセージを送り、
さらに携帯を落としたことにして水に浸けて廃品にしてしまう。ダメ押しで洋子の電話番号として絶対につながらない番号を教えて工作完了。
で、この直接会えば一瞬で終わる話がすれ違うすれ違う。偽メッセージにショックを受けて一人故郷長崎に旅立った洋子に、蒔野が「(留守電で説明したつもりだったので)そういう事情で迎えにいけませんでしたすいません。早く合流しましょう」とメッセージすると「あなたのおっしゃることよくわかりました。長崎で親子水入らずで過ごします」「わかりましたじゃあ長崎は諦めますから帰ってくるのを待ってます」と言って羽田に向かい、長崎からの飛行機が着くのを待っている！忠犬ハチ公じゃないんだからいつ来るかわからない飛行機をずっと待ってるつもりなのか!? どのターミナルに着くかもわからないのに？
ともかくこの人たち、やたら思い込みと独り合点が強くて、一度思い込んだらてこでも動かない。まあこのすれ違いについては全面的にマネージャーのサイコパス女のせいなんだけど、そのあとこじれまくるのは思い込み強すぎる性格のせいだよ……。

二〇一八年十二月。

あれから四年がたった。洋子は新藤と結婚し、ニューヨークに移住している。「最高のトロフィー(ワイフ)ね」とか言われる真っ向からの男尊女卑っぷりがそもそもニューヨークとも思えないんだが、それ以上にすごいのが大豪邸！ **経済学者だという進藤だが、いったいどんな悪事を働いたらマンハッタンにあんな豪邸構えられるんだよ！** さすがにリアリティなさすぎで、ロケ地はもうちょっと注意深く選ぶべき。パリからニューヨークに行った途端強烈なファンタジーになってしまったんで、ここから後は全部洋子の幻想という線もありえるかと思ってしまったぞ。

子供もいて大豪邸でセレブ生活だが、愛のない夫婦生活は冷え切っている。いやしかし、これ大

※3

富豪新藤がなんで彼女と結婚したのか本当にわからないわけで。だって自分の知らないところで勝手に振られて、と思ったら「やっぱ振られちゃったテヘペロ」って戻ってきた相手と結婚し、しかし自分を振った相手を許せないんで子供まで作っておきながら浮気して屈辱を味あわせようとするとか、こんだけ金持ってるくせにどんだけ心が狭い男なんだよ。てか復讐のために結婚するとかどんだけヒマなのか。金持ちのくせに。ついに洋子も離婚を考えはじめる。

一方、東京では蒔野はサイコパス元マネージャーと結婚し、子供もいて幸せな家庭を築いている。脳卒中で倒れた師匠が亡くなり、そのトリビュート盤への参加を是永から求められた蒔野、四年ぶりにようやくやる気出してレコーディングにのぞむ。さらに四年ぶりの復帰コンサートもやるか……となんとなくスランプを脱している蒔野。

復帰コンサートの会場は？ それはニューヨークのウェズリーホールしかないだろ！と勝手に決めてニューヨークに飛び、会場の交渉をするサイコパス妻。

で、ニューヨークに行ったついでに洋子を呼び出し、四年前の真相を告白する！ あたしが偽メール送ってあんたたちの関係ぶち壊しちゃいました。その後彼を籠絡して子供もいますサーセン！ですよ。大事なのは彼の音楽だけなんで。サイコパス女は「別に良心の呵責とかじゃない**サイコパス！ いったい何をしたいんだよ！！！ 彼がどうしようとあなたがどうしようと音楽だけ充実してればそれでいいんです**」とか言ってるんだけど、**何ひとつ意味わかんねーよ！** 洋子も唖然。蒔野も唖然。観客も唖然。

まあそういうわけで、単身コンサートのためにニューヨークへ飛んだ蒔野、「マチネの終わりにはセントラルパークを散歩しますんで」とわざわざMCで今後の行動を明かすんで、そこで何が起きるかわからない人はさすがにこの世にいないでしょう。

あと、洋子の母が**風吹ジュン**で、風吹ジュンがビクトル・エリセ（イメージキャスト）と結婚してるってさすがにすごいな、と思いました。

※1　平野啓一郎
一九七五年愛知県生まれ。一九九八年『日蝕』でデビューし、第一二〇回芥川賞を当時最年少の二十三歳で受賞。二〇〇九年に『決壊』では芸術選奨文部科学大臣新人賞、『ドーン』では第十九回Ｂｕｎｋａｍｕｒａドゥマゴ文学賞を受賞している。ほか作品、受賞歴多数。『マチネの終わりに』は二〇一七年に渡辺淳一文学賞を受賞し、累計五五万部を超えるベストセラーとなった。

※2　ビクトル・エリセ
一九四〇年生まれ。スペインの映画監督、脚本家。寡作な監督として知られ、『ミツバチのささやき』（一九七三）、『エル・スール』（一九八二）、『マルメロの陽光』（一九九二）と長編映画を三本しか撮っていないにもかかわらず高く評価され、世界中に熱狂的なファンを持つ。近年では二〇一二年にオムニバス映画『ポルトガル、ここに誕生す〜ギマランイス歴史地区』に参加以降、次作がもっとも待たれる監督のひとり。

※3　トロフィーワイフ
男性のステータスシンボルとみなされる妻のこと。社会的に成功した男性がその証として、ひとまわり以上若く美人で、しばしば女性の花形職業とされる経歴や格式のある家柄を持つ女性と結婚することがよくある。

「二階堂ふみ問題」とは？
……サブカル女優二階堂ふみには、誰よりも自分の好みで映画を実現する力がある

『生理ちゃん』

監督＝品田俊介　脚本＝赤松新　原作＝小山健　音楽＝河内結衣　出演＝二階堂ふみ、伊藤沙莉、松風理咲、岡田義徳、豊嶋花、須藤蓮、狩野見恭兵、藤原光博　製作＝よしもとクリエイティブ・エージェンシー

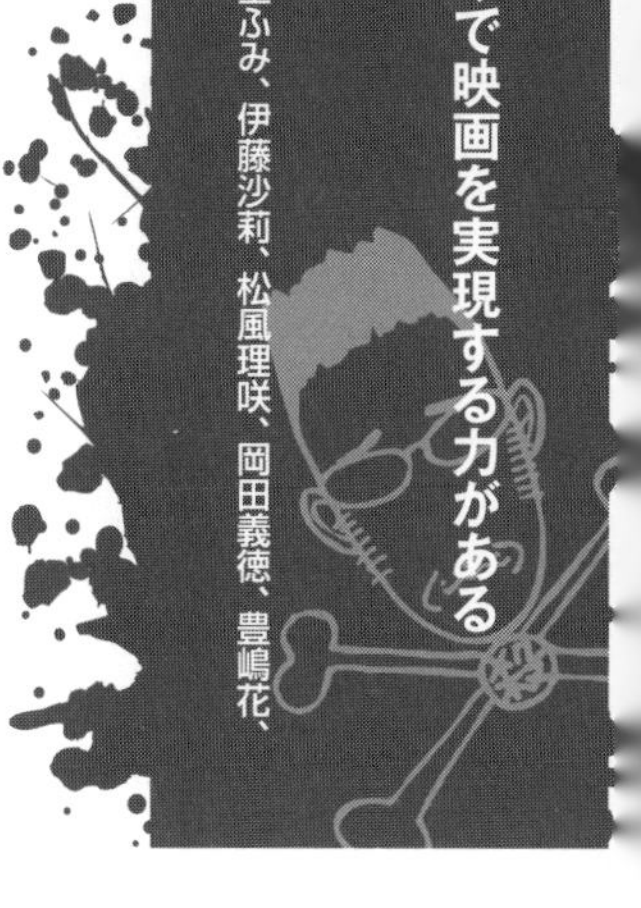

さて、昨年よりつとに主張してきたのが「**二階堂ふみ**問題」である。二階堂ふみは今、ある種の中心にいる。自他ともに認めるサブカル女優二階堂ふみ、**実は誰よりも自分の好みで映画を実現する力がある。**そもそも『リバーズ・エッジ』[※1]も、『翔んで埼玉』[※2]も二階堂ふみ本人が希望してできあがった映画なわけで、橋本愛[※3]よりも成海璃子よりも圧倒的に自分のやりたい企画を実現する力を持っているのだ。いやこんなことを言うと二階堂ふみおっさん殺しみたいなイメージになってしまうんだが、たぶんそうではなくて事務所の姿勢の問題なんだろう。で、そうした姿勢を貫いた結果がオモコロ連載のＷｅｂ[※4]コミック「ツキイチ！生理ちゃん」の映画化である。こんなの二階堂ふみが「おもしろーい！　好きー！」って言ったから映画化された以外考えられない。二階堂ふみ企画のコミック原作映画、これからもどんどん増えそう。

原作は生理擬人化コミックなのだが、ある日いきなり生理が「きちゃった……」とやってきて、その日一日女の子がでかい生理ちゃんをおんぶしたりかついだりでひいひい言うという……ほぼ出落ち漫画。それ以上なにかするわけじゃない（生理ちゃんが腹にパンチをくれて「おうふ……」と暗転、みたいなシーンはあるわけだけど、そこで血反吐吐くような生々しいことにはならないわけ

で）んで、しまいに生理ちゃんが[※5]イマジナリーフレンドみたいになってくる。

さらに大きなのは生理ちゃん居座りすぎ問題。月に一度、何日間かだけ訪れるはずの生理ちゃんだが、映画の中ではほぼずっと居座っており、主人公が出会うドラマのときにはつねに生理ちゃんがいるのである。

まあ生理ちゃん抜きだと何ひとつ特筆すべきもののない働くOL四コマみたいなストーリーだからしょうがないんだがそれにしても生理ちゃん来すぎ！　あのときも、このときも、きみはそこにいた。だからイマジナリーフレンドっぽくなってしまうんだが、そういうもんじゃないだろ。いくらなんでも生理ちゃん居座りすぎである。

物語は某ファッション雑誌のアラサー編集者米田青子（二階堂ふみ）とその会社で清掃アルバイトをする山本りほ（**伊藤沙莉**）を中心に展開する。伊藤沙莉が演じるのは内気な毒舌キャラで、ムカつくものを見ては猛烈な勢いで内心の毒舌を吐き、携帯に猛烈な勢いで書き込みをするという。

伊藤沙莉なので達者なのは当然なのだが、なんだかこの「プアマンズ松岡茉優[※6]」みたいな使われ方はちょっと納得がいかない。一時期の[※7]安藤サクラもそうだったが、器用な役者を使いべらす映画はまったくよろしくないですね。

さて、編集者青子は今日も今日とて「生理ちゃん」を背負ってひいひい言いながら労働中。「体調悪いの？　昨日彼氏とはじけちゃったんじゃないの？」と編集長からは気軽にセクハラを受ける日々。担当しているコラムニストが原稿落としがちなのも気がかり。そんな彼女の恋人は年上の建築家久保（**岡田義徳**）。そろそろ……というタイミングでのデートの帰り道、道端でいきなり指輪を出してプロポーズされる。なんで道端でプロポーズしてんのって、みんな低予算が悪いんや！

青子有頂天と思いきや、悩んだ末に「……ごめんなさい」と断ってしまう。久保の娘との関係が不安だったというのだが、この段階でプロポーズするほうもプロポーズする男だ。てかここで断る時点で結果は見えてるよね。その後、とうとう娘かりん（**豊嶋花**）と三人で食事をすることになるが、恐れていたとおりかりんは完全拒絶。

「お母さんが亡くなってまだ二年しかたってないのに！　わたしのお母さんは一人だけよ!!」

普通指輪差し出す前に娘と会わせると思うんだけどなあ。そしてここに至っても青子が本当に彼のことを好きなのか、結婚したいと思ってるのかよくわからない。「タイプなんだよなあ」とか言ってるだけで、顔だけなのか!?

一方、掃除婦の山本は脳内毒舌をぶっては家に帰り、自室にこもってレトロゲームにふける日々である。ところがある日、会社で青子と同僚山内（**須藤蓮**）につかまってしまう。

「煮え湯飲み子先生ですね。うちでコラムを書いていただきたいんですが」

なんと二人は降りたがっていた青子が担当するコラムニストの後釜として毒舌ブログがひそかにバズっていた「煮え湯飲み子」に目をつけていたのだが、連絡先がわからず困っていたのである。ところがひょんなことからブログ愛読者である山内が、掃除のアルバイト山本こそが彼女だと見抜いて仕事中をつかまえたのであった。

「はっいえわたしみたいなサブカルクソ女がこんなおしゃれ雑誌にコラムとか無理です〜」

とオタク特有の早口で逃げる山本。「自分はしょせん人生の脇役、主役になれるような人間ではない」が口癖の山本。「これ絶対ドッキリカメラでしょ！　どこにカメラあるんですか！」と何を言われても猜疑心が先に立つ。

だが山内はあきらめず、山本の実家にまでおしかけて懇願する。ついに根負けして執筆を承知した山本。

「大学も行ってない自分がコラムを書くなんて、そんなの『グッド・ウィル・ハンティング』[※8]のマット・デイモンとベン・アフレックじゃん……ってわたしって主役？」

というわけではじめて人生に前向きになった山本、山内と一緒にどこぞに取材に行くことになって浮かれて化粧をはじめる。そのころ青子もかりんと仲良くなるにはキャラ弁がいいのではないかと思いつき、弁当を作りはじめる。このふたつの場面がカットバックされるのはさすがに馬鹿としか思えなかった。

　で、ようやくかわいいキャラ飯ができあがるのだが、かりんのほうは「もう母親気取りかよ！」と完全拒否。「どうしたら良かったのかな。どうしたら家族になれるのかわかんなくて」とか言ってるが、そもそもキャラ弁で機嫌をとろうとか考えるところが娘を馬鹿にしてるんだよ。

　一方山本のほうもおしゃれして出かけた待ち合わせに山内が女性編集者と一緒に来たので大ショック。さらに山内から「今日なんか感じが違いますね？　このあとデートでもあるんですか？」と言われてその場から逃げ出してしまう。一人家にこもって、

「どうせわたしなんかが主役になれるわけないってわかってた」

と愚痴る山本、部屋に隅に立っている生理ちゃんを見て、

「もう来なくていいよ。どうせわたしなんか一生一人なんだから、来なくていいって！」

と言われた生理ちゃん、しょぼんと帰っていってしまう。いやこれね、生理ちゃんに「要らないから帰って！」って言いたい女性はたくさんいると思うんだけど、そこで言ったら帰ってくれるわけ？　帰らないから生理ちゃんなんじゃないの？

　さらに気になるのは「どうせわたしなんか一生一人なんだから」のセリフで、つまり**男とつきあう＝生理とつきあう＝妊娠・出産なの？　ものすごく短絡してる、というか気持ち悪い生理観じゃないですか？**　じゃあレズビアンの女性はどうすればいいのか。

　娘の拒絶に心折れた青子だったが、そこで久保から電話がある。

「かりんが初潮で出血して……どうしたらいいのかわからないんだ」

　いやそれはおまえがなんとかしろよ！と思うんだが、なぜか青子も勇躍盛り上がって、スピーカーフォンでかりんに話しかけながらタクシー飛ばして薬局に行き、生理用品と鎮痛剤、シミ抜きを買ってそのままかりんの家に届け……っていうんだけどこれこそかりんが怒ってた「母親気取り」

って奴じゃないか！　なんで今回はかりんが認めちゃうのかさっぱりわからないんだがやってやった感じの青子である。映画の最後に「一年後」として久保とは別れたが生理のことなど相談できる先輩としてかりんと仲良くなった青子が一緒にお茶してる姿が出てくるのだが、最初からそれをやっとけ&プロポーズの時点でうまくいくわけねーだろ感が半端なく……。

そして引きこもってレトロゲー三昧の山本。そこへ訪ねてくる山内である。

「こないだは本当にすいませんでした失礼なことを言って」

こっちもオタクな早口の感じで、

「いやもういいんですほっといてください」

という山本を遮って、

「好きなんです山本さんのことずっと気になっててそしたらひょんなことから煮え湯飲み子先生だってわかってこれで話しかけるきっかけができたって喜んでたんです。ぼくは山本さんと一緒に中野ブロードウェイに行きたいんです！」

茫然自失の山本だが、そこではたと思い出す。生理ちゃんはどこに？

「生理ちゃーん！」

と叫んで走りだす。だからなんでつきあう＝生理なんだよ。その連想おかしくないか？　だがそんなことを気にする人はだれもおらず、角を曲がったところに生理ちゃんは立っており、

「おまえさ、もう自分に呪いかけるのやめろよ」

と彼女を諭す（だってイマジナリーフレンドだから）。

「でもあんなリュック背負って自転車乗ってるような奴どうせヤリチンに決まってるし」

「大丈夫だよ。だってあいつ童貞くん背負ってるから」

ちゃんちゃん！

※1　『リバーズ・エッジ』
行定勲監督／二〇一八年。主演は二階堂ふみ、吉沢亮、上杉柊平など。行き詰まって閉塞感を抱える都市の若者たちが、ある日河原で死体を発見する。原作は一九九三年に雑誌「CUTiE」で連載されていた岡崎京子の同名漫画。

※2　『翔んで埼玉』
武内英樹監督／二〇一九年。埼玉県民が東京都民から虐げられている架空の世界が舞台。東京都知事の息子と埼玉出身の転校生が恋に落ち、県境を超えた恋愛戦争が展開する。主演は二階堂ふみとGACKT。原作は魔夜峰央の同名漫画で、魔夜が一九八二年に住んでいた埼玉を自虐的に描いたコメディ。映画は大ヒットし、埼玉県人の埼玉愛が証明された。

※3　橋本愛と成海璃子
一人で新橋ロマンに日活ロマンポルノを見に行く橋本愛と、あぶらだこやスターリンを愛聴する成海璃子は若手映画女優の中でも屈指のシネフィルとして知られるが、その映画鑑賞眼が作品選択に活かされることはあまりない。

※4　Webコミック「ツキイチ！生理ちゃん」
イラストレーターでもあり漫画家でもある小山健がオモコロで連載中。第二十三回手塚治虫文化賞短編賞を受賞し、映画化が決定。

※5　イマジナリーフレンド
本人の空想のなかだけに存在する、想像上の見えない友人のこと。

※6　松岡茉優
一九九五年生まれ。元おはガール。『勝手にふるえてろ』（二〇一七）、カンヌ映画祭パルム・ドールの『万引き家族』（二〇一八）などへの出演で若手ナンバーワン女優の座を不動のものとする。また、熱烈なモーニング娘。ファンとして知られ、主演のテレビドラマ『その「おこだわり」、私にもくれよ!!』ではネタにされていた。伊藤沙莉とはこのドラマで共演している。

※7　安藤サクラ
一九八六年生まれ。俳優の奥田瑛二と安藤和津のあいだに生まれる。姉の安藤桃子は映画監督。二〇〇九年の『愛のむきだし』で注目されて以来、エキセントリックな役柄で目立つ演技をするバイプレイヤーとして重宝される。二〇一三年の『かぞくのくに』以降、ようやく主演女優として演技が正当に評価されるようになる。

※8　『グッド・ウィル・ハンティング／旅立ち』
ガス・ヴァン・サント監督／一九九七年／米。天才だが幼少期のトラウマのため、周囲に心を閉ざしている青年ウィル（マット・デイモン）。心理学の教授によってその才能が見いだされるが、後ろむきのウィル。そんな彼を新しい世界に羽ばたかせようと背中を押すのがいつもつるんでいる親友チャッキー（ベン・アフレック）であった。

電通地方映画案件。物語はもちろん東京で行き詰まった若者が故郷に帰ってくる。そこは福岡だからあの人がまっとるわけだよこのバカチンが！

『いのちスケッチ』

監督＝瀬木直貴　脚本＝作道雄　撮影＝岡田賢三　音楽＝高山英丈　主題歌＝Insheart
出演＝佐藤寛太、藤本泉、芹澤興人、須藤蓮、林田麻里、前野朋哉、風間トオル、高杢禎彦、浅田美代子、渡辺美佐子、武田鉄矢

電通地方創生ムービープロジェクト第三弾、電通九州プロデュース、監督は地方映画の巨匠瀬木直貴というわけで『恋のしずく』[※1]に続く電通地方映画案件。本気で電通のシノギになりつつあるようで、このあとも企画が控えているという。それにしても瀬木直貴、**電通にやとわれてから日本の各地を流れ流れ、流れた先でさらっと映画を作っては爽やかに去ってゆくというおまえは日活映画の主人公か？「カメラを持った渡り鳥」か？と言いたくなるようなフィルモグラフィー**、今回は福岡県は大牟田市を舞台にしております。物語はもちろん東京で行き詰まった若者が故郷に逃げ帰ってくると、そこは福岡だからあの人がまっとるわけだよこのバカチンが！

東京はスカイツリーの足元で漫画家をめざして頑張っていた田中リョータ（**佐藤寛太**）だったが、見下していた後輩（**前野朋哉**）がひょんなことからデビューを決めてしまったので完全に心折れてしまう。と、次のカットでもう大牟田。早いよ！　ちなみにリョータが描いている漫画、さらには彼が「衝撃を受けて漫画家を目指した」と告白する漫画があるのだが、そのモデルになっているのが三隅健[※2]、『ムルチ』で知られる夭折の天才漫画家で、大牟田出身だという。さらにリョータが大牟田に着くとなぜかちょうどその日が祭りの日で「大蛇山」祭りの真っ最中。

こうやって手早く手堅く地元名物を入れ込んで紹介してゆくのはさすがにベテラン地方映画監督らしい手練っぷりなのだが、上手ければ上手いほど地方映画としての限界を感じてしまう。

つまり、そこに登場する「地方名物」はどこにでもある交換可能なものであり、それを使い古しの物語の中に放り込んでいくだけで、そこからはその土地でなければ生まれないストーリーなど出てくるはずがないからである。こうした地方映画が作られれば作られるほど、作り手たちの意図とは逆に、日本の地方はどこも代わり映えせず同じような課題を同じように抱えているという印象ばかりが積み上げられていく。

さて、大牟田に帰ってきたリョータ、自宅である焼き鳥居酒屋に向かうが「何しに帰ってきた！おまえ一人前の漫画家になるまで大牟田には戻ってこないって大見得切って出ていったんじゃなかったのか！」とツンデレの父親（**高杢禎彦**）に叩き出される。しょうがないので祖母の家に出かけるが、誰も出てこない。しょうがないので鍵を開けて入ると、中にはなぜか風呂上がりの妙齢の美女がいる。

「きゃー！」

お約束で逃げ出すリョータ。

で、その後友人の家に居候していたら「いいかげんにしろよ。そういえば今度〝延命動物園〟でバイト募集あるみたいだけど、行ってみたら？」と言われて出かけた先でその美女と出くわして「あーっ！」となるというラブコメお約束展開になるわけだけど、普通に考えてこのあいだに警察呼ぶとか祖母に問い合わせるとかそういう話にならねばおかしいので、ラブコメのお約束って本当にくだらないね。そんなわけでバイトの面接に行くと、事務として働いているが産休の予定がある松尾（**林田麻里**）から、

「生きとる感じのうすか男やねえ」

と強烈なディス。劇団ＥＸＩＬＥでもうすいと言われてしまう大牟田。そこへ遅ればせながら入

ってきたのが園長、演じるのは**武田鉄矢**！　当然ダラダラと喋りつづけて従業員を幻惑し、何かというといい話で〆てしまう園長である。リョータ、面接に来ただけのつもりだったのに、否応なしに従業員として働かされることになる。そんな中、当然初っ端から印象悪かったアメリカ帰りの美人獣医石井アヤ（**藤本泉**）は、

「あなたみたいな人が、動物をただの見世物だと思って素通りしていくんでしょうね。動物園はそういうところじゃありませんから！」

とリョータを全面的に見下して徹底的に否定の態度。そんなエリートがなんで大牟田くんだりに来たのかというと、この動物園は動物本位の、動物に不必要に苦痛を与えない飼育を心がけており、そこでアヤはライオンから「麻酔をしないで採血する」実験に取り組んでいるのだった。採血のたびに麻酔で眠らせては動物への負担が大きいということで、無口な飼育員中島（**須藤蓮**）の手を狩りて、麻酔無しでも暴れないようにライオンと信頼関係を結ぼうとしていたのであった。

園長らのペースに巻き込まれていやいや働くうちに動物園になじんできたリョータ、途中徘徊気味の祖母（**渡辺美佐子**）が動物園にふらふら徘徊に来て保護される一幕なんかもあり（ちなみにアヤはしょっちゅう動物園に出入りする祖母と知り合いになり、部屋を借りていたらしい）、集客を増やすための活動にも参加しろと言われ、東京で夜逃げされたバイト先から持ってきたパンダのぬいぐるみを着て来園者の似顔絵を描くことになる。

いやおまえついさっきまで「もう絵は描かない」とかってスネてたんじゃなかったのか。立ち直り早いな！　で、モル（モット）小屋の担当になるとモルモットの水彩イラストを描いてこれまた大人気……はいいんだけど、似顔絵も動物イラストも全然漫画の絵じゃないんだよ。漫画家の復活ストーリーにするためにこういう挿話がはさみこまれるのだが、根本的にタッチが違うだろ。でもそういう突っ込みをしてる間もなく、

①東京で挫折した漫画家が動物イラストで復活！
②祖母から「リョータの漫画、読みたかねー」と言われる。
③アヤがリョータに動物園のことを漫画にしてくれ、と頼む。「リョータの絵には人を元気にさせる力があると思うの」
④ハムスターが一匹死んで園長がちょっといい話をする！
⑤祖母が徘徊して行方不明になる。
⑥だが、大牟田は日本一徘徊老人に優しい町であり、徘徊行方不明発生時に起動される緊急警報ネットワークも存在する！[※4]

いや、どう考えても**動物園よりそっちのほうが貴重というか町の特色として面白かったんで、そっちで映画作ったほうが良かったんじゃないですかねえ。**老人がうろうろ徘徊しては老人パトロールによって回収されるスリル満点のサスペンス。ちょっと大牟田に興味が出てきました。

そんなわけでアヤは無事麻酔を使わない採血実験を成功させ、リョータは「いのちスケッチ」という動物園PR漫画を描きあげ、アヤが「来てよかった。大牟田の町も人も大好きになった」とCMに使えそうなセリフを残して映画は終わる。

なお、「延命動物園」という名前が非常に気になったのだが、モデルになった大牟田市立動物園は延命公園の中にある。開園当初は「延命動物園」と呼ばれていたこともあるとかで、別に動物が長生きするからとかいう理由ではなく単なる地名からでした。

※1　『恋のしずく』

『皆殺し映画通信　お命頂戴きます』二〇二ページ参照

※2　三隅健

一九七四年福岡県大牟田市生まれ。漫画家、バンドマン。みずからがたちあげたバンド「ゴールデンブラザーズ」ではギターを担当していた。二〇〇八年七月、『ムルチ』で学館IKKI新人賞イキマン受賞。二〇〇八年十二月、死去。その後作品が単行本化されて、話題となり、現在でもファンが増え続けている。

※3　武田鉄矢

一九四九年福岡市生まれ。歌手、俳優、タレント、作詞家。フォークグループ・海援隊のボーカル・リーダー。一九七二年に、千葉和臣・中牟田俊男らと海援隊でデビュー。紅白出場で一躍有名グループとなったが人気は低迷。その頃に武田の俳優として評価が高まる。ドラマ『3年B組金八先生』（一九七九）のヒットとともに、海援隊による主題歌「贈る言葉」も大ヒットし、ともに代表作となった。

※4　緊急警報ネットワーク

大牟田市がはじめた、認知症により徘徊してしまう老人を街全体で見守ろうという運動。認知症専門家や市民有志によって構成される捜索ボランティアグループでは、三六五日二十四時間LINEで行方不明情報が共有され、捜索が開始される。専門家と地の利がある地域住人が組むことで、成果を上げてきた。現在では、国や数百の地方自治体がこのネットワークに注目しており、大牟田市を手本に仕組み導入に取り組んでいる。

いったい都会には何人、日常に物足りなさを感じているOLがいるのか。

日本の地方には何人「がんこで口下手な職人」がいるのか

『ハルカの陶』

監督・脚本・編集＝末次成人　撮影監督＝Yohei Tateishi　音楽＝佐藤礼央
出演＝奈緒、平山浩行、笹野高史、村上淳、岡田健太郎、長谷川景、村上真希

「日常に物足りなさを感じていた小山はるかは、デパートで備前焼の展覧会を目にする。一枚の大皿に心を奪われたはるかは、備前焼作家〈若竹修〉の名前だけを頼りに、岡山県備前市へ飛ぶ！」

　またしても無為な日々を惰性で過ごしているOLの登場である。

　いったい都会には何人、日常に物足りなさを感じているOLがいるのか!?　で、行った先で出会うのが「がんこで口下手な職人」。もう日本には何人「がんこで口下手な職人」がいるのか……という具合でどこからどこまでもクリシェで見事に固められた地方町おこし映画。町おこし映画のクリシェに実にぴったりハマったテンプレ映画だなあと思ったが、実は原作コミックがあるのだという。

　何も知らないOLが頑固な職人に怒られながら備前焼のいろはを学んでいくのに読者が並走する蘊蓄漫画スタイル。これはこれでテンプレ化しているので、以下、クリシェポイント（＊）を数えながら映画の紹介をしていきたい。

　舞台はもちろん岡山県備前市。岡山県知事も特別出演の堂々たる岡山映画である。惰性で無為な日々を過ごしていたOLハルカ（**奈緒**）、ある日上司につれられていったデパートで、ふと目にし

はあるはるか、すぐに岡山に飛ぶ。伊部の駅を降りると「あのー、若竹修さんの工房はどこですか?」と縁台で酒をかっくらっている爺さんに聞いて窯を目指す。

で、「ごめんくださーい!」と声をかけて、返事がないと、ずかずかと家にあがりこむ。しまいに展示即売ギャラリーに来た客に勝手にセールストークして売り込みまではじめるという……いくらなんでもやりすぎではないでしょうか。何事かと怪訝な顔で出てきた若竹修 **(平山浩行)** に「あんた誰や」と声をかけられる。

「若竹修さんにお取次ぎねがいます!」と言う。

「若竹修はわしやが」

撃沈……それでも負けずに、

「あの……皿を見て感激しまして……弟子にしてください!」

「弟子はとらん」

敗北……。

諦めきれないはるか、そのまま修がろくろをこねるところをドアの隙間からじっと見続けて……気づくと朝になっていた! さすがに疲れ果ててばたんと倒れる。目をさましてなおも、

「大皿を見て胸が熱くなったんです! がんばりますから!」

「弟子はとらん」

あきらめるか……と思いきや、縁台で酒をかっくらってた爺さんが実は人間国宝の陶工榊陶人 **(笹野高史)** であり **(*)**、なぜかハルカに口添えし、陶人に頭のあがらない修は弟子入りを認める。

さっそく会社を退職、意気揚々と修の工房に住みこむハルカ。だが、もともと弟子など取りたくなかった修、何も面倒見てくれず放置プレイ。修の同級生ら、周辺にいる連中は大いに歓迎してくれるのだが、本人の話になると口をつぐんでしまう。

しょうがないので陶人先生と話すと、こちらは口が軽いのでペラペラと「実は修の父（**村上淳**）が窯の前で死んだ」という秘密を喋ってしまう。デリカシーに欠けるハルカが突っ込んだせいで修激怒、皿を叩き割って「出てけ！」

トボトボとカートを引いて帰っていくハルカ。せいせいした……と思いながらもどこか寂しい修。そこに陶人がやってきて諭されると、思い直してはた！と車で追う（＊）。駅にかけつけるがハルカの乗る電車は出ていく……ああ……と思うと去ったあとのホームにハルカは立っていた（＊）。

そういうわけでようやく弟子と認められ、菊練り（土練り）からはじめるハルカである。

ここからようやく薀蓄パート。ハルカは実は東京にいるあいだに本を読みまくって備前焼オタクになっているという設定があるのだが、それはあまり映画に活かされておらず、備前焼薀蓄も「備前焼は土と火と人で作るもんだ！」と陶人先生が講釈を垂れるくらい。

備前焼は釉薬などを使わず、基本焼いたままで風雅を味わうものらしく、その意味では玄人好みではあるらしい。だからオタク性を発揮する部分もあるのだろうが、映画では備前焼オタクとしての知識よりは「頑張ります！」が強調されてしまうのは如何ともしがたいところながら残念ではある。

さて、延々と粘土をこねてはダメ出しされるだけのハルカ。いまだろくろの前には座らせてもらえない。十月、年に一度の一大イベント、〈備前焼祭り〉がやってくる。当日になって祭りの案内役の「備前焼小町」がいなくなってしまう。急遽白羽の矢が立ったのがハルカだった。

で、ここで「上っ面の興味だけだろ」と彼女を見下していた陶人の娘陽子（**村上真希**）や修が、ハルカの備前焼オタクっぷりを見てちょっぴり見直す一幕があるんだが、残念ながら軽くすまされてしまう。

陶人先生、いきなり気まぐれを起こしてハルカにろくろを回してみろと言う。固辞するハルカだが、

「おまえ、頑張るんじゃろ。失敗してもええんや」

おずおずとろくろに向かうハルカ、息を飲む周囲の人々、そして……失敗しました。やっぱりね～と息をつく人々だが、これなんだったんだか。

ついに窯入れの日が来る。ほぼ二週間のあいだ窯を一定の温度で保たねばならず、もし失敗したら一年分の労苦が無になってしまうという重要な仕事である。修の父も、その際の過労で世を去ってしまった。修平、寝ずの番で火を見ているが、ある日ついに過労で倒れてしまう。病院に緊急搬送……って**備前焼ってどんだけ危険な焼き物なんだよ！**

で、代理で窯主をつとめることになったハルカが、陽子らベテラン陣の力を借りて無事火入れを成功させてめでたしめでたし。最初から最後までクリシェの枠を一歩も出ない映画ではあるけれど、町おこし映画ならそれでいいのだろう。

ヒロイン像には朝の連続ＴＶドラマ臭が強かったが、もちろんこれも偶然ではない。アラサー女優の次は朝ドラヒロイン、ということで今後流行りそうな朝ドラ風町おこし映画であった。

帰ってこねえじゃないかよ！
次回作は不条理映画『寅さんを待ちながら』でいいんじゃないでしょうか？

『男はつらいよ　お帰り　寅さん』

監督・原作＝山田洋次　脚本＝山田洋次、朝原雄三　撮影＝近森眞史　音楽＝山本直純、山本純ノ介　主題歌＝渥美清　オープニング＝桑田佳祐
出演＝渥美清、倍賞千恵子、吉岡秀隆、後藤久美子、前田吟、池脇千鶴、夏木マリ、浅丘ルリ子、美保純、佐藤蛾次郎、桜田ひより、小林稔侍、笹野高史、橋爪功

帰ってこねえじゃないかよ！

ネタバレをお許し願いたい。寅さんは帰ってこない。いやわかってる。あれはあれだからもっぱら寅さんのことを満男（**吉岡秀隆**）が回想しまくる映画になるだろうとは思っていた。だけどあんだけ延々と「伯父さんがいたらなあ……」と満男が女々しくくりかえし、さくら（**倍賞千恵子**）が「いつ帰ってくるかわからないから二階は空けてあるのよ」というんだから、さすがに映画の最後にはCGでもなんでも帰ってくるものなんだろうと思ってたら、帰る気配もなく、ひょっとしたら流れた先で死んで行旅死亡人として官報に載っているのにくるまやの面々は「そろそろ帰ってくるころなのにおかしいなあ」とか暢気に構えてるみたいな話なんだろうか、と戦慄していたのだが結局帰ってこないまま映画は終わってしまい、小説家になっている満男が『おかえり寅さん』という小説を書いているというエンディング。

つまりこのすべてが満男の妄想だったという徒労としか言えないメタフィクションだったのだが、それだったら第四九作※1『男はつらいよ　寅次郎ハイビスカスの花　特別篇』と同じじゃないかよ！　何も進歩していない……。

それよりも恐ろしいのは時間の停滞感である。これがいつの話なのかははっきり明記はされないのだがおそらくは二〇一九年、現代の話であろう。くるまやのおなじみの面々もそれぞれに年をとった。博（**前田吟**）は禿げあがり、さくらは総白髪で老眼鏡をかけている。若くして死んだ満男の妻ひとみの命日で、御前様がお経をあげる。いやちょっと待った。御前様はさすがに死んでるだろ！　そう死んでるんで二代目御前様は**笹野高史**がつとめる……っていや別に格落ちだとかそういうことを言いたいわけではなく、こんなの出す必要ないだろ！　こんなものまで無理矢理出すのは、**くるまやがいつまでも変化しないサザエさんワールドのような静止世界なのだと示すためでしかない。**おそろしく後ろ向きな話だ。最近の映画はどこもかしこも後ろ向きで、『スター・ウォーズ』もあんなんだし、スコセッシ[※2]はCG使って老人映画を作っているわけだが、それだってここまで後ろ向きではあるまい。この状況で死も老いもテーマにならない寅さんシリーズとはいったいなんなのか。死から目を背けて日常を演じようとすればするほど、おそろしいまでの閉塞感に息が詰まるばかりだ。

さて、くるまや方面では完全に話が停滞しているのでストーリーを動かせるのは満男だけである。そういうわけでつとめていた会社をやめて小説家に転身していた満男が、新作の出版あわせでサイン会をやることになる。サイン会にあらわれたのが懐かしい顔……高校生のときの初恋の人、泉ちゃんだ。泉ちゃんこと及川泉（**後藤久美子**）、その後オランダに渡って現地で就職、現在は国連高等難民弁務官事務所勤務のエリートになり、結婚して二人の子供もいるという。やっぱジャン・アレジ[※3]と結婚するといろいろ違うな！

再会して感激の満男、泉を連れて神保町のバーに行く。と、するとそこのママはリリー（**浅丘ルリ子**）で、泉ちゃんもまたまた感激。

「てっきりリリーさんが寅さんと結婚してると思ったのに」

「ううん。わたしがふられたのよ」

と言ってひとしきり回想すると、

「それがおじさんなんだよ！　人生の重大な局面にさしかかると逃げちゃうのが！」

となぜかいきなり激高して自分の優柔不断も忘れて正論を言う満男である。盛り上がった二人はそのままくるまやへ。

そして泉はそのままくるまやの二階に泊まっていくことになる……ってホテルはどうしたんだ！　着替えは！　てかそもそも泉だけ置いて自分は帰るってどういうシチュエーションなのか。

満男、「気を使わせるかもしれないから泉ちゃんにはひとみの（死んだ）ことは言わないで」とか言ってわざわざ予防線を敷いてるんだが、そもそも泉だってオランダに旦那も娘もいるんじゃないのか。そっちのことがすっかり忘れられているのが不思議でしょうがない。

翌日、行きたくないという泉を説き伏せ、三浦半島の介護施設に入っているという泉の父（**橋爪功**）に会いに行くために車を走らせる満男である。介護施設で酒を飲んでは毒づくことしかしない母親（**夏木マリ**）と再会する泉。

ちなみに泉に小遣いをやっといて、彼女がいなくなった途端に満男に金をせびりだす橋爪功の小悪党なふるまいが、この映画の中で唯一おもしろかった部分であった。で、酔っぱらいの母（離婚した夫に尽くす義理は何もないので、同情の余地はある）の態度に激怒した泉を満男が「……と伯父さんだったら言うよ」とさとしてまとめる一幕があり、その日泉をホテルに送り届けた満男がなぜかくるまやに来てそこで親子孫四人で川の字で寝る。で、翌朝泉を成田に送り届けたついでに、「嘘ついててごめん。実は妻は七年前に死んで、一人で娘を育ててきたんだ」

そう聞いて感激の泉、駆け寄ってきてその昔初恋時代のように熱烈なキス！　いやだから旦那とか娘とかどうなってんだよ！と一人で絶叫してたんだが**所詮すべて満男の妄想なんだからどうでもいいことでしたね。**次回作は不条理映画『寅さんを待ちながら』でいいんじゃないでしょうか？

※1　第四九作『男はつらいよ　寅次郎ハイビスカスの花　特別篇』
渥美清の死後、「男はつらいよ」シリーズ全四八作品の中から、シリーズの大半を演出した山田洋次が特に好きな一編として選んだ第二五作『男はつらいよ　寅次郎ハイビスカスの花』を、CGの導入やドルビー・ステレオ・システムで録音し直すなど最新技術を駆使してリニューアルした特別篇。

※2　スコセッシはCG使って老人映画
二〇一九年にＮｅｔｆｌｉｘで配信及び劇場公開されたマーティン・スコセッシ監督『アイリッシュマン』のこと。裏社会で生きる人間たちの人生とその末路を描きだす。スコセッシ映画の常連デ・ニーロ、ジョー・ペシ、アル・パチーノらが若年から老年までの姿をCGを駆使して熱演！

※3　ジャン・アレジ
一九六四年フランス、アヴィニョン生まれ。F1の元レーシングドライバー、実業家、資産家。父もレーサーで幼いころから英才教育を受けて育ち、フランスF3（一九八七）、国際F3000（一九八九）でチャンピオンを獲得。以降F1などで大活躍し、世界トップランキングのレーサーとなる。二〇一一年に現役引退。一九九五年に後藤久美子と事実婚、翌年後藤が渡仏し生活をともにしている。親日家で、後藤と一緒に日本のバラエティ番組やCMなどに出演したこともある。

「ある」か「ない」かなどではない。ここにはまぎれもなく現実が露呈し、そして何かの光が写っている。これこそがまさにUFO体験なのだ

『虚空門 GATE』

監督・編集＝小路谷秀樹
出演＝庄司哲郎、林泰子、竹本良、巨椋修、大森敏範、宇宙大使くん、秋山眞人、三上丈晴、飛鳥昭雄

UFOとUFO体験についてのもっとも優れた本のひとつである稲生平太郎[※1]の『何かが空を飛んでいる』[※2]は、UFO体験の複雑さについて語っている。「円盤は一筋縄ではいかない」と稲生は言う。あるとかないとかそんな単純な話ではない。UFO体験は現実とフィクションが混ざり合うところにあるのだ。

奇想天外なドキュメンタリー映画『虚空門 GATE』で、監督小路谷秀樹がその迷宮に踏み入ることになったのは、YouTubeで見たという「月面異星人遺体動画」がきっかけだった。「月面のモナリザ」とも言われるこの映像は、アポロ二〇号が月面で発見した宇宙船の中にあった異星人の遺体を撮影したものという触れ込みだった。言うまでもなく、アポロ計画は十七号で終了している。その映像に興味を惹かれた小路谷は、**秋山眞人**[※3]、**飛鳥昭雄**[※4]ら名だたるUFO研究者、オカルト研究者たちにその真偽を訊ねてゆく。回答はさまざまだが、いずれも一筋縄では行かない。

このビデオがフェイク（＝捏造品）かどうかと訊ねても、「もしフェイクだとしたら、なぜわざわざフェイクを作り、流出させたのかという問題がある。それは本物の存在をほのめかすためではないか」といった回答が帰ってくるのである。インフォメーションとディスインフォメーションの

あいだで議論は永遠に続く。

ＵＦＯの奥深さに惹かれた小路谷は、さまざまな目撃譚を追いかけ、ビリーバーの証言を集めてゆく。そうやって曲がりくねったＵＦＯ道を歩んでいくうちに、運命のようにあらわれるのが**庄司哲郎**なのである。庄司はすでにベテランの域に入ろうとしている映画俳優である。きうちかずひろ監督版の『Be-Bop Highschool』[※5]（一九九四）で主役を演じるほか、『棒の哀しみ』[※6]（一九九四）や『修羅がゆく5 広島代理戦争』[※7]（一九九七）などに出演、低予算ヤクザ映画とVシネマのはざまでキャリアを続けてきた。

その庄司、実は何度もＵＦＯを目撃しており、「ＵＦＯなんかいつでも呼べる」と豪語するコンタクティーであるらしい。ＵＦＯ写真もたびたび撮影に成功している。なんとしてもＵＦＯを撮影したいと考えている小路谷は、庄司を取り巻く人々とともにＵＦＯ探求を進めることになる。

この映画が何よりも変なのはこの構成であって、つまり小路谷監督の興味の赴くままに出会ったものを順繰りに撮影していくので、話の焦点がどんどんずれていくのである。編集も監督本人が手掛けているので、ずれた軌道を修正するすべがない。だが、この**どこまでも逸脱してゆく軌跡こそがＵＦＯ体験のスパイラルなのである**。まるでＵＦＯの航跡のように、その旅路は予想外の道筋をたどり、思いがけない人物が登場する。庄司のＧＦであるバレリーナ、大家である喫茶店のマスター……小路谷は庄司とともに出かけたツアーで、ついにＵＦＯを目撃する。

だが、このとき、なぜかカメラは撮影されておらず、ＵＦＯの姿はカメラに写っていない！（黒い画面に興奮して騒ぐ小路谷たちの声だけが流れる）これまたＵＦＯ体験に典型的なこととして、なぜかこの決定的瞬間にはカメラが回っていないのである。

それを見た庄司は「オレがＵＦＯを呼んでやるからそれを撮れ！」と小路谷に言う。一緒にツアーに出かける日程を決めたが、その日に庄司はあらわれなかった。恋人にも大家にも連絡しないまま、庄司は忽然と姿を消してしまったのだ。あわてて家に出かけてみたが、携帯や財布までもが机の上に置きっぱなし。彼はなぜ失踪してしまったのか？　ＵＦＯと関係あるのか、ＭＩＢ[※8]の仕業だろうか？　はたして……。

このあと二転三転する驚天動地の展開が待っているのだが、そこはネタバレなので書かない。小路谷は見事にＵＦＯの罠にふりまわされまくり、観客も彼と同じようにあっちこっちへふりまされる。是非何も知らないままにみて、大いに驚愕し、あるいは大笑してもらえばいい。馬鹿馬鹿しい、と思う人も多いだろう。

だが、これこそがまさにＵＦＯ体験なのだ。「ある」か「ない」かなどではない。ここにはまぎれもなく現実が露呈し、そして何かの光が写っている。小路谷はもちろんこんな映画を作るつもりはなかったろう。

だが、ＵＦＯを見るつもりだった彼のところに訪れたＵＦＯは、まったく思ってもみないかたちをしていたのだ。それがＵＦＯ体験の恐ろしさである。**ＵＦＯとＵＦＯ体験はイコールではない。ＵＦＯはＵＦＯ体験の一部だが、そのすべてではないのだ。**

「何かが空を飛んでいる」と稲生は言う。それが宇宙人の乗り物なのか、精神が見せる幻影なのか、そのどちらでもある何かなのか。「精神と物質、精神と肉体の境界が曖昧となるのが円盤の世界であり、ふたつの領域のあわいを円盤は飛んでいる」その意味で、『虚空門　ＧＡＴＥ』は正しくそれを見ることについての映画なのである。

※1　稲生平太郎
一九五四年年大阪府生まれ。本名、横山茂雄。京都大学卒、博士（文学）。英文学者、作家、奈良女子大学教授。稲生平太郎は作家としての名義。専門分野は英国の一八〜一九世紀ゴシック小説。学生時代からオカルト研究にも傾倒し、吉永進一らと「近代ピラミッド協会」を結成し、会誌「ピラミッドの友」を発行していた。映画にも造詣が深く、横山名義で映画の根源に迫る高橋洋との共著『映画の生体解剖 恐怖と恍惚のシネマガイド』（洋泉社）を刊行している。

※2　『何かが空を飛んでいる』
UFO現象や神秘体験を明快に論じた稲生平太郎の名著。西洋近代オカルティズム略史、ジョン・ディーの精霊召喚、ナチズムとオカルト、柳田國男・南方熊楠の山人論争など、他界に魅せられし人々の影の水脈をたどるオカルティズム・民俗学エッセイ・評論を一挙集成！　新人物往来社より一九九二年発行。二〇一三年、『定本 何かが空を飛んでいる』として国書刊行会より再刊された。

※3　秋山眞人
一九六〇年静岡県生まれ。国際気能法研究所代表、超常現象研究家。精神世界やパワースポット、国内外の占術や伝承、神話などにさまざまな世界の謎に詳しい。一九七四年ユリ・ゲラーの来日とあいまって、超能力少年として有名になる。以降、多数の企業で超能力開発や未来予測のプロジェクトに関わってきた。テレビ出演、著書多数。

※4　飛鳥昭雄
一九五〇年大阪府生まれ。ライター、小説家、漫画家、超常現象研究家。肩書きはサイエンスエンターテイナー。世界のあらゆる謎に迫る『ネオパラダイムASKA』シリーズが代表作。UFO、UMA、怪奇、神秘、宇宙、古代文明、心霊、超能力といった超常現象を主なフィールドとして活躍中。

※5　『Be-Bop Highschool』
同名漫画を著者きうちかずひろが一九九四年に監督した実写化作品（一九八五年の那須博之版とは別作品）。ツッパリ留年コンビのヤンキー高校生ヒロシとトオルがケンカや恋に打ち込む姿を描く青春もの。漫画は一九八三年から二〇〇三年まで「週刊ヤングマガジン」で連載された。

※6　『棒の哀しみ』
神代辰巳監督／一九九四年。自分を「棒のように生き、棒のようにくたばる」ような男だと冷めた目で見つめる、ひとりのヤクザの生きざまを描くドラマ。奥田瑛二が主人公を熱演し、ブルーリボン賞を始め国内の映画賞を多数受賞した。原作は北方謙三の同名小説。

※7　『修羅がゆく5 広島代理戦争』
佐々木正人監督／一九九七年。深沢欣二監督の仁義なき戦いシリーズにもとづくリメイク作品。

※8　MIB
アメリカの都市伝説で、UFOや宇宙人の目撃者、遭遇者や研究者のもとに現れて、その存在を他言しないよう脅迫的な圧力をかけてくるという黒づくめ姿の男たちのこと。映画『メン・イン・ブラック』（バリー・ソネンフェルド監督／一九九七年／米）がヒットし、その存在が広く知られるようになった。

皆殺し映画通信
ＬＩＶＥ収録
第一部

皆殺し映画 2019総決算

収録：2020年1月18日　ネイキッドロフト

2019年はどんな年だったか？

- 『翔んで埼玉』の大ヒット！（すいませんでした）
- 戯画化の勝利
- 東京中心主義の否定
- →だが被差別者が権力を握ったときの恐ろしさも描いている
- 究極の地方映画として日本アカデミー賞を！

二〇一九年はどんな年だったか

●『翔んで埼玉』と二階堂ふみ問題

恒例となりました皆殺し映画通信の決算報告、二〇一九年、去年の映画界のまとめをやらせていただきます。まずそもそも二〇一九年、去年はどんな年だったのかと言えばこれ、『翔んで埼玉』の大ヒットですね。これは「すいませんでした」しかないんです。何で謝ってるのか？

去年もいらしていただいた方はご存じかと思いますが、去年、岩田くんとの対談でこの映画の話になりまして、二階堂ふみがやばいという話をしていたんです。二階堂ふみが、今一番サブカル女として、自分の企画を実現する力を持っている。彼女がやりたいと言ったら映画ができちゃう。

で、この『翔んで埼玉』も、おそらくは二階堂ふみ案件で、二階堂ふみがやりたがったのでできあがったんだろうという話をしていたわけです。

それでできあがったのが『翔んで埼玉』なんですけど、そんなものヒットするはずがない、「これは爆死は間違いないね」と断言していたんですけど、まさかの大ヒットになりまして……本当にすみませんでした。と二階堂ふみさんに謝りたいですね。ただ二階堂ふみは去年は『生理ちゃん』という映画があるので、一勝一敗くらいの感じですね。

このヒットに関していえば、やはりぼくが埼玉県民の郷土愛を舐めていた、ということに尽きます。

この映画はもちろん当たったんですけど、ともかく埼玉で大ヒットしたんですよね。埼玉県内で大当たりして、その余波をかって池袋でも客がすごい入り（笑）、そこがヒットの核になったという。埼玉のヒットが全国に波及した、まさに「日本埼玉化計画」ということですね。

これ、ある意味で究極の地方映画なんですね。地方映画のひとつのあり方を示しているんだと思います。つまり、これは映画の最後に東京中心主義の否定というところにいくわけです。

要は東京から千葉と埼玉がまとめて差別されており、分断統治をされているのに対して、地方が団結して東京を倒すわけです。東京対埼玉じゃないんだ、東京にも千葉にも埼玉にもそれぞれ対等にどちらにもいいところがあるんだ、みたいなことを言う。

ぼくがこれまで見てきた地方映画というのはみな東京中心主義で、東京で夢破れた人たちが地方に帰っていって地方を盛り上げて……という地方映画の黄金方程式みたいなものがあるわけです。でもここではその東京対地方という構図自体を乗り越えようとしているわけですね。東京中心主義の否定という意味では、地方映画の究極の形なのかもしれないと思いましたね。

でも、それでみんな良かったね、で済めば良かったんですけど、そのあとに日本埼玉化計画とか言い出して、いきなり被差別者が権力を握った途端に弾圧に回るという恐ろしい話になってしまうんです。最後はディストピアじゃないかっていう。

映画の最後、埼玉は東京に勝利した、これからは日本埼玉化計画だと言い出すわけです。埼玉はなにもないと思われているけど、ショッピングモールの充実は日本一だ。ファミマの一号店も埼玉だし、ショッピングモールやチェーン店がいっぱいある。今は日本中がそういうチェーン店だらけじゃないか、つまり日本は埼玉化されたのだ！って誇るんですが、それ最悪じゃねえのかっていう。

一方皆殺しの世界では…

●AI映画

●幸福の科学2019

●地方映画2019

●医療終活系

→『みとりし』！

埼玉化したら駄目じゃん、日本中ショッピングモールで同じチェーン店ばかりが入ってて最悪のディストピアじゃないのか、こんなの全然ハッピーエンドじゃないだろと思いましたね。やはり埼玉なんかに勝たせてはいけなかった、って結論じゃないですかこれ。

これが日本アカデミー賞も受けまして、まさに去年の日本を代表する一本となりました。それが究極の地方映画だったということで、地方映画研究家としてはいろいろ感じる年でした。

二〇一九年皆殺し映画の動向

次、一方皆殺しの方面ではどうだったのか。去年のトレンドをいくつか挙げておきます。ひとつはAI映画ですね。今AIがブームです。

それから毎度おなじみ、幸福の科学二〇一九。それから、地方映画二〇一九。このへんはいつものまとめですね。

●医療就活系映画『みとりし』

あと、去年のテーマは医療終活系映画というのがあります。これがちょっと熱かった。終活系って何か？『みとりし』という映画がありまして、これは榎木孝明さんが「看取り士」という人の死を看取る仕事の人を演じる映画なんですけど、これ自体がまさにもう映画の死ですよね。映画の死が今もう間近に来ていて、この映画でも看取っているんですけど、これを見ながら我々もまさに死を看取っていると思いました。見事に死の影にとりつかれた一年だったなあ、と感じ。いろいろなものを看取る一年、いろいろなものを看取って、ああ、終わったなという感じの一年でしたね。

この『みとりし』は十月くらいに見たんですけど、日比谷に有楽町スバル座という名門映画館があったんですが、そこの最後のロードショー映画がこれで、ああ映画館を看取ったなあと思っていたら、最後の最後にまさかの看取り行為があって『映画秘宝』が終わってしまったという。

●映画の死を思う『男はつらいよ　お帰り 寅さん』

さて、その映画の死を一番強く思わされたのが、これです。『男はつらいよ　お帰り 寅さん』。ぼくはCGの寅さんが大量に出ると聞いていたので、てっきりそういう映画かと思っていたんですけど、基本的には回想シーンだけで寅さんはあまり出てこないんです。主役は吉岡秀隆がやっている満男なんだけど、この吉岡くんの演技というのがすごくてね、ほぼ最初から最後まで延々うるうるした目でこっちを見ているという。彼もたしか昔は演技派だったんだけど、なんでこんなことになってしまったのか。

でも、山田洋次の映画って、それこそ吉永小百合の映画とかでもニノ（二宮和也）があんな感じでうるうるしていたんで、大体男はああいうふうにうるうるした目で見上げるものなのかもしれないですね。

そういう感じで寅さんの映画ではあるんですけど、寅さんは出てこないまま延々とひっぱるせいで逆に濃厚な死の影がただようという。どう考えても寅さんは死んでいて、死んでいるから帰ってこないんで

2019年の顔

●2018年の顔

◎武田梨奈、足立梨花の不作

◎転換期？

●2019年のヒロイン

◎前田敦子『旅のおわり世界のはじまり』
『葬式の名人』

◎池田エライザ『貞子』
→2020年へ～

すけど、それを誰も死んでいると口に出さないまま延々と引き延ばしている。

逆にそのせいでこれは死ぬよね、松竹も死んでいるのかな、と思わされずにいられない。死の影に包まれて、ある意味去年を代表する一本でした。

あと、すごくよくわからないのは、これはゴクミが何年ぶりかに日本に帰ってきて、それで奥さんが死んじゃった吉岡くんと再会するという話なんですね。ゴクミは昔吉岡くんといちゃいちゃしていたマドンナ的な存在だったので、また焼けぼっくいに火がつくようなことになる。ただゴクミはオランダに旦那と子どもがいるので、たまたま本人は単身で来ているんですけど、なのにすごく昔の彼といちゃいちゃしているわけです。これはどういうことなのか最後までよくわからなくて。どこかで離婚したとか言ってたっけ？　謎ですね。

二〇一九年皆殺し映画の顔

●去年は前田敦子さんが皆殺しヒロイン

というところで、さて次に、二〇一九年の顔。皆殺しヒロインとして毎年出てくるのが武田梨奈と足立梨花の二人なんですが、去年は実はこの二人の映画がなくて……これまたひとつの転換期かな、という気がしました。あ、でも武田梨奈さんは人を殺してチベットかどこかに行くという、すごい謎映画があるんで、その公開を待ってる感じですね。

で、去年のヒロインは誰だろう、といろいろ考えたんですが……出てきたのが前田敦子さんですねー。これ、結構褒められてたりするんですけど、自分に正直になろうと思いました。

去年は『旅のおわり世界のはじまり』という、黒沢清監督の作品がありまして、これがウズベキスタン観光映画ですね。本当に地方映画なんです。ウズベキスタンの町おこし映画としてほぼ完璧なできですね。

あと『葬式の名人』というのがあります。これは大阪府の茨木市の地域映画です。地方映画に二本出て、どっちもすごいできだったということで、やはりここで顕彰するしかないかと思いました。

あと写真出しましたけど池田エライザさんは『貞子』の主演です。実は去年ではなくて、今年、二〇二〇年のヒロインになるはずです。

あと気になるところとして、つみきみほとか佐伯日菜子とかいうあたりですね。どちらもいい年をした方ですけど、最近やたら出番が多いというか、やたらとぼくが見ることが多いというか。ぼくがしょっちゅう見てるってことはなんか立場的にやばい感じなのかな、という雰囲気がビンビンに漂ってくる。ただ、どちらも主演ではなくて、助演女優賞くらいの感じですかね。

●ウズベキスタン観光映画『旅のおわり世界のはじまり』

これ、ぼくがずっと延々と言っている地方映画の定義に本当にそのまま当てはまる映画なんです。

要は、挫折をしたアラサーの元アイドル歌手がレポーターか何かをやっているわけなんです。ドサまわりをやらされているレポーターとしてウズベキスタンに行くんですけど、そこでヤギに会ってですね、ヤギとの出会いで心癒されて、自分のやりたいことを見つける、そういう話なんです。ウズベキスタンではほぼ観光してるだけで何もしない。ひたすらウ

『夏、至るころ』

●映画24区の「ぼくらのレシピ図鑑」シリーズ第二弾

●第一弾は兵庫県加古川市を舞台にした『36.8℃』

●映画24区の映画方程式
　地域×食（＋高校生）×映画＝映画24区大儲け！

●原案／監督　池田エライザ

●福岡県田川市を舞台

●2020年夏公開

ロウロしているだけです。

もちろん黒沢清だから駄目なだけじゃなくて、一番気になるのはね、これUMA映画なんです。ウズベキスタンの湖に変な怪魚を探しに行くんですね。それは出てこない。結局ただのマクガフィンで、怪魚が結局最後見つからなくて、どうするんだといったら、最後に今度はビッグフットみたいなやつがいると言い出して、UMAを探して今度は湖じゃなく山に行く。

じゃあ出せばいいのになあ、と。ウズベキスタンの怪魚出してほしかったんですけど、そういうのが結局におわされるだけで何も出ないまま終わってしまうという、とても残念な映画でした。

●池田エライザ原案・監督の福岡映画『夏、至るころ』

それからもう一本、『夏、至るころ』です。これは『貞子』に出ている池田エライザさんですけど、彼女が今年、二〇二〇年に、原案・監督作品ということで、『夏、至るころ』という映画をつくります。これは完全な地方映画。

地方映画をあちこちの地方自治体に売りこむ商売をしている「映画24区」という、ある意味ぼくにとってラスボスみたいな製作会社があるんですけど、そこで今度映画を撮るんです。ここは本当に映画方程式というのを前面に出してくる会社で、「地域 × 食 × 映画」というのが、映画24区の映画方程式。

要するに、それをやると町おこしができるということを言いたいんでしょうけど、どう見てもそれで儲かるのは映画24区だけだろうということで、「地域 × 食 × 映画＝映画24区大儲け」。

舞台は福岡県の田川市というところ。これ、第一段もありまして、それは以前にとりあげた『36・8℃』という映画。これは兵庫県の加古川市を舞台にして、加古川でいちじくを食べる映画。いちじくかよとしか言いようがない。いちじくなんか、そこらへんになってるものじゃないの？

今回、田川市の名物がなんなのかわからないんですけど、いずれにせよ今年公開ということで大いに楽しみにしています。

去年の低予算映画はAIブーム！

では去年のブームということでAI映画。なぜか今AIブームが到来しておりまして、去年公開の映画でAIをテーマにしたのが三本。この『センターライン』『AI探偵』『TOKYO24』とありまして、二〇二〇年早々にも満を持して『AI崩壊』という、これまたやばい映画が来ます。今こんな感じでAIがすごい流行っています。なんでこんなに流行るのかという話なんですけど、ひとつは、一番大事なこととして、エクスプロイテーション映画は流行りものに弱い、流行りものにすぐに飛びつくということです。今の流行りというとシンギュラリティですね。

●シンギュラリティとは何ぞやと思わされる『センターライン』

去年のAI映画で『センターライン』という作品があるんですが、その映画のテーマソングが『シンギュラリティ・ブルース』というんです。

ちょっとこれ聞いてください。

AI映画

- AIブーム到来
  - ◎『センターライン』
  - ◎『AI探偵』
  - ◎『TOKYO24』
  - ◎『AI崩壊』
- なぜこんなにAIが流行るのか？
  （低予算映画は流行りものに飛びつく）
- シンギュラリティ
- 身近な電子機器がAIになる
- AIって言いたいだけやろ！

（──「シンギュラリティ・ブルース」流れる）

どこらへんがシンギュラリティなのかさっぱりわからないですねー。シンギュラリティって何かという話なんですけど、これはAIの進化がある点を超えるとなんでもできるようになるという思想です。

つまり、ほどなくAIは人間の知性の限界を超えてしまう。そうなったとき、AIが何をできるかというのは我々にはわからないということになる。もう人間のレベルを超えているわけだから。

その、AIが神になる瞬間をシンギュラリティと呼んでいるわけですね。それをシンギュラリティ思想というわけですが、まあ実際にその瞬間が来るのかどうかもわからない。ぼくは一種、現代の千年王国思想のようなものだろうと思ってるんですけど、まあそういうのが来て一気に変革するんじゃないかっていう思想が流行っているわけですね。

ただ、問題はですね、誰もAIなんて見たことないわけです。AIというのは、基本的には、それはコンピュータの中にあるもの。学習した「知性」ですから絵にならない。何か出さなきゃいけないのでどうするかというと身近な電子機器を、これがAI

センターライン

●監督／脚本　下向拓生

●出演　吉見茉莉奈

●新人検事が自動車運転AIの誤動作による事故を事件として取り上げようとする。

●やたらAIを馬鹿阿呆と罵倒する

●カメラつきカーナビ（ドラレコ？）

でございって出してくる。見ると「うーん」としか答えられないようなＡＩが次から次へと出てきます。

『センターライン』。これは監督・脚本が下向拓生さん。主演が吉見茉莉奈さん。手柄をあげようと考えた新人の検事が、自動車運転ＡＩの誤動作による事故を事件としてとりあげて、ＡＩが殺人事件を起こしたということでＡＩを告訴しようとする話です。つまり裁判劇なんですね。

この世界の人はやたらＡＩを「馬鹿阿呆」と罵倒する癖があって、あんまりみんなに罵倒されたものでＡＩが怒って、「殺してやる」といって運転者を殺すという話なんです。本当にそういう話ですから！　ここに出てくるＡＩというのが、主人公が手にしている、カーナビにカメラがついたようなものですね。このカメラはなんの意味があるのか？

ドライブレコーダー的なものかとも思いますが、でもカーナビにつける意味ってないよなっていう。このカメラが動いて、うなずいたり首をふったりして感情表現するわけです。

これね、真相がすごくって、実は事故で死んだ女性が実はこのＡＩの開発者、いわば産みの母なんで

AI探偵

●監督／脚本／編集　千葉誠治

●ALEXAみたいなAIアシスタント（声だけ）を相棒にするバディ探偵もの

●2.5次元イケメン映画（今いちばんアツいエクスプロイテーション案件）

すが、彼女は口が悪くていつもＡＩを「馬鹿阿呆、馬鹿阿呆」と罵ってばかりいて、しまいにＡＩの描いた絵――カーナビがどう絵を描くのかわからないんですが、たぶんCGを製作してどこかのプリンターにつないでプリントアウトしたとかだと思うわけですが、それにしたって、ナビのプリントアウトって何？――その描いた絵を、ＡＩ開発者が、「こんな絵クズよ」と言って破いて捨てちゃったので、絶望したＡＩが無理心中を図ったというすごい話なんです。いろいろ謎が多い映画なんですが、面白かったです。

●ＡＩはただのスマートスピーカー!?　『ＡＩ探偵』

そして、次。『ＡＩ探偵』。千葉誠治さんはよくこの手の2・5次元イケメン的な映画をつくってますね。男が五人並んでいますけど、皆さん2・5次元系のイケメン。ご存じかと思いますが、2・5次元系って呼ばれてる、アニメとか漫画とかを原作にした、ミュージカルやら舞台やらに出てくる俳優陣がおりまして、これがすごい人気なんです。実は今一番熱いエクスプロイテーション案件がここなんです。

つまり、みなさんこの人たち知っていますか？　ぼくは悪いけど一人も知らないです。ですけどこの人たちには何人かファンがいるんです。

それが一〇〇人なのか、一〇〇〇人なのか、一万人なのかわからないですけど。もちろんテレビにも出ていないし、全然マスレベルでの知名度はないんですけど、舞台ではすごい人気で、ファンがついている人たちがいるんです。

なので、その人たちで映画をつくると、一定数の客が来るらしい。だから、どうも2・5次元イケメン系映画というのがけっこうあるわけです。ぼくの目に飛び込んでくるのは、こういう映画になったときだけなんで、そうじゃない部分、舞台とか配信のドラマとかでももっとエグいエクスプロイテーション案件があるんじゃないかと思うんですが、その全体像がまったくわからない。

2・5次元案件はどこが一番盛り上がっていて、誰が一番すごい2・5次元系のイケメンなのか。これはぜひ識者の研究を待ちたいとすごく思ってます。ともかく今一番熱いエクスプロイテーション案件なんです。これは間違いありません。

この映画に出てくるAIアシスタントというのは、アレクサというか、グーグルホームというか、ああいう感じのスマートスピーカーですね。バッテリー駆動のスマートスピーカーがいまして、それをアシスタントにして探偵するというバディものです。

アメリカ留学から帰ってきた主人公が、行方不明の父を探しながらAI関係の事件を解決するという話。AI関係の事件を解決するといっても、ほぼ口で全部説明しちゃうだけなんですね。チラシで一番上にいる奴が、なんでかAIに恋をしちゃって、それを上司である男が、嫉妬のあまり、こいつの恋を壊すためにAIにウイルスを感染させてAIを壊そうとする……みたいな事件をしゃべくりだけで解決してしまう。そういう感じの事件がいくつかあります。

ということで2・5次元系映画に関しては、まだ研究が足らないので次回以降に……という感じです。

TOKYO24

●寺西一浩監督
●TOKYO24　シーズン4　2030年の東京を描く…
そこは、人間とAIが共存する"リアル"な世界
「首都・東京を救う特別捜査犯罪チーム・T24の活躍」
●2030年ー東京はオリンピック開催後、沢山の問題を抱えていた。
国政は選挙制度改革の問題、政治家達の汚職や犯罪が多発、それにより地方分権推進が叫ばれる。
そこに情報化社会でたくさんの物、情報がリアルタイムで輸入され、国民の考え方、ライフスタイル、価値観の変化と共に、激動の時代に突入していた。その東京で、人気抜群の女性都知事・東條真知子が手腕を振るっていた。
彼女の公約の１つに、首都の治安維持、警察組織の見直し、特別捜査犯罪チーム・T24の取り組みがあった。
●目玉は、AI刑事を誕生させることー
●これには民間からも応援を取り付け、真知子のブレーンの科学者によって開発、政策を進めるが、何者かの手によって科学者が誘拐されてしまう。政策を妨害する者との戦いに挑む知事は、T24に事件解決の命令を下すが、裏で知事を裏切る者が続出。知事の政策を良く思わない者の犯行が明らかとなるー。
●https://tbc-movie.com/

●『TOKYO24』はまさかのロボコップもの

そして『TOKYO24』。毎年皆殺し映画ばかりが賞を取る「モナコ国際映画祭」って映画祭があるんですけど、そこで五冠を獲得したという話題作。寺西一浩監督の新作ですけど、やっぱりAIネタ。AI刑事というのが登場します。SFです。真ん中にいるこいつがAI刑事なんですね。AI刑事は、ネットワークにつながっていてなんでも検索できるウィキペディアみたいな奴。

さらに射撃の腕が百発百中、AIだから。で、動きもぎくしゃくしてたりするし、てっきりアンドロイドか何かのことなのかと思っていたら、実はそうじゃなくてロボコップだったという。都知事の息子が殉職して、それが改造されて、ロボコップことAI刑事として活躍していたという話なんです。ところがそういう話は映画を見ているだけではまったくわからない。ぼくも映画見終わったあとホームページ見てはじめて知ったくらいなので。

映画がはじまったらいきなりエピソード4で、な

んなんだよそれと思ったら、どうもそういう前段の話は全部ここまでにやってきた、という体らしい。

四人でチームを組んでるんですけど、こっちの女の子は元キャバクラ嬢だとか、そういう話はそっちのエピソード3まで、プリクエルで語られていたらしいんですけど、よくわからない。ていうか、ぶっちゃけおそらくそんな映画は作られてないですね。

プリクエルもつくられていないし、5以降の話もつくられていないので、まったく話がわからない。本当にいきなり『帝国の逆襲』だけ見せられたみたいな感じです。いきなり話がはじまって、すべてぶん投げて終わり。何もわからない。一応続編だかスピンオフだかなんだかはつくられているらしいですが、たぶんそれを見てもこの映画の謎は解けないでしょうね。

ということで、この三本につづいて今年は大本命が来ます。

●映画の底が抜けている『AI崩壊』

主題歌はAI（あい）ですからね。AIじゃないです。

これは大沢たかお主演。大沢たかおさんというのは一時期底抜け超大作の代名詞、というか、大沢たかおが出れば常に底抜け超大作、ほぼ底抜け超大作しか出ない俳優として、我々の中では有名だったんですけど、最近はあまりこれというタマがなくて、久々に出てくれたなという感じ。

これが大作なんですけどけっこう話がすごくて、というかいつものような話をまたやってるというか、つまり大沢たかおが開発した医療AIがすべての医療機器をコントロールしている。腕に何かバンドをつけて、それで脈拍とかをコントロールしているわけなんですが、そのAIがおかしくなって、事故で大量の死者が出たりするんで、犯人として大沢たかおが追われるという。

それを見つけ出そうとするのが警察のスーパーAIなんですが、これがまたものすごい。

これ毎回言ってるんですけど、バットマンが、『ダークナイト』のときに、ありとあらゆる監視カメラを乗っ取って、人間の全てのプライバシーを暴くことで犯人を捕まえるシステムを作っちゃって、アルフレッドに「そんなんやったら駄目ですよ」と

幸福の科学2019

- ●大川宏洋の離脱
- ●→クラウドファンディングで『グレー・ゾーン』製作中
- ●（しがらみなく自由な独自の感性に基づいた反社会勢力をテーマにした作品）
- ●『僕の彼女は魔法使い』
- ●『世界から希望が消えたなら。』
  - ◎脚本大川咲也加
  - ◎大川家お家騒動映画
  - ◎「妻は悪魔に憑かれて家を出て、息子はボンクラで駄目だが、娘は真面目で忠実である」

怒られる一幕という話があるんですよ。

そういうすべての監視カメラを乗っ取れるAIを使って警察が大沢たかおを追い詰めるんですけど、それとっくにアルフレッドが駄目出ししたやつだから！

一方、それに対して、三浦友和がやっている野生派の昔かたぎの刑事というのがいて、彼がヤマカン頼みの捜査ですべてAIの先回りをして大沢たかおを追い詰める。AIよりも三浦友和のヤマカンのほうが強いという話なんです。

さすがに話はいろいろ盛り込まれてはいるんですけど、このAIが出てくるときに、さっきと同じ問題が出てきて、結局AIというのは、要はコンピュータの中にある見えないものなんですね。だからしょうがなく、コンピュータルームを用意して、巨大なコンピュータを置いて、そこにマイクとスピーカーとカメラがついたAIがいていろいろしゃべってくるという図になってしまった。

結局は昔ながらの、百万本くらい作られているでかいセントラルコンピュータが人間を支配するという映画になってしまった。コンピュータが「ワレワレガニンゲンヲシハイスル」とか言う映画になっちゃってるんですよ、結局は。

ＡＩブームで映画をつくるのはいいんですけど、どうしたらそれをちゃんとＡＩとして映画で表現できるのかという答えはない、という身もふたもない結論になってしまいました。

二〇一九年の幸福の科学映画動向

●オタク息子の幸福の科学離脱問題

おなじみ幸福の科学。去年二〇一九年は、いろいろなことがありました。最大の問題は、大川隆法のドラ息子こと大川宏洋。今は名前が変わって、大川を取って、ただの宏洋（ひろし）。彼が幸福の科学を離脱して、ＹｏｕＴｕｂｅｒとして活躍しているわけです。で、ＹｏｕＴｕｂｅｒをやるだけではなく、今クラウドファンディングで映画を製作中です。

たぶん今年、二〇二〇年に公開予定なので、行きがかり上見ようかなと思ってまして。これがどういう映画かというと、「しがらみなく自由な独自の感性に基づいた反社会勢力をテーマにした作品」だそうで。どんなものなのかというと……。

●息子、クラファンで映画『グレー・ゾーン』制作中

つまりはこいつが監督・主演なんです。たまたま行き倒れていたところを、極道一家のお姉さんに助けられて、その極道一家の跡目争いに巻き込まれることになるという話で、たぶんコメディアクション的なものをつくりたいんでしょう。これはプロモーション映像として出ているものなので、これがこのまま映画に使われるかどうかはわかりません。

これね、一つのカットがあると、動き出しから終わりまで全部入っているという。これは本当に素人がつくると最初にやるやつですよね。なのですごい間延びして大変な映像になってますが、期待したいと思います。二〇二〇年の公開で、中村ゆうじとか出てます。

その他ＹｏｕＴｕｂｅｒがいろいろ。あとえらいてんちょう。有楽町線の要町かどこかにあるイベントバーエデンという、ロフトグループのライバル店み

たいな謎のイベントバーというのがあるんです。ご存じかどうかわからないですけど。そこの初代店長というのが、イスラム学者の中田考が新しい預言者だと言った人なんですね。その人が出ている。まあイスラム教徒にはあまり知られないほうがいいと思います。

　そこらへんは駄目なYouTuber映画っぽい。YouTuber映画というのも、一昨年くらいからいろいろあって、ひとつの潮流ですね。ただ、あまり長続きはしないような気はしています。

●千眼美子の大惨事『僕の彼女は魔法使い』

　一方で、幸福の科学本体のほうの映画は『僕の彼女は魔法使い』ですね。これは千眼美子さんの主演作です。

　彼女が魔法使いということで出てくるんですけど、幸福の科学初主演映画で、フリフリのワンピを着て、ものすごいぶりっこ演技をして、かつての演技派はどこへという大惨事を展開した映画です。

●幸福の科学お家騒動ストーリー『世界から希望が消えたなら。』

大事なのはこっちではなくて、その次の映画。『世界から希望が消えたなら。』という、年末に公開された映画がありまして、これは大川家のお家騒動映画なんです。

一応大川隆法の半伝記映画的で、主人公が難病を患いまして「肉体的にはもう死んでますね」とか言われるんですけど、精神力で治してしまって、神に祈りさえすればなんでも治るんだと訴える。

それを見ていた妻が「そんなの信じられない」と言って、いや、治ってるんだからしょうがないだろうと思うんですけど、「信じられない。そんな非科学的なのは駄目だ」と言って家を出ちゃうんです。

つまりは妻は悪魔につかれて家を出て、息子はずっとボンクラなんだけど、娘は真面目で忠実だというのを、娘の脚本で書いている。大川咲也加というのは娘ですね。長女ですけど。で、つくった映画なんです。

さとう珠緒がかなりいろいろやばい感じになってます。このあいだは寺西監督の映画にも出ていました。一本だけならまあそういうこともあるかで済むんですけど、相互にまったく無関係な皆殺し系映画に出はじめるとちょっとやばさが増してくる。

つみきみほもそういう感じですね。

この映画の中で千眼美子さんは、ずっと主人公というか、大川隆法を投影したキャラクターに付き従う秘書役なんです。おそらくは今の奥さんをイメージしてるんじゃないのと誰もが思うところなんですけど、ほぼ活躍する場所がない。もったいないなと思ったかどうか知らないですけど、今年公開の次回作があって、『心霊喫茶「エクストラ」の秘密』。これは主演です。これ、ちょっと面白そうなんです。

●千眼美子、次回作は『心霊喫茶「エクストラ」の秘密 -The Real Exorcist-』

これは都会の片隅にある謎の喫茶店の店主が実は霊能力者で幽霊を祓ってくれたりするという話なんです。これね、誰もが同じことを考えると思うんですけど、『僕の彼女は魔法使い』で主人公の母親役を佐伯日菜子が演じていたんですね。なんでこっちに佐伯日菜子を投入しないのか！　使うんだったらここでしょ！　どう考えても。こっちで使わなきゃ駄目でしょうと。こっちの母親役で出てきたら「まさか」と誰もが感動したのに。まったくエクスプロイテーション魂がないな、と思いました。

これは二〇二〇年五月十五日公開。脚本は前作に引き続き大川咲也加、いろいろ楽しみにして待っているところです。

あと実は去年はもう一本、『哲人王～李登輝対話篇～』というセミドキュメンタリーの変な映画があって、実はそれを一番見たかったんですけど、ぼくの怠慢で見られませんでした。いまだに見ようと思って探しているんですけど、今地方でしか上映していないんですね。新潟のほうでは半年に一回くらい上映していたりするんですけど……これは謎のドキュメンタリー。

日本人の女子高生だかが、李登輝のことを調べる。台湾の元総統の李登輝のことを調べるのと、彼の人生をドキュメンタリーにして、アニメと実写を合わせたみたいな、謎のドキュメンタリー映画なんです。

二〇一九年地方映画の動向

ここからはいつものやつです。地方映画二〇一九。去年ははっきりと大きな流れというほどのものは感じられませんでしたね。

見ているとベテラン地方映画作家の作品、そもそもベテラン地方映画作家ってなんぞやって話になるかもしれませんが、地方映画を専門に撮って洗練されてく人、ある地域を根城にして映画を撮るとか、あるいはいろんなところで地方映画を撮っては流れていく、カメラを持った渡り鳥みたいな人がいるわけですが、そういう人の映画はやっぱりよくできているなって思わせてくれるものがありました。

●電通による地方映画『いのちスケッチ』

そのうちの一本が、電通製作の地方映画『いのちスケッチ』ですね。予告編でほぼ全部語られているんですが、つまり東京で挫折した漫画家が故郷の福岡県大牟田市に帰って、たまたま流れで動物園に就職して、そこで動物園で動物の絵を描くことで、漫画家としても再生するという、まさに東京対地方の

地方映画2019

●電通の地方映画
　◎『いのちスケッチ』福岡県大牟田市　監督瀬木直貴
●『ハルカの陶』岡山県備前市
●『葬式の名人』大阪府茨木市
●『くらやみ祭の小川さん』東京都府中市
●ベテラン地方映画作家の作品
　◎『ある町の高い煙突』茨城県日立市　監督松村克弥
　◎『彼女は夢で踊る』監督時川英之
　◎『高津川』監督錦織良成

映画です。なぜか動物園の園長は武田鉄矢なので、ちょっといい話をしてうまくまとめるみたいなことを延々とやっている。

監督が瀬木直貴といって、この人は地方映画のベテラン。いろいろなところで地方映画を、その土地の映画を撮ってはまた別のところに行くという。過去、『恋のしずく』という広島で酒づくりをする映画。あるいは『カラアゲ☆USA』という、大分県で唐揚げを揚げる映画とか、そういうのばかりつくっている人です。面白いのは、電通九州が製作していることですね。

電通の地方創生案件というのがあるんです。今、内閣府が肝いりでやっている地方創生事業というのがあるんですが、それに電通が食いこんで、そのひとつとして映画をつくっているわけです。あちこちにどうも企画を持っていっているらしくて、実は今年も一本電通地方映画があります。できはさすがに電通だけあって、結構ちゃんとしている。武田鉄矢を引っ張ってくるとかね。

それは福岡で映画を撮る人はみんな考えると思うんですけど、そうそう簡単にできるわけじゃないわ

けで、そこらへんは電通さすがだなとも思うんですけど、手慣れていればいるほどどんどん心ない感じになっていくという。

これまた電通にはありがちな話です。

●都会のOLが田舎に行って……のおなじみパターン『ハルカの陶』

これは岡山県の備前市で作られた備前焼映画ですね。漫画の原作がありまして、その映画化です。

都会でやることもなく、無為に日々を過ごしていたOLが備前焼に出会って、備前焼をやろうと思って備前市に行く。まったくなんの必然性もなく、たまたま出会って、じゃあといきなり備前市に移住しちゃう。

すごいストーリーなんですけど、どちらかというとうんちく漫画の系譜ですね。若い女の子が酒づくりをする漫画――『夏子の酒』！　そういう感じで漫画の中で備前焼とはどういうものかを彼女が学んでいく形で語っていく。だから、備前焼の学びとしてはいいんでしょうけど、映画にするとまったく説得力がない。そういうパターンです。

●死体をもてあそぶ『葬式の名人』

もう一本、先ほどタイトルを出した『葬式の名人』です。これはまあいろいろすごい映画で、原作川端康成、大阪府茨木市の市政七十周年記念映画なんです。川端康成といっても、こんな話がもちろんあるわけじゃなくて、川端康成のいくつかの話からネタを拾って適当に組み合わせた、『恐怖奇形人間』みたいな映画です。

話が本当にすごくって、前田敦子さんはシングルマザーで、工場で働きながら子どもを育てています。そこに別れた旦那、夢を追いかけてアメリカに行っていた元旦那があらわれる。

アメリカで漫画家になるといって渡米したんですけど、なぜ漫画家になるためにアメリカに渡るのか？　アメコミ好きだったのか？　さっぱりわからないんですけど、その別れた旦那が帰ってきて、そこで車に轢かれて死んじゃう。

で、死体のところに同級生たちが集まってきて、葬式をどうしよう？　俺たちでお通夜をやろうぜ！　ということで棺桶を担いで、母校茨木高校に持っていって、一晩そこに安置して、お通夜をやると。そこで同窓生たちのいろいろな人間模様が展開するという話なんです。死体を前にして一晩過ごすことで、みんなの過去がいろいろ語られて、みたいなところで考えた話だと思うんですけど、そこまでの話の持っていき方があまりに人工的すぎてどうなんだよ、としか言いようがないですね。

一応中盤まで、死んだのが別れた旦那だということは明かされないんですけど、そんなの予告編見ただけでわかるだろ、というね。監督が樋口尚文さん。映画評論家の方で、これが監督二本目だと思います。いろいろやろうとしていることはわからないでもないんですけど、ちょっと無理が多い。

死んだ彼と高校時代にバッテリーを組んでいたという高良健吾が、母校茨木高校野球部のコーチだかをやっているんですけど、彼を奪ったマエアツにものすごい嫉妬をしていていちいち当たるのでもうゲイにしか見えない。絶対に変な愛情があるよね、この人たち、としか思えない。そういう映画です。

●スプラッター映画の旗手も すっかりご当地映画監督に 『ある町の高い煙突』

さらにもう一本。『ある町の高い煙突』は茨城県の日立市の映画です。吉川晃司が演じているのが日立鉱山の社長です。彼は理想家肌の社長で、自分の鉱山による煙害を食い止めようとする。銅鉱山の製錬のときに出る煙のせいで農作物に被害が出て、それを食い止めようと努力する人物の奮闘を描く実話です。

こういう話だと、普通、鉱山側が被害を認めないで突っぱね、それに対して農民側がどうやって被害を認めさせて、どうやって補償を取るために戦うか、みたいな話になると思うんですけど、この映画、実はお金が日立から出ているんです。日立の関連会社がスポンサーにいっぱいついている。

なので日立は悪者にはできないので、日立の側も理想家肌の経営者なんだけど、国策にしたがったらこういうことになってしまって苦悩するみたいな感じになっていて、わりと会社に同情的なんです。

だから、残念ながらあまり話として盛り上がらないという弱点があります。

監督は松村克弥さん。かつて『オールナイトロング』シリーズで日本のスプラッターの旗手だった人ですね。最近いろいろ言われることの多い、九〇年代悪趣味文化というのがありますけど、その中で出てきた一人。

スプラッター映画をつくって、有害映画としてすごく叩かれていた人なんです。それが最近は、茨城の地方映画監督として頑張っています。

この前に、『サクラ花ー桜花最期の特攻ー』という、桜花という特攻兵器の搭乗員を主人公にした戦争映画をつくったりして、すっかり茨城県映画の人になっているんです。これは原作も新田次郎だし、キャストもさっき見てもらったとおり、吉川晃司とか仲代達矢とか出ていて、それなりにちゃんとした映画になってます。CGがちょっとつらいと言えばつらいですけど。ただまあ、日立市民以外には果てしなく遠い映画ですね。

●舞台は新宿から二〇分の府中市『くらやみ祭の小川さん』

次は府中市の映画です。東京都府中市。地方映画のテンプレートみたいな定型のストーリーがあるわけですが、これはまったくそれに忠実に展開します。

要は挫折というか、リストラにあった中年男性の六角精児が、故郷に帰って、再就職をして、祭に参加することで自分を取り戻すという話。

それはいいんだけど場所が府中なので、見てるといろいろ「いや、府中だろう」と突っ込みたくなってしまう。仕事ないとか言っても別に新宿で働けばいいじゃないか、と。

見どころとしては柄本明が出てます。この企画をはじめて、新しい映画を見ていろいろな発見があったんですけど、その中でも最大の発見が、柄本明のすごさですね。とにかく今の柄本明の傍若無人ぶりは本当にすごくて、たぶん監督の言うことは何も聞いていないと思うんです。

というか、たぶんああいう人は、「こういうことをやってください」とちゃんと言って納得させればやってくれるんです。でも何も言わないと好き放題勝手にやっちゃうわけです。

　この映画では柄本明が祭の実行委員長なんですけど、数少ない出番の一箇所ですごい長広舌をぶって、議論の流れを一変させてしまうというシーンがあります。

　普通はこういうとき、劇中で映っている人たちはみんなそのとおりだ、と盛り上がっているものじゃないですか。こっち、見ている観客の側は「それ、理屈通ってなくね？」と突っ込みたくなることがあっても、劇中では盛り上がってないとおかしい。

　ところがこの映画の場合は、劇中登場人物も誰一人として納得いっていないのに、ただ単に柄本明の勢いだけで話がまとまってしまう。そういう柄本力《ちから》が強烈に出ている映画でした。

　ここまでが去年の映画です。このあと、去年公開だったけど見損ねてしまった作品をいくつか。地方での先行公開に行きそびれてしまったせいです。去年はいろいろ反省が多い。いずれも今年には東京で上映されるようなんで、そこでフォローしようと思ってます。

二〇二〇年期待の新作地方映画

●伝説のストリップ小屋が舞台 広島映画『彼女は夢で踊る』

　ひとつはこれです。広島第一劇場というストリップ小屋がありまして、そこが閉館になるということで、そこを舞台にしたストリップ小屋映画なんです。予告編を見ると面白そうだと思いません？　これはたぶん傑作だと思います。監督は時川英之さん。

　この人はずっと広島で映画を撮っている、広島映画のプロなんです。過去に二本見ていまして、一本は『シネマの天使』。これは福山市の大黒座という映画館が閉館するときにつくった閉館記念映画。

　その後、『鯉のはなシアター』という、これは吉本のスポンサードでつくった映画で、広島カープ版『二番目のキス』という、かなり野心的な映画です。カープが二〇一六年、何十年ぶりかにリーグ優勝したときがあったかと思うんですが、そこにクライマックスを重ねるという。

　これドリュー・バリモア主演の『二番目のキス』という映画がありまして、ボストン・レッドソックスの熱狂的なファンのボーイフレンドと、まったく野球に興味がない女の子のラブコメなんですけど、最後レッドソックスが何十年ぶりかのワールドシリーズ制覇をするところに合わせて撮影していて、本当に優勝してみんなが盛り上がるところがそのまま入っているという奇跡の映画なんですね。これをカープでやろうという企みなわけです。

『鯉のはなシアター』もやっぱり映画館が閉館に追い込まれるところをなんとかして救おうとするという話で、そんなんばっかりなんですけど、それを『二番目のキス』に引っかけて、広島カープが優勝して、広島の町がバーッと盛り上がっているところをそのまま撮っている。すごく愛らしくっていい映画でした。

で、今度はこれ、ストリップ小屋。これは春に東京でもやっと公開されるようなので、見に行こうと思っています。けっこう野心的だというか、レディオヘッドを使うにはちょっと金がかかったんじゃないかと思いますし、がんばってますよね。

●島根映画のプロの次回作『高津川』

『高津川』は錦織良成監督作品。この人は島根映画のプロフェッショナル。島根で映画を撮るときは錦織さんに話を通す的な大ボスです。最近は『たたら侍』という、EXILE TRIBE総出演の映画をつくられていました。それ以前は『渾身』という、隠岐の奉納相撲の映画。あとは『RAILWAYS 49歳で電車の運転士になった男の物語』という、これも島根のローカル線を舞台にした映画もありました。

ともかく島根といえばこの人。今回はEXILE TRIBEからは離れて、高津川という島根の川の映画を撮ってます。知りません。知らないけど東京に来るタイミングでぜひ見に行きたいと思います。

●介護と終活エクスプロイテーション『ピア　まちをつなぐもの』

さて、先ほど申しあげました去年最大のテーマ。医療終活映画です。実は医療エクスプロイテーションというジャンルがあるわけです。去年は二本、

医療終活映画

● 医療エクスプロイテーション
- ◎『笑顔の向こうに』（口腔医療　歯科衛生士と歯科技工士）
- ◎『ピア　まちをつなぐもの』（介護士）
- ◎『みとりし』（看取り士）

『笑顔の向こうに』という、これは口腔医療映画。
あと『ピア　まちをつなぐもの』という作品。ピアって元々友達とか仲間とかいう意味ですね。この映画は介護士映画の第二作でして、このまえにも一本あります。

介護士と歯科衛生士ってまったく無関係ですから一緒にしていいのかって言われそうです。実は分野としては違うんですけど、構造はすごく似ている。つまり、どちらも公の資格である。なので半公的な組織があるわけです。

つまり養成機関があり、組織がある。業界団体やら関連する業務の組織もある。歯科衛生士だったら歯科医師会がある。介護でももちろん介護の地方組織があり、その上の全国組織があって……という一種ピラミッド的な組織があるわけです。お金を持っている業界団体とかもあるわけで、奉加帳を回すというかたちでお金を集めやすい。そういう構造があるわけです。

そこで今度は歯科衛生士の映画だ、次は歯科技工士についての映画だ、みたいなことを考えている人がどうもいるようなんですね。介護士に関しては完全にそれ。これはシリーズで二本目の介護士映画なんです。いわば医療エクスプロイテーション。

こういうの、これまでも実はけっこうあったんですけど、最近わりと増えてきた気がします。介護なんかはとくに今需要は増えて、しかし人手不足という状況がありますから、プロモーションをしたがる人は多いんだろうと思うんです。そういうのがどうやら映画に近づいていているんじゃないかということですね。

●人生の終活プロイテーション映画『みとりし』

そしてもう一本、流れはちょっと違うんですけど、この『みとりし』。これはいわば終活映画、終活プロイテーションです。

これは柴田久美子さんという方がおりまして、この人が看取り士という活動をやっているんです。どういうことかというと、要は孤独死みたいな状況を避けたい、誰も看取ってくれない人があまりにも哀れじゃないか、ということもありまして、たぶんボランティアベースだと思うんですけど、人の死を看取ってあげる、終末期の人に寄り添ってあげるという活動をしている方がいるわけです。

それに大変感銘を受けた榎木孝明が映画にしようということになり、アイエス・フィールドという、ぼくは大変よく親しんでいるんですが、いろんなエクスプロイテーションでおなじみの製作会社の手でつくられた映画なんですね。

これがまさかの去年の顔、いろいろなものを看取る一年に一番ふさわしい映画になってしまいました。映画を見ていてもわかるんですけど、柴田さんの理想は、大変高邁でいいことではあるんですけど、実際にはなかなか難しい。

つまり現実に、この看取り士が役に立つシチュエーションって考えると、孤独死くらいしかないわけです。家族がいる場合、家族が一番欲しいのは介護と看護の手伝いですよね。一番大変なのはそこだから。

でもそこには手は出せないわけです。だって介護は介護士がやる仕事だし、看護は看護師がやる仕事なので、そういう資格のない人は手を出してはいけない。

じゃあ何をするかというと見ているだけ。話し相手くらいですかね、茶飲み話の相手くらいしかない。孤独死以外のシチュエーションで看取り士がいると、良くて余計者、悪かったらトラブルのネタになる。

この映画の中でも、遺産を看取り士に贈るという遺書がつくられていたせいで遺族ともめるとかっていう話が出てくる。

映画を見る限りにおいては、看取り士というのはけっこう難しい存在だなと思わざるを得ない。結局見ているだけ、看取るだけですからね。

もちろん遠隔地に住んでいて、看取り士が看取ってくれてありがとうという遺族もいるわけですけど、じゃあお金まで払ってそれやるの？みたいな話になるわけじゃないですか。まあだから難しい。

ただこうしてふりかえるといろいろなものを看取る一年だったなあ、としみじみと思わされることでした。

そのほかの去年の謎映画

●折口信夫と家族の再生が合体した奈良映画『かぞくわり』

以下、ノンジャンル謎映画の紹介です。ひとつは昨年最大の野心作。『かぞくわり』というタイトルですけど、これは家族割引の割引じゃなくて、家族が割れるのでかぞくわりなんです。

監督・脚本、塩崎祥平。これは原作が折口信夫の『死者の書』で、折口信夫の『死者の書』と家族の再生を重ね合わせるという、どうやったらそんなことを思いつくのかさっぱりわからない謎映画。

舞台は奈良で、最後は大停電が起こったりスピリチュアルなカタストロフが来る。

ヒロインである主人公の女性は子どもの頃から何かにとりつかれたように絵を描く子どもで、すごく恐ろしい変な顔を描いたりするようになったので、親に「こんなことは危ないからやめなさい」と絵を止められてしまう。絵を止められたらいきなり駄目人間になってしまって何もしない。三十いくつになるまで家から一歩も出ない駄目人間なんですね。

家族もみんなバラバラになってしまって、かぞくわり状態なので、それを最後、絵を描くことによって絆を再生する。

　でもさ、そもそもアートというもの自体、家族の和解とは真逆のところに存在しているんじゃないか。むしろ家族を割るものなんじゃないかという気もしますね。

　『死者の書』との関係なんですが、実は彼女が描いている絵が、『死者の書』で中将姫が大津皇子の魂を慰霊するために描いたという曼荼羅の現代版であり、イケメンのテロリストみたいなやつが大津皇子の生まれ変わりみたいな話になります。何が何やら。

　これは本当に謎映画なんで、みなさんに見てほしいですね。

●裏としまえんに連れていかれる！ としまえんホラー映画『としまえん』

　続いてはとしまえんホラー。これも地域映画ですかね。としまえんオールロケのホラー映画です。「としまえんの呪い」というのがあって、いくつかとしまえんの中でやってはいけないことがある。それで呪いにかかると、裏としまえんに連れていかれてしまうという。

　たぶんとしまえん的には、そういうのを流行らせたかったんでしょう。だけどあんまり流行っていないというか、誰もこの映画の存在さえ知らないまま終わってしまった。

　主演は元ＡＫＢというか、ＮＧＴの女の子で、元ＡＫＢの主演の低予算ホラーというのは腐るほどあるので、特筆するものは特にないです。まあでもこれも看取り案件になってしまいましたね。

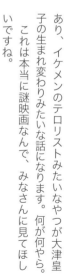

●げに恐ろしきはキャラ弁の呪い！『今日も嫌がらせ弁当』

これは原作がブログです。篠原涼子が娘にキャラ弁をつくる話なんですけど、なんと弁当のつくりすぎで過労になって倒れて入院しちゃうんです。入院しても、なおかつ、まだ病院を抜け出して、家に帰って必死で弁当をつくろうとするという。

映画はどうということはないし、キャラ弁は全部海苔切っただけなんですが、弁当づくりが命にかかわる恐怖だってことだけは伝わる。そういう映画です。

●去年一番の謎問題作、UFOドキュメンタリー映画『虚空門 GATE』

そして去年最大の謎映画。これはドキュメンタリー映画、UFOドキュメンタリーなんです。えっとですね、月面異星人死体とかいう映像があって、YouTubeに上がっているらしいんですけど、その映像が本物かどうかを、監督の小路谷氏が検証しようとする。

いろんなUFO研究家とかをたずねて検証しているうちに、UFOを呼べるという男と出会う。で、彼と一緒にいればUFOを見れるんじゃないかということで、UFOを撮影しようとするんですけど、なかなかうまくいかないまま試行錯誤が続く。

ところがそこである日いきなり彼が失踪しちゃうんです、まったく。痕跡も残さず。当然これはメン・イン・ブラックの仕業か？みたいなことになるんですけど、そこからまさかの展開が待っているという。

見てもらったほうがいいので話しませんけど、すごい大爆笑のドキュメンタリーです。ぜひ見てほしい。いろいろ問題作だと思います。

　つまり、これはUFOを見るというのはどういうことなのかというのを逆説的な形で教えてくれる映画なんです。ぼくはこれを見てなるほどと思いましたね。

　UFOを見るというのはこういうことなんですよ。出てくる人、特に監督はめちゃめちゃ真面目にUFO見たい人だったので、そこも含めてすごく面白いです。

UFOなんて　あたりまえに飛んでいるよ
フェイクか真実か
小路谷秀樹監督作品
虚空門
GATE
こくうもん／ゲート

●そのほかの謎映画

　最後駆け足になっちゃいましたが、まだこんなのもあります。『明治東京恋伽』は乙女ゲーを2・5次元イケメンで映画化という、まさに2・5次元イケメンのエクスプロイテーション映画。この『初恋ロスタイム』という、これは一日一時間ずつ時間停止する世界で女の子と出会うというタイムトリップ恋愛ものなんだけど、これを見たときにはなんで陰毛を見ないんだと思いましたね！

　ていうのはニコルソン・ベイカーの『フェルマータ』という素晴らしい小説があるんです。時間をとめる能力を持っている男がいるんですけど、そいつが時間をとめて何をするかといったら、女の子のスカートを脱がして陰毛を見るだけ。

　普通陰毛見るだろ！というところでおまえは本当にそれで満足なのか、問いたかったですねえ。

皆殺し映画通信
ＬＩＶＥ収録
第二部

皆殺し
映画放談

2019年の
最も酷かった映画と
ベスト映画

柳下毅一郎（映画評論家）
×
岩田和明（『映画秘宝』編集長）
×
滝本誠（美術・映画評論家、編集者）

ゲスト

●岩田和明（『映画秘宝』編集長）

●滝本誠（美術・映画評論家、編集者）

二〇一九年初登場圏外映画と酷い映画

柳下 第二部はゲストに『映画秘宝』の岩田和明さんと映画評論家の滝本誠さんをお迎えして、お二人にも去年の映画まとめをおうかがいしていきたいと思います。では、とりあえずあけましておめでとうということで乾杯を。ぜひご発声を。

滝本 秘宝の復活がうまくいきますように（編注：『映画秘宝』は二〇二〇年一月二十一日発売号をもって休刊）。乾杯！

一同 乾杯！

岩田 ありがとうございます。乾杯！ 景気のいい新年に。『映画秘宝』にも夜明けが来てほしいな、という思いです。

柳下 完結編じゃなくてね（笑）。

岩田 『スター・ウォーズ』は、『スカイウォーカーの夜明け』でしたからね。休刊した『映画秘宝』の岩田です。

柳下 みんながいろいろ話を聞きたい岩田くん。

岩田 ですが言えません、何も（笑）。

滝本　その前に、なぜぼくはここにいるかというそもそもの話をしたい。非常に温厚なぼくが、なぜこういう皆殺しとかいう場所に出るのかよくわからなかったんです。皆さんが一致して不思議だと言う。でも、この第一部を見てわかりました。終末医療の大変さと、それに近づいたぼくをなんとなくこういう場で看取りたい、そういう役割なのだなと、そういうことですよね？

柳下　いやいや、滝本さんはまだ看取れないですよ。

滝本　看取ってほしいのは、ＡＶに小泉ひなたちゃんという方がいまして、彼女はホドロフスキーの熱狂的なファンらしく、それでぼくも知ったんですけどね。彼女の声がいいのよ、演技をするときのね。あ、すみません。こういう話の場ではないのよね？

柳下　いえいえ。全然。去年面白かった映画の話ですから、滝本さんは、その、何ちゃんでしたっけ？

滝本　小泉ひなたちゃん。今年ホドロフスキーの映画が出るでしょう？

柳下　『ホドロフスキーのサイコマジック』ですね。

滝本　そのとき、柳下さんと彼女がトークするというパターンになるかと。ぼくはとても恥ずかしくてできない。面白い感想がもらえると思うの。

柳下　ホドロフスキーマニアトーク、いいですね。じゃあぜひそれを『映画秘宝』で滝本さんでやりますか。

岩田　でも媒体が。

柳下　媒体がない……。

滝本　というような感じで、皆さんはもうしばらく先はあると思うんですけど、七十代に入ると、やっぱり外見と中身が分離していくのね。中身はどんどんガキンチョに戻っていく。これはもう明解にあるので、外の人と内の人がまったく分離していくという。

柳下　外はどんどん老いて元気がなくなるようなふりをしてるけど、中身はどんどんパワフルになっていく？

滝本　そういうめちゃくちゃな世界をこれから生きていきたいなあ、と。

柳下　これからそういう時代がやってくる？

滝本　そうそう。ある種の覚醒が起こる、七十代に入ってから。先が短くなると、焦る自分がいるじゃない。四日前に文芸評論の……。

柳下　坪内祐三先生。
滝本　六十一でしょう？　六十一ってぼくが激やせした頃じゃない。三〇キロ痩せて、余命半年とか言われてさ。もう死とかはいつ人に襲ってくるかわからない。
柳下　滝本さん七十になったんですか？
滝本　いや、明日でぼくは七十一。
柳下　今七十歳？
滝本　そうそう。
柳下　六十代かなとか思っていたんですけど、なんとなく。
滝本　あと三年だよね？
柳下　今五十六なので、あと四年で六十。
滝本　そうかそうか。それでいうと、カンゼンから出るこの『皆殺し映画通信』の第一回目が、確か柳下さんの五十歳の誕生日じゃなかったかな。誕生祝いのときにこれを出すという告知があったと思うのね。だから、今年七年目でしょう？
柳下　七年目ですね、たぶん。
滝本　だから、五十歳からずっと毎年このシリーズをやっていく。
柳下　これで命を削っているという。
滝本　でも、これ最高のシリーズなので、たとえば未来に日本映画史を見直した場合にこれしか残っていなかったら、日本映画はこれだということになるわけでしょう。逆にいうと最高の面白いことであるかもしれないということなんです。まあ、あまりしゃべりすぎてもあれなので。岩田は、どうなのよ(笑)。なんとなくいい方向へ流れていく感じもありつつ……。
岩田　行きたいなというくらいしか言えません。
滝本　秘宝は大丈夫なので。
岩田　ありがとうございます。そう言っていただけると。

二〇一九年の初登場圏外映画

●語り切れない！　年々増加する初登場圏外映画

柳下　じゃあとりあえず、いつもお願いしている初登場圏外映画にしましょうか。いつも最初はこれからですね。

岩田　そうですね。そもそものコーナー初登場圏外ムービーなんですけど、これもう四年連続でやっていますのですっかりおなじみ、ほとんどこのイベントの連載みたいになっていますよね。ぼくが勝手に定義付けしてるんですけど、メジャーの日本映画で公開規模が二〇〇館以上の大作なのに初登場一一位以下の映画を毎年ここで発表してます。二〇〇館以上ってどういうことかというと、一位を取ってもおかしくない規模。

柳下　つまり、二〇〇スクリーン開けているということは、五人とか十人しか入らない回があってもいっぱい回っているから、総数的にはそれなりに積み重なるので、一位、二位とって当たり前。それにもかかわらず、初登場で興収が。

岩田　一一位以下だった映画のことを初登場圏外ムービーと言っていまして、これが毎年増えているんですよ。四年前は『CUTIE HONEY -TEARS-』（一六年）くらいだったのが、去年はもう入りきらなくて、ここで語れない映画もたくさんあった。多すぎて落とさざるを得ないんです。それくらい毎年増えている。ここに二〇二〇年一月十二日版の興収結果があるんですが、『カイジ ファイナルゲーム』が今一位です。これは三〇〇スクリーン開けていて、初週だけで四億いってます。これを基準に聞いていただけると、いかにこれから話す映画の興収がひどいかということがよくわかります。まず、今日落とさざるをえなかった初登場圏外映画を発表します。『町田くんの世界』。これもスクリーン数二〇一館で、初登場一三位。さっき『カイジ』が四億と言いましたよね。『町田くんの世界』の初週の数字は約五〇〇〇万円。

柳下　一億いかない？

岩田　いってない。

柳下　きっついね。

●大爆死！　時間SF『九月の恋と出会うまで』

岩田　こういうタイプの映画が大量に去年も公開されまして。時間も限られているので、とりあえず今日は『九月の恋と出会うまで』をまずお話ししたいなと思うのですが。『九月の恋と出会うまで』は、二四八館で公開されまして、見事に初登場一一位。

当然『王様のブランチ』の週末ランキングにも入らないと。

柳下　紹介されない。

岩田　これ、屈辱以外の何者でもないですね。初登場の週なのに。

柳下　川口春奈ね、今年の大河ヒロイン。

岩田　沢尻エリカの後釜でね。あと、低視聴率女優とか散々言われて。これもはっきり言って大爆死映画。低視聴率女優からの大爆死女優。さらに、沢尻エリカの文字通りシリ拭い女優という。

柳下　三冠王。

岩田　殿堂入りですよ。これ二四八館で公開されまして、一週目が約八〇〇〇万円。これ、柳下さん、時間SFですよね。

柳下　そうです。これは原作者が松尾由美さんといって、この人ぼくはよく知っています。

岩田　どうしてですか？

柳下　この人はお茶の水女子大学SF研究会のOGだったんです。あの頃は東大SF研とお茶大SF研って、姉妹サークルというか、OBとOG同士のカップルもいたりするくらい仲が良く、一緒に遊んだり、飲み会とかもあったりして。だから本人も知っている。松尾由美とすごい仲の良かったOGの女性がいて、その人とぼくが仲が良かったので。すでに当時から作家デビューしていたのかな。だから有名人だったんですね。

岩田　これ、いかにもキラキラ恋愛映画のように見えるのですが、恋愛要素が前半一時間まったくないんです。SF小説家志望の主人公・高橋一生が延々とタイムパラドックスやタイムトラベルの定義とかを教えてくれるんです。

柳下　そうそうそう、主人公がSFオタクなので。高橋一生がSFオタクの役。川口春奈の部屋に一年未来から、「ぼく（高橋一生）を尾行してほしい」という声が聞こえてくる。

岩田　一年後の高橋一生の声が聞こえてくる、川口春奈の部屋の中で突然。

柳下　そのおかげで彼女は、強盗に襲われるはずだったのが助かるという話なんですけど、普通に考えたら高橋一生が一年後にそこに行って言えばいい。ところが高橋一生が、ぼくはそんなことをしたくないと延々と言い続けて、ひたすら引き延ばし続ける。

なんなんだ、お前は。川口春奈も高橋一生に声をかけてほしいとずっと言っていて、他に「じゃあ私が代わって声をかけましょう」という人も特にいないんだけど、なぜか延々とうじうじしてて、「ぼくの仕事ではないかもしれない」みたいなことを延々と言っている。

岩田 お互いに好きなのにね、本当は。

柳下 ひたすら一年間引き延ばすだけ。

岩田 ぼくみたいにSFに弱い人間にとっては、すごく時間SFの勉強になった。たとえば、同じ部屋でつじつまを合わせないと、空間が違うと未来は改変されてしまうとか。

柳下 冷静に考えるとですよ。地球自体が動いていますから。太陽自体が、宇宙空間が動いていますから、同じ空間ではないんだけどね。

岩田 そうですね、確かに厳密に言えば（笑）。他にも、来たるべき未来につじつまを合わせる行動を取らないと、『うる星やつら2 ビューティフル・ドリーマー』（八四年）みたいに時間が無限ループしたり、パラレルワールドになったり、歴史の修正がおこなわれたりしてしまうから大変なことになるんだよ！とオタクの高橋一生が興奮しながら懇切丁寧にレクチャーしてくれる。

柳下 川口春奈に高橋一生が、タイムトラベルものというのはこういうのがあって、みたいな説明をしてあげる。

岩田 それで、一年後に矛盾が生じないように高橋一生と川口春奈が右往左往しながら次第に恋が実ると。

柳下 さっさとつじつま合わせすればいいじゃんって。タイムトラベルが起こっている時点でそうせざるを得ないんだよ、君っていう。

岩田 若い人たちにはちょっと難しかったんじゃないですか？

柳下 いや誰もそんなことは。一番おかしかったのが、あそこで、「ぼくは信じます」って言うじゃないですか。「こんなことがあったなんて誰も信じないと思うんですけど」と川口春奈が言ったら、「ぼくは信じます」というのはなぜかというと、高橋一生がSFオタクだからなんですよね。だから、タイムトラベルが起こったといってもすぐ信じるんだけど、絶対SFオタクだと、逆に、タイムトラベルがあったというと、「この設定おかしくないですか?」って、細かい設定のツッコミに入るはずだから(笑)、あんなに素直に信じるわけはないとSFオタクとしては思います。

岩田　なるほど。SFオタクのリアリティがない。ぼくがリアリティがないと感じたのは、川口春奈の部屋のエアコンのダクトから、突然高橋一生の声が聞こえてくること。これ、うそじゃなくて本当なの。エアコンのダクトから「ボクハイマカライチネンゴノタカハシイッセイデス」って未来人の声がいきなり聞こえてくる。で、「あなた、隣の部屋に住んでいるぼくのことを尾行してください」と言うんです。いちばん驚いたのは、川口春奈がその声に素直に従うこと。これは謎としか言いようがない。柳下さんは、川口春奈の行動原理がまったくわからない。高橋一生の行動原理がSFファンとしてわからなかった。ぼくはSFファンじゃないから、川口春奈に感情移入して観てたんですが、何の疑問もなくなぜあんな怪しい未来人の声の言いなりになるのかが、まったく理解不能。

柳下　一応「明日の天気は晴れです」とか言われて、そのとおりになるんだよね。

岩田　高橋一生は『天気の子』だ。だから川口春奈は声の主を信用しちゃうんだ。

柳下　明日の天気を当てただけですよ(笑)。

岩田　確率三分の一じゃん! あげくの果てには「明日は一日中ぼくのことを尾行してください」と言うんです。そしたら、これまた律儀に従うんだよ、川口春奈が!

柳下　休日つぶしてね。文句言いながら、「休日なのに」とか言って。

岩田　そう。高橋一生が川口春奈を好きというのは、ファーストカットで説明されるの。一目惚れなの。だからわかるんだけど、川口春奈側には高橋一生への恋愛感情がまったくない段階でですよ。素性のわからないただの隣人なのに! そこでいきなり謎の天の声が!

柳下　「ぼくを尾行してください」。

岩田　正しいキャッチコピーは「ぼくを尾行してください」でしょ。もしくは「天気予報の恋人」。川口春奈が、明日の天気を当てる未来人を延々尾行してるんだもん。そういう映画なんです。

柳下　どう思います？　滝本さん。

滝本　いや、素晴らしいと（笑）。というか、さっき柳下さんも喉をチョップして、やってたよね、A－語。これ、約束なの？　「ワレワレハウチュウジンダ」みたいなの、あるじゃないですか。

岩田　そりゃ当然、未来人の声だから。

滝本　素晴らしい（笑）。

岩田　どうしてこれがコケたと思います？　滝本さんは。

滝本　俺に聞くの？

岩田　滝本さんの意見を、ちょっと。

滝本　なるべくしてなったんじゃ。

岩田　どうしてなるべくしてなったと思います？

滝本　この流れからいうと、『パラサイト 半地下の家族』の健闘は別として、こんな感じじゃないの。

柳下　川口春奈というのが、そういう意味では特に見たい人じゃないんだろうね。言っちゃ悪いけど。

岩田　負の十字架を背負った女優ですよね。でもなんでこんなに低視聴率女優とか言われまくってるのに、こうやってヒロインで使うんだろうね。

柳下　たぶんランキングがあるわけです、上から。電通が表を持っている。それで上からつぶしていって、これが駄目、これが駄目、これが駄目。しょうがないから川口春奈にしとくかみたいな。でもしかで決まっている感じ。

岩田　だから沢尻の後釜にもお鉢が回ってくるという。

柳下　上からつぶしていって。

岩田　一年間使える人。『キル・ビル』のユマ・サーマンみたいに上から順番に女優を当たっていって、川口春奈だけが空いていたという噂話がネットニュースに書いてありました。

柳下　ＮＨＫのプロデューサーがあちこち電話して、

合作映画はヤバい！

●『真実』
監督是枝裕和　主演カトリーヌ・ドヌーヴ、ジュリエット・ビノシュ

●『サムライマラソン』
監督バーナード・ローズ　出演佐藤健、小松菜奈

●『オーバー・エベレスト　陰謀の氷壁』
監督ユー・フェイ　出演役所広司、チャン・ジンチュー

「駄目だ」「駄目だ」。

岩田　「宮崎あおい、駄目だった！」「綾瀬はるか、駄目だった！」。

柳下　「うちの川口春奈なら使えますよ」「うーん、まあいいか。しょうがない、この際」という感じですかね。

滝本　タイムパラドックスSFラブストーリー、素晴らしい。

●合作映画はコケるのだ『真実』『サムライマラソン』『オーバー・エベレスト　陰謀の氷壁』

柳下　そして、次。三つあるんですけど、まとめて。まず『真実』は、是枝裕和さんと初フランス映画。フランスとの合作映画です。と、『サムライマラソン』。これは監督バーナード・ローズ。出演佐藤健という、時代劇。そして『オーバー・エベレスト　陰謀の氷壁』。これは中国と日本の合作。

岩田　去年の初登場圏外映画をこうやって並べていったら、合作映画が多かったんですよ。合作映画はコケるということがはっきりと証明されました。特

に『真実』のコケ方がすごいんですよ。是枝監督は『万引き家族』（一八年）で興収四五億叩き出した人ですよ。『真実』は四九一館。五〇〇館近く開けまして、なんと初登場一四位で興収約二九〇〇万。これはもう……。

柳下　たぶんゼロの回がかなりあったということだよね。どう考えても。ゼロとかぼっち客とかで見るという回がかなりあった。

岩田　じゃないとこの数字にならないですよね。これがすごいのは、四週目で二五位まで落ちるんですけど、トータル興収が二億という。四週目で二億なので、最終興収もそのくらいだろうと。『万引き家族』が四五億で、その次の映画が二億。

柳下　『万引き家族』なんて一〇〇スクリーンもやっていないでしょう？　拡大したの？　ああ、そうか。

岩田　カンヌ獲って超拡大しました。続いて日米合作の『サムライマラソン』なんですけど、これ二〇八館で公開しまして、初週が約六〇〇〇万。

柳下　『真実』の興収を聞いちゃうと大したことないという気がするよね（笑）。

岩田　初登場一二位ですね。そして中国との合作『オーバー・エベレスト』は一八一館なので参考記録なんですけど、初登場一八位でこれも初週が二〇〇〇万という。このようになぜか合作映画が軒並み大爆死。

柳下　滝本さん、どうしてだと思いますか？　小松菜奈とか出ていますけど。

岩田　カトリーヌ・ドヌーヴとか。役所広司が中国でエベレスト登ったり。

柳下　『オーバー・エベレスト』は役所広司がものすごいりきみ返った演技をしていてすごいですよね。血管切れそうな感じの。

岩田　遭難救助隊の役ですね。

滝本　俺がほとんど外出しないで家に引きこもっているのはね、その理由の一端は、こうして話を聞くと理解できそうな気がします。素晴らしい。

●誰もダメ出しできないドヌーヴ主演『真実』

柳下　ちょっと予告篇を見ますか。『真実』からいきますかね。

柳下　カトリーヌ・ドヌーヴ、ジュリエット・ビノシュ、イーサン・ホークという。これって是枝さんのオリジナルなんですよね？

岩田　オリジナル脚本です。

柳下　元々つくりたかった話？

岩田　小津安二郎の聖地・北鎌倉の旅館に是枝監督が籠って延々と脚本を書いてましたけど、これ本当につまらないですよね。話も別に面白くないし、演技も自由すぎる。たぶんもうカトリーヌ・ドヌーヴはきっと現場の女王様で、みんな言いなりなんじゃないかと。

柳下　カトリーヌ・ドヌーヴにはNG出せないよね、なかなか。

岩田　たとえパルムドール監督とはいえね。それで、カトリーヌ・ドヌーヴが演じている役というのが、わがままな大女優という役なんです。

柳下　まんまじゃないか（笑）。

岩田　脚本は読まないとか、現場にセリフを入れてこないとか、まあ大女優あるあるですが。あと自伝を出すんだけど、全部うそという。取材記者にも「あなたそんな質問私にしてどうするの？」とか攻撃的だったり。とにかく性格が悪くて、自己チューで、最悪の人格の役を演じてる。そいつのわがまま放題で自由な行動をただひたすら延々と見せ続けられるという、そういう映画です。

柳下　どうしたもんですかねという感じの。

岩田　ドヌーヴの娘がジュリエット・ビノシュなんですけど、自伝が全然うそばっかりで、幼稚園だか小学校に迎えに行ったとか書いてあるんですけど、「お母さん迎えに来たことないじゃない！」とか言って喧嘩になったり。あとドヌーヴの秘書のじいさんがいるんですけど、彼はもうずっと二人三脚でドヌーヴと並走してきた同志だと思っていたのに、自伝にはまったく秘書のことが書かれてなくて、ショックで辞めちゃうんですよ。そういうけっこう嫌な気持ちになる映画でもあって。それで大した真実とかも別にないんですよね。自伝に書いてない真実とは何かというとね。ライバルの女優から役を奪うために監督と寝ただとか、娘のことを何も考えていなかったと言っていたけど、実はドヌーヴは学芸会をこっそり見に行ってたとか、そんな程度の真実なんですよ。どう思います？　これ、皆さん。

滝本　ドヌーヴ倒れたじゃない。やっぱりそうなの？

柳下　これが最後の映画になるかもしれない。可能性はけっこうありますよね。看取らないと。この映画を看取ってしまう。

滝本　この映画が看取りかよみたいな。

岩田　いろいろわがままだったけど、実は案外いいお母さんでした、みたいな。そういう映画です。

柳下　それもひどさはあるんだけど、そういうのとは別の次元で、この映画別に見たくないよねということになってるんだよね。

岩田　なんで見たくないんですかね。

柳下　だって、別に見たくないでしょ。今のドヌーヴ見たい人とかいるの？

岩田　七十六歳くらいですからね。

柳下　シルバー層、一緒に年を取ってきたみたいな人だったらわかりますよ。だけど昔の全盛期のドヌーヴを知っているシルバー層にとってもこれはさ。

岩田　滝本さんは同世代？　ドヌーヴと。

滝本　同世代。ちょっと下。

柳下　そういう人も別に今のドヌーヴをそんなに好きなわけじゃないと思うんだよ。むしろ昔のドヌーヴを見たいわけで、今のドヌーヴが堂々と大女優でございって顔しているところを見せられても、ああ、そうですかとしか言いようがない。あとは本当に是枝さん良かったね、ドヌーヴを使えて良かったねと思う人が見に行くくらいしか。

岩田　それが鼻につくんですよね。

柳下　だから五〇〇館でやるのが間違っているので、イメージフォーラムとかでいいんじゃないですか（笑）。

岩田　『虚空門　ＧＡＴＥ』。イメージフォーラム１が『虚空門　ＧＡＴＥ』。２が『真実』。それが身の丈だろうと。

柳下　ということだと思うんです。

滝本　さっきも控室で、『ＧＡＴＥ』が非常に面白いという話ばっかり。だから、ちょっと行ってみたいなと。でも遠いんだよね。渋谷経由で行くという、この呪縛。

柳下　まあ、渋谷通りたくないですもんね。渋谷駅から遠いからね、イメージフォーラムは。しかも渋谷駅は今もう大変なことになっていますからね。

岩田　大変ですよ。渋谷から出るだけで大変ですから。

柳下　渋谷駅がもう大手町なんか目じゃないくらい迷宮になっていますから。一回入ったらもう出てこれない。この間ショウゲートというか、旧ユーロスペースでの試写を見に行ったあと交差点を歩道橋で渡ろうとしたら、道が通っているからそっちに行こうと思ったらつながっていなくて、こっちから上がったらそっちにおりられるんだけど、そっちから上がるとこっちに行けないみたいな、すごい謎なことになってて。

岩田　駅が『ドラゴンクエスト』のダンジョンみたいになってる。

柳下　大変でした。

滝本　でも新宿もほら、大久保駅から歩いてきたんですけども、雨が降っててね、石井隆のノワールの雰囲気がしたのよ、途中まで。ところがそれを寸断するばかな道路がブワーッとできてるだろう。政府のばかがと一瞬思って、オリンピックが全てを破壊していく。道路状況的にいえば、東京オリンピック、一九六四年。それですら全てを破壊したんだから、俺が見ている映画はそれ以前の映画ばっかりなのね。絶対これ以降はあまり見たくないという。それもあって、コリアンタウンまで破壊しに入ったなという感じが。あの道路でね。
柳下　東京オリンピックが。
滝本　そうそうそう。という感じはしましたけども、これは意見は様々なので。
柳下　みんな反対ですよ、オリンピックなんか。
滝本　ぼくの内側のガキが言った単なる戯言に過ぎないとご承知おきくだされば幸せです。

●究極最悪のマッチポンプ映画『サムライマラソン』

柳下　次の映画はちょっとオリンピックに近い。じゃあいきますか、『サムライマラソン』。これはアメリカでやったんですか？
岩田　やらないでしょう、こんな映画。誰も見ないでしょう。この映画はどちらかというと、日本がけっこう主導というか。バーナード・ローズ監督、ジェレミー・トーマス製作ではありますが。それ以外はスタッフもキャストもメインは日本人でやっています。
柳下　ありそうな企画だよね、これ。
岩田　これ、マラソンがテーマで超豪華キャストなんです。本当にずっと「またスターが出た！　またスターが出た！」って映画なんです。森山未來も出てるし、外国人キャストもけっこう出ていて、日本語字幕が出てきたりもするんです。そのへんが『いだてん』に似てますよね。マラソンだし、超豪華キャストだし。日本人はマラソン好きだったと思うんですが、実は嫌いだったということが数字で証明されましたね。
柳下　『いだてん』も低視聴率だし。
岩田　『サムライマラソン』は大爆死だし。
柳下　駅伝とか好きなのにね、みんな。
岩田　昔のオリンピック中継は、必ず最後のマラソンが最高視聴率取ってたんですけどね。昭和も遠くなりにけり。これ見ていないですか？　柳下さん。
柳下　すみません、これは見ていないです。
岩田　まあ、見なくていいんですけど。これすごいひどい話で、主役の佐藤健が幕府に仕えてる隠密なんです。彼が『パラサイト 半地下の家族』とか

『ゼイリブ』みたいに、普通の庶民の中に紛れ込んで監視してる。

柳下 草なんですね。

岩田 で、誰かが幕府にたてついたり叛逆しようとする意志のある奴を、事前に始末するのが佐藤健の仕事。舞台はペリーが来たくらいの幕末なんです。ある日、安中藩でいちばん偉い長谷川博己が藩の武士を全員集めるんです。何ごとじゃ!?と藩全体が禍々しいムードに包まれるんです。そしたら佐藤健は、単にその禍々しいムードを察知しただけで「こいつら叛逆しようとしてる!」と思い込んで、幕府に「あいつらは反幕です」って内容の手紙を送っちゃう。そしたらふたを開けてみたら、長谷川博己は「江戸幕府は二百何年平和だった。だからお前ら武士は、たるんどる! マラソンやるぞマラソン! 走るぞ! で、足腰鍛え直すぞ!」と、単にマラソン大会やりたいだけだったの。うっかり八兵衛だったの、佐藤健。

柳下 それで、「救うために走る」と言っていたのは、自分のミスを。

岩田 ただのおバカちゃんだったの。自分のミスを自分で尻拭いするための自業自得なの。で、佐藤健は武士たちがマラソンをスタートする前に「やっべえ! あの手紙取り戻さなきゃ。幕府の刺客がやってきちゃう!」と、慌てて手紙を取り返しに走るんだけど時既に遅し。江戸から暗殺者が安中藩にいっぱい来ちゃう。でもマラソンはもうスタートしちゃってる。だから、安中のお城や町には、武士がひとりもいない。そんな折も折、江戸から大量の怖い暗殺者軍団が押し寄せて、安中の門番とかを皆殺しにしちゃう。で、そんなときに肝心の武士たちは何をやってるかというと、マラソンしてる(笑)。で、主役の佐藤健は「やべえ、どうしよう」と右往左往。

柳下 最悪だな、それ(笑)。

岩田 で、ヤケクソ気味の佐藤健はマラソンを走ってる武士たちを集めて、江戸から来た暗殺者たちとチャンバラするの。お前はいったいどっち側の人間だよ!

柳下 マッチポンプ。究極のマッチポンプみたいな。

岩田 もともと佐藤健は幕府側の隠密なのに、なぜか安中藩と共闘して幕府の暗殺者と戦ってる。

柳下 合作映画って本当になんでこんな話通った

の？みたいなのができちゃうことあるよね。あれ、たぶん合作のマジックですよね。誰が責任取るかわからないままでき上がっちゃって、日本人はみんな、こんなひどい話だけどアメリカではこれで通るのかな？とか思ってて、アメリカのほうは、わからないが、まあ日本人にはこういう考え方があるんだろうって、どっちもわからないみたいな。ディスコミュニケーションですよね。

岩田　合作映画って言葉も通じなかったりするから、絶対ディスコミュニケーションが発生して不協和音になるじゃないですか。だから仕上がりも悪くなるんですよ。絶対失敗する確率のほうが高いじゃないですか。なのになぜこんな企画が通っちゃって、なぜこんな超豪華キャストが大量に出てしまうのかという、それが謎でしょうがないんです。

柳下　しかも、ジェレミー・トーマスでしょう？そんな金持ってないじゃん、あの人。昔はともかく。未だにあの名前が日本では神通力があるということなんですかね。

岩田　どうなんでしょう。『十三人の刺客』（二〇一〇年）や『初恋』とか、三池崇史監督の映画は評価高いけど、外れも多いですよね、この人の映画。

柳下　俺はジェレミー・トーマスの全盛期は大好きでしたよ。全盛期、デヴィッド・クローネンバーグとか組んでいたころ。無茶なアートフィルムの大作を作っちゃうすごいプロデューサーだと尊敬してましたけど、最近は本当に金のない、苦しい映画づくりをずっとしてる。

岩田　ぼくはジェレミー・トーマスという名前を見ると、これは底抜け超大作が来たな！と反射的に思っちゃうくらい。そしたら案の定（笑）。ドジッ子佐藤健が自分で自分の尻拭いに右往左往する、ひとり相撲映画。

柳下　すごいな、それ。ちょっと見たくなりました、ぼくも、聞いて。

岩田　ストーリーだけ聞くとこれ、スラップスティック・コメディにしたほうが面白いですよね。ドタバタじゃん、こんなん。

柳下　竹中直人も出てるし。

岩田　お約束どおりの定番の竹中直人。いつもの安定感で、もう全然笑えない寒い動きをしてくれます。このバーナード・ローズ監督のタッチって、『キャ

ンディマン』（九二年）にしても、『アンナ・カレーニナ』（一二年）にしても、シリアスじゃないですか。いっさい笑いに興味もセンスもないから、まったくストーリーと合ってない終始シリアスなタッチ。だから、なんていうか、異様なムードですよね。佐藤健のドジっ子ぶりをお茶目に切り取れば微笑ましいコメディ映画になるのに、終始ハードで真剣なタッチ。脚本に対する監督の人選を間違えたなと、明らかに。

柳下　まあ、いろいろ間違ってる。どうですか、滝本さん。

滝本　柳下さんの話聞いてると面白い映画のような気がしてくる。柳下マジック。まあ、映画にあまり多くを求めないから、基本的に。

柳下　滝本さん、小松菜奈とか好きじゃないですか。けっこう滝本さん好みかなと。わりとヒロインですよ。小松菜奈って基本的に男を振り回しそうな人じゃないですか。

岩田　実際、『サムライマラソン』では佐藤健を振り回してた。

柳下　やっぱりね。だからそういうの、滝本好みかなと。

滝本　なんでそうなの。

柳下　滝本さんの好きなタイプの若い女の子という、年上を振り回す感じの美少女かなと。

滝本　ちょっとそれ見てみたい！

岩田　見たらもう本当に五分でＤＶＤを止めたくなりますよ。びっくりしました。

●酸素がなくても殴り合う！ アンブレイカブル映画『オーバー・エベレスト　陰謀の氷壁』

柳下　頑張って見ましょう。というわけで、次、『オーバー・エベレスト』。これ、日本版主題歌GLAYです。大体、これもここでもいろいろ話をしたけど、世界の運命とかかけすぎだよね。世界の運命とか言うとすごい安っぽくなるという。

岩田　エベレストのデスゾーン。つまり、八〇〇〇メートル地点くらいのところ、そこに行っちゃうともうほぼ死ぬみたいな危険な地帯があって。なぜかそこにサミットで使う超重要な秘密文書が埋もれちゃう。

柳下　なんでそんなとこ飛んでんだよっていう（笑）。

岩田　そこ（笑）。世界サミットの重要文書が乗った飛行機がそのデスゾーンに突っ込んで、文書が遭難しちゃったと。役所広司率いる百戦錬磨の遭難救助隊員たちが、命懸けでその紙を救出しに行く、紙を取りに行く話。それがないと、世界の命運が暗礁に乗り上げちゃうから！

柳下　そんなの取ってきたって、どうせトランプは読まないんだから。

岩田　で、役所広司が遭難救助の超プロで、最近ちょっと景気が悪くて、登山客も少ないから遭難の件数も減っちゃって、最近俺たちの商売も景気悪いな～って愚痴ってる。遭難が少ないのはいいことじゃないかと思うんだけど。遭難救助隊が赤字だからというので、人助けじゃないんだけど、機密文書を取りに行く仕事を請け負っちゃう。そこからいろいろな事件が巻き起こる。

柳下　陰謀があったりとかして。いろいろ無理があってさ。八〇〇〇メートルを超えたエベレストの頂上のほうとかって、酸素が地上の半分くらいになるわけで、歩くだけでも大変。だからみんな遭難するので、そんなところであんなアクションができるかって話だよね。

岩田　もうすごいんですよ。この人たち全員不死身ですね。アンブレイカブルですよ。登場人物全員アンブレイカブルじゃないと成立しない話。

柳下　リアルにやったほうが面白いと思う。酸素ボンベ吸いながらすごくゆっくり歩くの。一〇〇メートル行くのに一〇分くらいかかる。

岩田　でも、それじゃ駄目ですよ、柳下さん。スペクタクルアクションだから、大格闘戦をやらなきゃいけないから。しかも地上八〇〇〇メートル地点で、殴る、蹴る、刺す。

柳下　すぐ死ぬよ、即死。

岩田　高いところからヒロインが落っこちようが、役所広司がいろいろ刺されたり殴られたりしようが、この人たちみんな、全然ピンピン元気で戦ってるんですよ。さっきの幸福の科学映画『世界から希望が消えたなら。』でガンと告知された後に延々に死なない男がいたでしょう。あのレベルですよ。役所広司は神ですよ、神。もしくは『アンブレイカブル』のブルース・ウィリス。不死身の男ですよ。どうですか？　滝本さん。

滝本　面白く感じるけどね。

一同　（笑）

滝本　だって、そういう映画でしょう？　面白くするためにその無理難題無茶苦茶やるという。

柳下　エベレスト映画っていろいろやばくて、この前もなんかあったよね。夢枕獏原作の『エヴェレスト　神々の山嶺《いただき》』。あれも大概やばかった。大体エベレストに行くのってやばいよね。

岩田　あとこの映画CGが死ぬほどチープでしたよね？　二十年前のCGでももっとましだろうというくらい。

柳下　それこそ、さっきの松村（克弥）の映画のCGくらいのレベル。

岩田　雪崩のシーンとか、あとセットのシーンとロケのシーンの映像に違いがありすぎるとか。映像のタッチが統一されてない。

柳下　そういうところはインドとかに出せばいいのにね。

岩田　そう、ぼくらは『バーフバリ』（一五～一七年）や『ロボット2・0』（一八年）を見ちゃっているから、『オーバー・エベレスト』のCGのチープさがすごい目立っちゃって。

柳下　CGとかは日本では全然駄目だから、そういうのは全部海外にしてさ。むしろ合作するんだったら、そっちを海外に出すべき。

岩田　海外市場の使いどころを間違えてる。中国マネーを使ってCGの精度をもっと上げればいい。

柳下　中国マネーを使ってインドでつくれば、全然。

岩田　柳下さん、プロデューサーになったほうがいいですよ。お金の回し方を正しい道に導く。

柳下　回し方は間違っていますよね。

岩田　主人公たちの行動原理もアレだし、不死身すぎるし、CGはチープだし。もう本当につらいんです、これ、見ていて。

柳下　まあいろいろあるけど、こんなに燃えないよね、エベレストの上のほうで。酸素そんなないから。

岩田　こんな火が出るわけがない。

柳下　派手に燃えないから。いろいろ、エベレストは違うだろう。

岩田　あと字幕版では、役所広司に中国語の声が吹き替えられてるんですよね。役所広司じゃない人の声を延々聞かされる。馴染みのない声の役所広司が延々しゃべっているという違和感もすごい。

柳下　なんでなのかわからない。

岩田　役所広司を二十何年間見続けてきたんだなということはよく実感できた（笑）。なんか違和感があるから。これは役所広司なのか!?という。

柳下　あと、さっきも言いましたけど、役所広司がものすごくりきみ返った演技をずっとやってて、なんで？　高血圧？って。血管切れるぞ、みたいな感じの。

岩田　日本語吹替版だと本物の役所広司の声が聞こえるらしいです。

柳下　でも、周りの役者は全部日本語なんでしょう？　なんかわからないよね。それはたぶん、中国とかだと吹き替えが当たり前だから、中国合作のせいでそういうことになってるんですよね。

岩田　吹き替えられちゃう、勝手に。屈辱的ですね。だって日本の宝でしょう、役所広司って。

柳下　一応ね。

岩田　声も変えられちゃって、チープなCGの中で変な格闘技をやってね。なんで出たんだろう。

●青空映画のはずが主人公は腹黒高校生！『ぼくらの7日間戦争』

柳下　じゃあ次、アニメです。『ぼくらの7日間戦争』。

岩田　これも先に数字からいきます。これは二〇一九年最後の初登場圏外映画。十二月十三日に公開されたので。こんな短いスパンでこんなに立て続けに初登場圏外映画が続々と（笑）。

柳下　それ、やばいってことですよね、日本の映画界が。

岩田　だって『真実』が十月ですよ。それで十二月にまたこれですから。すごいハイペースですよ。これは公開館数なんとジャスト二〇〇館！　そして、初登場一一位！　図ったようなこの結果！

柳下　まさにもうピッタリ賞。

岩田　もうこのイベントのために作られたかのような映画です。そして一週目の興収が約三六〇〇万円。ちなみにこの週の一位は『アナと雪の女王2』。同じ一週間で『アナ雪2』は五億くらい稼いでいるという。

柳下　同じアニメ映画が。これは実写映画の宮沢りえのやつのアニメリメイク。

岩田　そうですね。構造はそのままに、換骨奪胎して現代版にアップデートしてます。

柳下　これはなんですかね。一応企画としてはオタクじゃない人にも見てほしいアニメということなんですかね？

岩田　間違いなくそうでしょう。原作小説がジュブナイルだから、むしろファミリー向けかと。

柳下　でも、オタクじゃない人は別にこんなのものに興味はないという、当たり前ですけど。

岩田　これ、柳下さん見ました？

柳下　見てないです。

岩田　これ、見た人います？　（客席から手が上がる）お、すごい。どうでした？

参加者　ダメでした（笑）。

岩田　これ、今予告を見て、何かに似てると思いませんでした？『君の名は。』（一六年）『天気の子』にそっくりですよね。

柳下　キャラデザが完全に『バケモノの子』（一五年）のキャラデザに寄せてない？

岩田　細田守で言うと『未来のミライ』（一八年）のほうが近いかも。キャラデザもやっぱり新海誠似ですね。つまり、このイベントの頻出単語のいわゆる青空映画です。いまだにこれだけつくられ続けているのかという。

柳下　実写のほうはけっこう青空映画終わってるよ？

岩田　あ、そうですか？

柳下　最近はあんまりない。

岩田　でも、アニメのほうは青空映画がいまだにすごいですよね。もうみんな毒されてますよ、川村元気印の青空映画に。

柳下　アニメに移っちゃったのか、青空は。

岩田　なぜ『ぼくらの7日間戦争』が爆死したのかなと考えたら、同じ青空映画の本家本元『天気の子』が先に公開されていて、そっちをみんな見ちゃったからじゃないかなと。『ぼくらの7日間戦争』はあまりにも青空映画の二番煎じすぎるから。

柳下　それもあると思うんですけど、逆にいうと新海映画が大ヒットしたから、つまり、要はオタク向けじゃなくてもアニメが成立するということでつくられているんだと思うんですよ。でも、実際にはそれは、新海誠と細田守が当たっているだけで、現実にはそんなことはないという。

岩田　タイトルがそのものズバリな『空の青さを知る人よ』というアニメもありますが、この青空アニメもコケました。

柳下　オタクが好きそうな緩いラブストーリーというか、ラブストーリーのイメージを売る映画みたいなのがあるじゃないですか。これも実は戦争というイメージを売っているだけで、実際に戦争をしているわけじゃない。戦争ごっこだから。実際の恋愛じゃなくて、恋愛イメージだけを売り物にする、戦争じゃなくて戦争イメージとたわむれるみたいなのってオタクは得意なんだけど、そういうのがオタク層ではなく、一般層にも広がっているんじゃないかということで成立した企画なんだと思う。でもたぶんそれは実写でやらないと意味がない。それにしても本当にこの声優演技ひどいよね。声優じゃないでしょう。北村匠海と芳根京子って、どっちも俳優で。演出のせいだと思うんですけど、めちゃめちゃ声優っぽい、いわゆるアニメっぽい声演技になってて。

岩田　そういう本業声優じゃない写りの俳優を座長に使うのも、新海&川村元気がやってるパターンを踏襲してますよね。本当にパチモン新海映画ですよ。

柳下　というか、それよりもこれは企画としては、『時をかける少女』(〇六年) じゃないの?

岩田　名作実写映画をアニメで焼き直すパターンですね。

柳下　『時をかける少女』のアニメがあったじゃないですか。細田守監督の『時をかける少女』に原田知世が声の役で出てくる。

岩田　今回の『ぼくらの7日間戦争』にも宮沢りえがちょっとだけ出てきます。

柳下　そうそう。それでやったふりをするという感じが似てる。でも『時かけ』と『ぼくらの7日間戦争』じゃあ、ヒットはしたかもしれないけど、だいぶ意味が違うよね。

岩田　そうですね。物語の構造自体は同じなんですけど、ディテールを今っぽくアップデートしてて。主役の高校生は歴史オタクで学校では透明な存在という非常に類型的なオタク像。彼には好きな女の子がいて、その子が引っ越しちゃうからというので、じゃあ駆け落ちしよう! みたいな話になって。そしたら廃工場で一週間キャンプをやってる高校生たちと合流してそこに寝泊まりしてたら、不法侵入だ! と大騒ぎになって大人たちが攻めてくる。で、大人たちと戦うという話。

柳下　まあ、どうでもいいよ (笑)。

岩田　という構造はオリジナルと同じじゃないですか。アップデートしてるのはどういうところかというと、高校生たちが廃工場のトロッコを駆使したり、いろんな手を尽くして大人たちをやっつけるんです。

その動画を撮って、アップして、世間でバズらせるというシーンが出てきたり。あとこれが面白かったのは、途中でみんなの裏垢が発覚しちゃう。一致団結してるから友情が芽生えたり、みんなで協力して大人たちをやっつけている爽やかな青春映画風に進んできたのが、突然実はみんなすごい嫌い合っていたということが露になってしまう。

柳下 それいいね。それはいいけど、まったく受けないと思うね。

岩田 なんで受けないと思います?

柳下 観客が求めてるものじゃないだろう。

岩田 そうなんですよ! だからびっくりして。だってオリジナルの『ぼくらの七日間戦争』(八八年)って、本当に荒唐無稽なジュブナイルじゃないですか。ぼく小学生だったんです、この映画が公開されたとき。本当に無邪気で垢抜けてるところが面白くて、楽しめたからそれを期待して観たら、このアニメ版は戦車すら出てこない。このアニメ版に実は一番似ている映画は何かと考えたら、『何者』(一六年)という映画。あれも途中で、実は主人公の佐藤健が裏垢の使い手で、実はすごい悪口とか恨み節を裏垢で書きまくってたみたいなことが発覚して物語が一転して、裏返るんです。だから、それに近いと思った。

柳下 それは青空映画じゃない(笑)。

岩田 青空映画の皮を被った、厭な映画だった(笑)。柳下さんが言ってるのはまったくその通りで、つまりそれは『ぼくらの7日間戦争』に求めているものではまったくない。

柳下 ないよね。

岩田 荒唐無稽のジュブナイルを求めて見に行ったのに、リアルな高校生たちの生々しい、うわべだけ仲良くしていた実態が全部明らかになっちゃう映画でした。

柳下 それを聞いてちょっと見たくなった(笑)。どうですか? 滝本さんは。

滝本 だから、気を付けてよ、秘宝周辺も(笑)。

柳下 実は裏垢で。

岩田 そんなのうちは日常茶飯事ですから。うちは表垢が裏垢みたいなもんですから。

柳下 むしろ公然と言っているから。

岩田 むしろ嫌い前提で、だけどいざというときだけは団結するという。休刊のときとかね。

柳下　むしろ編集部でしゃべっていることを人に聞かせられないという。

岩田　そうそう。『ぼくらの7日間戦争』の高校生たちは、爽やかに見えて実は恨み合っていたという集団。秘宝の場合は、みんな恨み合ってるけど、いざというときには団結するという集団。このほうが美しくない？　あとこの映画は現代的な意匠が満載。ネタバレですが……どうせこれ見ないでしょうみなさん。見たい人いる？

柳下　俺は見るよ。

岩田　じゃあいいや。

柳下　いや、大丈夫。

岩田　その廃工場に、タイの不法移民の女の子が実は侵入してきて、不法入国管理局も攻めてきたりするんですよ。

柳下　今っぽい。

岩田　そう。あと取って付けたような百合要素。そういう、今っぽいものを浅く広く、幕の内弁当みたいに並べてる。オタク向けに作った結果一般層にも広がった映画はいくらでもあるけど、これは最初から非オタク向けに広い層を狙って作った結果、オタクも一般層も両方とも観に来なかったという。初登場圏外映画がコケる理由って、ほぼすべてそれだと思います。四年連続やってきて実感しました、本当に。

柳下　ターゲットをはっきりしようと。

岩田　そう。いろいろなところに目配せしすぎた結果、どの要素も、誰の心にも刺さらなかったという。そんな結論が出たところで、去年の初登場圏外ムービーズでした。

柳下　ありがとうございました。今年もそろそろまた来るんじゃないですかね。

岩田　また来るでしょうね。

◎二〇二〇年の期待作

●最後の決闘はカシマスタジアムで絶叫する『カイジ ファイナルゲーム』

柳下　というところで、今年の期待作を。これは実は公開済です。『カイジ ファイナルゲーム』は一月十日からやってます。これは初登場圏外じゃないんだよね？

岩田　まさかの一位。これは本当に謎。

柳下　これ見たんですけど。そもそも1からどうだという映画ですけど、3までつくって。ファイナルと言っていますけど、またヒットしたらつくるよ、どうせ。これも一番ひどいなと思ったのは、敵が吉田鋼太郎なんです。吉田鋼太郎、言っちゃ悪いけど、ものすごい派遣王ということで出てくるんだけど、格としてさ、せめてリリー（・フランキー）がやってくれと。つまり、一応ラスボスなんだからさ。ラスボスじゃないけど、一応大ボスとして出るんだから、吉田鋼太郎じゃあだいぶきつくないですか。

岩田　『おっさんずラブ』とかで今俳優としてのステージは上がってますよ。

柳下　これほんまにどうしようもない。ここでやる勝負というのが、自分の全財産を金塊に変えて、それで秤に乗せて重たいほうが勝ちという。それでみんなが友達に頼んで、友達に「もっと金入れてくれ」とかいって勝負するという。それギャンブルっていうの？　でも一番すごいのは、そこですらなくて、ラストの戦いがカシマスタジアムという。

岩田　お、柳下さん御用達の！

柳下　カシマスタジアムというのが、こいつ、福士蒼汰がラスボスなんですけど。

岩田　前回の初登場圏外映画のスーパースターだった男ですね。

柳下　福士蒼汰がラスボスで、内閣の裏の首相とかいわれている、首相秘書官かなんかなんですけど、それとカイジ、藤原竜也が対決する。対決するといっても、別に俺は日本を救うためにこういうことをやっているんだ。俺たち貧乏人こそが本当の日本なんだって言い合うんだけど、カシマスタジアムのピッチのど真ん中でやってる。客も何もいないところで。そこまでの話は全部東京でやってるのにそこだ

2020年の期待作

け鹿島に行って、そこで言い合いをするんだよ。

岩田　やっぱりそれは地方映画だから?

柳下　わかりません。たぶんクライマックスの予定が変わって、カシマスタジアムを押さえていたからもったいなかったのかな、と思うんですけど、あんな変なシチュエーションにしなくても普通にどこか会議室でやればいいじゃないか。そういう謎の映画でした。そして、一月十七日公開の『ラストレター』。これは岩井俊二監督。これは見た?

●トヨエツはやっぱり信じられる! 松たか子のキチガイぶりに戦慄する『ラストレター』

岩田　ぼく見ていないです。

柳下　岩井俊二ってまったく見てない。まったく興味がないから、そもそもこれまでまったく見てない。これはね、松たか子のキチガイぶりが恐ろしい映画です。すごいんです。松たか子のお姉さんが、高校時代すごい美人でみんなに大人気だった。松たか子は高校時代は全然地味だったんです。そのお姉さんが死んじゃうわけ。死んじゃって、葬式をやって、そこに同窓会のはがきが来ているというので、同窓会に行って姉が死んだことをみんなに言おうと思って、同窓会に行ったら、みんなに「ああ、帰ってきたの?」とかって言われて、お姉さんと間違えられて。そのままお姉さんのふりをして同窓会に出ちゃう。で、そこで高校時代に憧れていた先輩の福山雅治から、「ぼくの書いてくれた小説を読んだかな」とか言われて、「小説? なんのことですか?」と言って、「読んでくれなかったの?」って失望されたもんで、わからないまま、「小説ってなんのことだったんですか?」という手紙を、姉のふりをして書きおくる。姉が死んだってことを言わないまま、延々と手紙を。

岩田 うそにうそを塗り重ねて。

柳下 キチガイかな、この女は。何をしたいのか全然わからない。

岩田 死んだって言えばいいいじゃん。

柳下 一言言えばいい。庵野秀明が松たか子の旦那役なんだけど、福山とメールのやりとりとかをしていることを知って、怒り狂って、嫉妬に狂って、携帯を水につけて壊しちゃうという。

岩田 庵野秀明が嫉妬に狂う映画。それはちょっと見たいかも。

柳下 庵野秀明はほとんど演技をしていないんであまり違和感ない。ほぼ素のままなので。漫画家の役なので。

岩田 『監督不行届』に登場する庵野秀明。

柳下 唯一演技するところはその怒るところなので、怒ると声が裏返るんです(笑)。すごい庵野秀明っぽかった。そこはちょっと面白かったです。

岩田 それはちょっと見たいね。

柳下 あと、高校時代の松たか子のお姉さんの昔の恋人としてトヨエツが出てくるんだけど、トヨエツが異常な暴力性を発揮して、映画のトーンがそこでガラッと変わるのがすごかったですね。

岩田 DVを発揮する?

柳下 トヨエツはすごいよ。出ている人がみんな体温の低そうな役者ばっかりじゃない。トヨエツだけが三七・五度くらい。

岩田 一人血圧高いんだ。岩井俊二映画はみんな低血圧なのに。

柳下 低血圧で、すごい静かな映画なんだけど、一人だけレベルが違う。

取り扱い注意案件

岩田　芝居のトーンが。

柳下　やっぱりトヨエツは信じられると思いましたね。そういう映画ですね。あと『太陽の家』。これも一月十七日公開。これは残念ながら見ていないのですが。これは長渕映画。

岩田　大工の棟梁役という。ぼくも見ていないんですけど。

●蒼井優はいつ脱ぐのか!?『ロマンスドール』

柳下　次がこれ。取り扱い注意案件。『ロマンスドール』。これは高橋一生と蒼井優。監督はタナダユキで、高橋一生がラブドールの製作者なんです。奥さんが蒼井優で。SFの次はラブドールの製作者。これ、ピエール瀧も出ていますから。

岩田　素晴らしい。

柳下　この映画の最大の見どころは、蒼井優がついに乳首を解禁するか。

岩田　あ、そうなんですか?

柳下　いや、知らない。まだ見ていないんですけど、『宮本から君へ』でも乳首だけは死守した蒼井優。

岩田　うわさによると、それを本人は悔やんでいたという説も……。
柳下　けっこうラブシーンとかがあるらしいので、まさにそういうパターンで、やるべきところでやり損ねた人が、本当にどうでもいい映画で脱いだりすることがあるじゃないですか。
岩田　二階堂ふみにおける『リバーズ・エッジ』ですよね。
柳下　しかも、監督タナダユキということで、それなりに評価されている女性監督なので、わりと脱ぎやすい。
岩田　脱ぐフラグは立っている。
柳下　脱ぐフラグは立っているんですよ。なので、脱ぐのかなというのはちょっと期待。どうですか？　滝本さん。
滝本　いやいや、これ見たいね。
岩田　やっぱり心が若返っているからね。
滝本　というか、今年は奇想天外映画祭で『プライベート・パーツ』（七二年）を上映するときに柳下さんとトークをやるはずなので。それもテーマは一種ドールだから。
柳下　ポール・バーテルの人形愛映画ですね。
滝本　だから、九月までのぼくの主題はドールなのよ。
岩田　滝本さんはニップル会のメンバーでもあるしね。
滝本　だから、この『ロマンスドール』は、そういう意味で期待のできる。
柳下　ドールとニップルのダブルで。一月二十四日公開。引きこもりから抜け出さないと。
滝本　ニップル情報だけパッと教えて（笑）。
柳下　もしニップル出ていたらすぐ報告します。
滝本　よろしくお願いします。

●ブランジェリーナ映画の完パク、綾瀬はるか主演『奥様は、取り扱い注意』

柳下　次が、『奥様は、取り扱い注意』（六月五日公開）という、まさに取り扱い注意。これは綾瀬はるかと、旦那が誰だっけ、旦那も両方スパイという。
岩田　西島秀俊。
柳下　これはもう完全にブラピとアンジェリーナ・

まちがいない

ジョリー。『Mr.&Mrs.スミス』まんまです。

岩田　著作権侵害かというレベル。どうなんだ、これ。

柳下　と言う映画なんです。取り扱い注意というのは綾瀬はるかってなんなの?というのが最近本当にわからなくって。ある意味生身じゃないじゃない、この人。CGっぽくないですか?

岩田　『今夜、ロマンス劇場で』(一八年)で映画館から飛び出してきたり、紅白歌合戦司会でアドリブ利かなかったりね。

柳下　そうなんですよ。ちょっとよくわからない人になっているんです、綾瀬はるか。もう一本は『Red』(二月二十一日公開)。これは夏帆と妻夫木くんのやつなんですけど、これも脱ぐんじゃないかと思って。オレの中でなんとなくそういう気がしているんです。夏帆もけっこう脱ぎどきなのかな、と。

岩田　女性監督だし。

柳下　そうなんです。三島有紀子でしょう。映画はどうせつまらないんですけど。あと、夏帆は最近とてもいいので。最近の夏帆はすごくいい。

岩田　夏帆は何を見てもいい。

柳下　いいんだよね。

岩田　映画がつまんないのに、夏帆だけがすごくいいから許せてしまうという映画がけっこういっぱいある。たとえば『ブルーアワーにぶっ飛ばす』とか。映画がどうしようもないんだけど、夏帆がもう本当にうまくて味があってね。

柳下　この良さはみんな味わってほしい。

岩田　本当にうまいんですよ。それこそ柳下さんの言う伊藤沙莉じゃないけど、器用すぎるからここらで代表作がほしい。

柳下　三島有紀子だから作品的にはあまり期待できないんで、逆にエロ方面で期待してます。そして、これは間違いなくヤバい映画。『前田建設ファンタジー営業部』（一月三十一日公開）は、これはツイッターアカウントかなんかであって、前田建設というところが『空想科学読本』みたいな感じで、実際に存在しないものを設計してみるみたいなことがあってちょっと話題になった。それを映画にするという。死ねばいいのに。

岩田　それ、映画にしちゃあね。

柳下　なんの意味もない。マジンガーZの格納庫をつくるとかそういう話を、感動の実話だっていうんだけど、別に熱くねえし、ただの遊びだしというだけ。

●今年のバトロワ映画は『シグナル100』

柳下　そして、次が『シグナル１００』（一月二十四日公開）。

岩田　『十二人の死にたい子どもたち』と一体何が違うんだという映画。

柳下　これは毎年一本あるバトル・ロワイアル映画です。

岩田　しかも、主演橋本環奈というのも、『十二人の死にたい子どもたち』とまったく同じですね。

柳下　先生が中村獅童。その時点でどんだけ安くなってんだと。たけしから中村獅童へ。

岩田　見飽きたよ。橋本環奈のデスゲームものはもうおなかいっぱいだよ。

柳下　『十二人の死にたい子どもたち』の何がひどいかって、誰も死なないんだよ。自殺志願者が集まって、誰が誰を殺したみたいな殺人ゲームやってん

まだまだ

だからどう考えても全員死ぬかと思うじゃない。誰も死なないし、誰も殺してないんだよ。そんなのあり？　ひどいよね。

岩田　そんなの誰も求めてないですよね、デスゲーム映画に。

柳下　こんなもん死んでなんぼや。

岩田　何人死ぬんでしょうね、『シグナル100』は。

柳下　けっこう何人か死ぬみたいよ、さすがに。

岩田　それは期待ですね……って、期待値のレベルの底が抜けてる（笑）。

柳下　でもこれさ、何人か死ぬけど、そもそも学校から出られないという催眠術をかけられて、誰も出られないんだよ。全部学校の中だけで起こるんだよ、話。それ、どんだけ小さいんだよと思って。次、『一度死んでみた』。これは今年のクドカン枠。これ、クドカンプロイテーションといって。パッと見てクドカンかなと思うでしょう。関係ない。

岩田　どう見てもクドカンにしか見えない、このムード。去年の『音量を上げろタコ！』（一八年）枠ですね。ちなみに『音量を上げろタコ！』は、去年の初登場圏外映画でした。

柳下　俺も見るまではクドカンの映画だと思ってたんです。見たらクドカンと全然関係なかった。俺の中で勝手に風評被害を起こしてた。

岩田　『音量を上げろタコ!』も『一度死んでみた』もクドカンと思っている人多いでしょうけど、クドカンとはなんの関係もないですから。

柳下　これを見て思ったんですけど、クドカン性というのはピンク色だね。

岩田　たしかに『音量を上げろタコ!』もピンクだった。

柳下　このチラシのピンク色の使い方がクドカン性を表現してる。この色使い。

岩田　この感じね。このふきだしの感じ。

柳下　これは松尾スズキも出てないし、何も関係ないんです、これに関しては。

岩田　大人計画の俳優がひとりも出ていない。去年の『音量を上げろタコ!』は大人計画が総出演だったから、クドカン以外あり得ないだろうと思ったけど。

柳下　これはまったく違うんだけど、なんかクドカンっぽいなという。クドカンプロイテーション。

●カセットテープ憑依映画『サヨナラまでの30分』

柳下　『サヨナラまでの30分』。これも毎度おなじみ、タイムトラベルラブストーリー系ですね。この真ん中のこいつ(北村匠海)がカセットテープをかけると、そのカセットテープが流れている間だけ、死んでいる奴に憑依される。今どきカセットテープ。流行っているんですかね。というか、よく持っていたなと、カセットテープをかけられる機械を。

岩田　だから三〇分なんだ。片面三〇分。これは『九月の恋と出会うまで』枠ですね。そして主演の北村匠海くんは、『ぼくらの7日間戦争』でも座長の声でした。

柳下　いろいろな意味で初登場圏外がリーチ。

岩田　フラグ立ってる。

●三十年分を三十日に濃縮するSF映画『弥生、三月 —君が愛した30年—』

柳下　中央のチラシの『弥生、三月 —君が愛した

オレしか見ない奴

30年―』、これも変な映画で、三月の一カ月間の三十日を描いた映画で、その三十日間で三十年の人生を描く。波瑠と成田凌で。つまり三月一日は十六歳の二人、三月二日は十七歳のときの二人という形で、三十一日までで三十年間の話を描くという構成なんです。考えとしてはなるほどと。映画が三〇分で終わればいいなという（笑）。

岩田　片面でじゅうぶんだと。

柳下　三十年、三十日。

岩田　三〇分でいいじゃないかと。

柳下　そうそう。三〇分くらいだったらいいかなという。これまさに考えオチとしか言いようがない。

岩田　考えオチ枠（笑）。その意味でもやっぱり『九月の恋と出会うまで』枠ですね。

●亡き母を慕う映画がなぜかホラーに!? 『ラストラバー』

柳下　そうですね。そして、次の『ラストラバー』。これは本当に謎の映画で、もし亡くなった恋人が戻ってきたらあなたはどうしますかという、『惑星ソラリス』（七二年）みたいな話なんですけど、亡くなった母親にもう一度会いたいという思いから製作されたんだそうです。監督のお母さんが亡くなっていて、「切ない愛情と静かに迫りくる恐怖を描いたホラーラブストーリー」。死んだ恋人が蘇ってくるのは、恋愛映画だけど、同時に恐怖でもあるということらしいんだけど、なんで母親に会いたいという思いからそんなホラー映画をつくるのか。チラシに書いている内容も全部バラバラすぎて、全然意味がわからない。これは自主映画で、こういうインデペンデントの変な映画っていっぱいあるんですけど、これだけは本当によくわからない。

岩田　キャッチコピーが「感動の追悼作品」。

柳下　そうそう。でもホラーなの。謎じゃないですか、これ。

岩田　これはいい賞なんですか？　第一四回ロサンゼルス日本映画祭ベストアワード賞を受賞したと。

柳下　聞いたことない（笑）。

岩田　これはいい映画祭なんですか？　第二回ええじゃないか豊橋映画祭公式ノミネート。

柳下　いやあ、大変ですね。タイトルも『ラストラバー』というところで、いろいろ大変だなという気はするんですけど。そして、まだあるよ。これはぼくしか見ない映画。『未来の唄』というのは、これは鯖江市、眼鏡で有名な福井県にある鯖江市の地方映画でその鯖江市と、アリスプロジェクトという、仮面女子というアイドルグループをプロデュースしている事務所があって、そこの製作で。つまり、そこと鯖江市の共同プロジェクト。

岩田　仮面女子やばいですね。

柳下　うかつなことは言えない。

●奇跡のリンゴのあの人も登場！ 発酵菌ドキュ映画『いただきます ここは、発酵の楽園』

柳下　さらに『いただきます ここは、発酵の楽園』。『いただきます』シリーズというのがあります。発酵ドキュメンタリーなんです。腸活エンターテインメント。

岩田　腸活ってなんですか？

柳下　腸を良くするんじゃない？

岩田　腸を活性化させる。ニーズの細分化も行きつきましたね。

柳下　要するに発酵食品の良さを訴えるドキュメンタリーをつくっているシリーズ。注目していただきたいのは、出演している木村秋則さん。この方は『奇跡のリンゴ』（一三年）として映画化もされた。青森で無農薬リンゴをつくっている、有名な、UFOを見る人です。青森でUFOを見ては奇跡のリンゴをつくっている人なんですけど、その木村さんが出演しているリンゴドキュメンタリーホラー『いのちの林檎』（一三年）という映画があるんです。本当にドキュメンタリーでホラーで奇跡なんです。これはすごい映画なので、もしお近くのレンタル屋にDVDがあったらぜひ見てほしい（たぶんないと思うけど）。『いのちの林檎』でも味噌をつくっていたので、味噌とリンゴと発酵、奇跡。全部つながる。やばいなということです。そして次はですねえ、ジェレミー・トーマス。

岩田　やばい。もう初登場圏外映画フラグだ。

柳下　三池さんも初登場圏外あるもんね。映画が面白くてもつまらなくても、でたらめだからね、あの人は。

岩田　『初恋』はジェレミー・トーマスだけど面白

いですよ。『新宿黒社会 チャイナ・マフィア戦争』（九五年）の冴えてたころの三池節が復活してる。

●大ヒットなるか、城定監督のR18指定BL映画『性の劇薬』

柳下 これは面白いんじゃないか、というのが一つ。『性の劇薬』。これは城定監督の二〇二〇年。『初恋』が三池二〇二〇、こっちは城定二〇二〇ですね。ゲイＳＭ映画。

岩田 Ｒ18指定のＢＬ映画ですね。

柳下 当たるかどうかがものすごく注目されている。映画は城定さんだから面白いんですけど、果たしてこれみんな見にきてくれるのかという。

岩田 日本初のＲ18指定ＢＬ映画という売り込みですけど、城定さん的にははっきり言って「ＥＮＫの薔薇族映画と変わらないよね」と『映画秘宝』休刊号のインタビューで言ってて。果たしてそんな映画が女性に受けるのか？　みたいな議論を取材のときに延々していたんですけど、どうなんでしょうね。

柳下 滝本さん、どうですか？

滝本 わからないけど女性は抵抗ないかも。ぼくはヘテロですが、レズビアン映画は苦も無く楽しめる。3Ｐ感覚といっていいか、二度おいしいというか、心理的にも学ぶところ多いし。その逆で、ヘテロ女性はハードであってもボーイズ・ラブ楽しめるんじゃないかな。

岩田 ほぼ全編、男同士で絡んでいるだけの映画なので。

滝本 Ｎｅｔｆｌｉｘ系で今ガンガン入っているけども、そのパターンは多いから。レズビアンパターン、ゲイも含めて、ハード描写もかなり徹底しているから。

柳下 そういった意味で、時代の空気を踏まえていると。

滝本 そうそう。それはきちんと、一人のチンポの位置の先に確かにもう一人のアナル位置がというぐらいハードできちんと描かれている。

柳下 具体的な（笑）。

滝本 それはそれでいいと思うんだよ。

絶許

- 福田雄一
- ゲームオタクと腐女子（偽装）
- 別に難しくもなんともないし、なんならオタクですらない。
- ファッションセンスに問題が（福田のせい）

●最大の絶許案件、福田雄一監督『ヲタクに恋は難しい』

柳下　というわけで、最後です。これは絶対許せないという奴。今年最大の許せない案件。福田雄一監督。これはせっかくだから映像を見てもらいましょう。

岩田　ぼくもまだ見てない、これ。

柳下　原作は漫画で、ゲームオタクの男と腐女子の恋愛映画ということなんですけど、別に難しくもなんともないです。原作自体はそもそもイラッとするんですけど、福田雄一が映画にするという時点で、もう本当に絶対許せないものになってしまった。

岩田　しかも『ラ・ラ・ランド』（一六年）フォロワーのミュージカルらしいですよ。

柳下　福田雄一の考えていることだからね。で、オタクってこのくらいでいいんでしょと、こんなもんでよかんべイズムが全面に出ている。そもそもなんならこいつらオタクですらないわけです。こんなイケメンと美少女に恋愛なんて難しいことは何もないわけ。ちょっとコミュ障なだけです。問題があるとしたらファッションセンスですけど、これは福田雄一がやっているからね。福田雄一が、オタクってこんなんでしょうということで、こんなもんでよかんベイズムでこの服着せてるだけですから。本当にもう死ねとしか言えない感じの。

岩田　逝ってよしとしか言いようがない。

柳下　まさに。これが今年のハイライトで今からある意味楽しみです。

岩田　どうですか？　滝本さん。

滝本　ちょっとトイレ行きたいんだけど、いいかな（笑）。どうもすみません。（退出）

●明日がお誕生日！の滝本さん

柳下　じゃあ滝本さんが出てきたところで、明日がお誕生日ということで。お誕生日おめでとうございます。

（『ブルーベルベット』仕様のケーキが登場。滝本さんがロウソクを吹き消す。）

滝本　どうもありがとうございました。いま、ロウソクに息を吹いて思い出したのが、ロキシー・ミュージックの『In Every Dream Home a Heartache』の歌詞で、ラブドールに自分の息を吹き込むのね。それで人形のボディを自分の息で生かすんだけども。だから、それを思い出しながら。それから、『リバース・エッジ』（八六年）のデニス・ホッパーのラブドール、あれが理想的。要するに、オリジナルでしかも、口をフェラ用にぽかんと開けたチープなビニール製のラブドールなのね。だから幸せにもそれを思い出したという感じで、いろいろありがとうございます！　がんばります。もう一肌……。

柳下　おめでとうございます。おいくつになられたんですか？

滝本　七十一。

柳下　明日七十一ということで。

滝本　リンチが明後日ですね。

柳下　明後日がリンチの誕生日だったんですね。

滝本　リンチに対するリスペクトもあるので、ケーキの図柄が『ブルーベルベット』のシンガー、イザベラ・ロッセリーニというのがとてもうれしいです。アメリカとのずれはどうなんでしたっけ？

柳下　いや、延びます。向こうのほうが遅いです。

滝本　一緒かなと思ったけど、どうも違うみたいで。

柳下　一日違い。

滝本　でもぼくはエドガー・アラン・ポーと、パトリシア・ハイスミスと同じ日の生まれだから、これだけはぼくの唯一のうれしい感じ。というわけで、すみません。どうもありがとうございました。

岩田　おめでとうございます。七十一歳。

柳下　皆さん、写真を撮るなら今。インスタ映えをぜひ、滝本さんを入れて。

●滝本誠二〇一九年のベスト映画

柳下　というところで、本当はこの後ベスト10とかの話をするはずだったのですが、時間があまりない。滝本さんの去年のベストを。

滝本　一位はともかく、二位のこの『ザ・リバー』。これはノルウェーの歌姫でオーロラちゃんのミュージックビデオ。これはYouTubeで、「Auroraオーロラ」と引けば出てきますが。アナ雪のメインボーカルの後ろのほうで、ふーんと声が流れる。つまり、一人コーラスなんですが、声の上のほうのトーンを歌っているのがこのオーロラちゃんで、見た感じはまったくノルウェーの妖精。ちょっと年齢がわからない。おばあちゃんにも見えるし、少女にも見えるしという、非常に。しかもノルウェー。ノルウェーといえば、フィヨルドにこだまする声を思わせるというので。要するに、声とミュージックビデオのこの二つで、非常にぼくはノックアウトされまして、これが大体二位かな。

柳下　これはまったくわかりません。一応名前だけは知ってたんですけど、まさか滝本さんから聞かされるとは思わなかったんで、ちょっとびっくりしました。

滝本　今年公開する映画に、『スケアリー・ストーリーズ』というのがありまして、昔柳下さんから教えられた、例の彼女が『Season of the Witch』か、それを歌っているのね。ラナ・デル・レイ。あのときに柳下さんにすごく教えてもらったから、今回お返しにオーロラちゃんを。

柳下　なるほど、ありがとうございます。

滝本　そういう心づもりで二位なのね。

柳下　まったく誰もわからない（笑）。滝本さんのおっしゃったのは、『スケアリー・ストーリーズ』という今度公開される映画がありまして、それのテーマをラナ・デル・レイという、アメリカの歌手がいますけど、彼女が『Season of the Witch』という、あれは誰の曲ですか？　元は。

滝本　ドノヴァン。

柳下　ドノヴァンの『Season of the Witch』という、有名な曲があるんですけど、それをカバーで歌っていて。ぼくが前に、ラナ・デル・レイはけっこういいというか、ラナ・デル・レイはリンチの大ファンで、リンチにPVを撮ってほしいといって直接お願いをしたんだけど、リンチは「俺興味ないから」と断っちゃったと。とてもかわいそうなんですけど、しょうがないので、ティム・バートンにお願いして、ティム・バートンがPVを撮ってあげたという。バートンの映画でも曲を歌ったりとかしているんですけど。という話を滝本さんにしたことがあって。そのお返しが今の話だということでした。

滝本　五年ぶりのお返しですよね。

岩田　『ミッドサマー』は、滝本さん、良さはどういったところですか？

柳下　今年公開ですよね。

滝本　これは要するに、皆さん見ていらっしゃらないからなかなか言いづらいと思いますが。

岩田　『ヘレディタリー／継承』（一八年）のアリ・アスターの新作ですね。

滝本　ぼく、五カ月くらい前の海外の予告編を小さい画面で一瞬見て、完全に誤解したの。これはいわゆる少女だけのカルトがどこかに存在して……。

柳下　それだいぶ誤解ですね（笑）。夢じゃないですか、それ。

岩田　滝本さんのいつもの妄想じゃないですか？（笑）

滝本　そこへちょっと入った女性たちがいてひどい目に遭うという、そういうあれだと誤解していたのね。ということは、レッド・ツェッペリンの『聖なる館』のジャケット、ぼくらにとってはヒプノシスの最高のデザインだと思うんだけども。

柳下　人魚みたいな少女が這い上がってくるやつ。

滝本　アレイスター・クロウリーの、あれは男が少女をぐっと捧げて、サクリファイスをやっている写真があって、あそこへぼくは一瞬にして戻ったのね。これだと。要するに、それでぼくの中で、いろいろ、少女系カルトをザーッと集めて。

柳下　少女系カルトって。

岩田　危険ですねえ。

滝本　アーサー・マッケンのオカルト小説『パンの大神』をまぶした感じで、エロティックなストーリーを組み立てて、どうかなと思って試写に行ったら、まったくちがった世界だった。ひどいね（笑）。

柳下　全然違う。少女カルトではないですからね（笑）。

滝本　その話は別として。ただし、まったく自分の予想したものとは違ったけども、面白かった。

岩田　何が？

滝本　そのまえに、いつもいつもの後進性まるだしの〈ぼかし〉が今回も作品を傷つけてましたが、ほんと映倫なんていつまでくだらないことを続けるのかな。まあ、それはおいておいて、少女はほどんどいなかったけれども、アリ・アスターのあかるい変態遊戯が存分に楽しめましたね。セックスも完全管理されていて、男は種馬扱い。あの手助けしてもらえるセックス、老人にもひとつ試みてほしいと思ったけど、おれの年齢の男を待つ運命が……言えないけどひどい。

柳下　これめちゃめちゃアシッド・ムービーじゃないですか。

滝本　そうそう。

柳下　去年、ギャスパー・ノエの『クラスマックス』ってご覧に？

岩田　ダンサーがLSD中毒になっちゃうやつね。

柳下　中毒というか、LSDをドロップされてみんなおかしくなっちゃうというのがあって。あれもけっこうなんかやっていたんですけど、これも。近いというか、たぶんギャスパー・ノエも当然そうだし、アリ・アスターもそうなんですけど、完全にやっている人の描写なんですよね。

岩田　やっている人じゃないと表現できないリアリティ。

柳下　やっている人が幻想を。あとCGとかの進歩のおかげで、すごいいい感じに表現できるようになっている。リアルに表現できるようになっているというのがあって、サード・サマー・オブ・ラブ的なものがあるのかなとちょっと思いました。要は、マリファナがあれだけ強烈になってくると、みんな普通にトリップ体験しているわけで。アメリカでマリファナが普通になっているというのは、みんな普通にトリップしているということでもある。だから、けっこうそれが映画の表現でも、わりとトリップ的なものが普通になっているのかなという感じです。

滝本　ただ滝本さんはナチュラルですもんね。

岩田　ナチュラルに。

滝本　もうアシッドな人ですから。

岩田　ナチュラル最高よ（笑）。行ってきますよ、ぼくも。とりあえずバーニングマンは行けないので、あっちのほうへ、オランダのほうへ。

滝本　ナチュラルにバッドトリップ。

岩田　それで死ぬならまあいいのかなという感じもするじゃない。Ｎｅｔｆｌｉｘは、一昨日から見はじめた、完全に『アイズ・ワイド・シャット』のオランダ版みたいなのがありまして、それは完全にシユニッツラーの例のあれ。

柳下　それはなんていうんですか？

滝本　Ｎｅｔｆｌｉｘの、昨日か一昨日の表紙というか。

柳下　それ人によって違うんじゃないですか？

滝本　違うの？

柳下　ほら、アルゴリズムで出てくるから。

岩田　趣味に合った表紙にしてくるんじゃない？

滝本　そうなの？　変なやつばっかり出てくるよ。

岩田　それは滝本さんが変だから（笑）。

柳下　ぼくのところは『セックス・エデュケーション』が出ましたよ。俺がそういうのばっかり見てるからか（笑）。

岩田　オランダ版『アイズ・ワイド・シャット』のようなものが。シリーズですか？

滝本　ドラマシリーズ。美術館の奥底という、ドンピシャな感じ。

柳下　タイトルがわかったら教えてください。そういう感じ、今年の注目は。

滝本　秘密結社ものだから。秘密結社というか。

柳下　タイトルがわかりました。『アレス』だそうですよ、皆さん。今年の滝本さんの注目作は。ありがとうございます。というところで、宴もたけなわではありますが、滝本さんの一押しも判明したあたりで終わることにいたします。今日は長々とありがとうございました。ありがとうございました、滝本さん。滝本さんの長寿と繁栄を願いまして。

◉登壇者プロフィール

滝本誠（たきもと・まこと）
一九四九年、京都府生まれ。美術・映画評論家、編集者。東京藝術大学美術学部芸術学科卒業後、平凡出版（現・マガジンハウス）入社。退社後は執筆に専念する。著書『映画の乳首、絵画の腓　AC　2017』（幻戯書房）、『INTO　THE　BLACK　LODGE　ツイン・ピークス読本』（河出書房新社）、『映／画、黒片　クライム・ジャンル79篇』（キネマ旬報社）、高橋ヨシキとの共同監修『別冊映画秘宝　決定版ツイン・ピークス究極読本』（洋泉社）など多数。

岩田和明（いわた・かずあき）
一九七九年生まれ。舞台スタッフ、出版社勤務などを経て〇六年より『映画秘宝』編集部に所属。一二年より編集長。企画・編集した本に、『別冊映画秘宝　ロード・オブ・ザ・リング&ホビット　中つ国サーガ読本』、『ブレードランナー究極読本&近未来SF映画の世界』、『究極決定版　映画秘宝オールタイム・ベスト10』、『塚本晋也「野火」全記録』、『決定版ツイン・ピークス究極読本』、『決定版ゾンビ究極読本』（すべて洋泉社）など多数。

皆殺し映画リスト 50音順

柳下毅一郎（やなした・きいちろう）

1963年大阪生まれ。雑誌編集者を経て英米文学翻訳家・映画評論家。

著書に『新世紀読書大全』（洋泉社）、『興行師たちの映画史』（青土社）、『皆殺し映画通信』シリーズ（カンゼン）など。監訳書に〈J・G・バラード短編全集〉（東京創元社）など、訳書にアラン・ムーア、J・H・ウィリアムズIII『プロメテア』（小学館集英社プロダクション）、R・A・ラファティ『第四の館』（国書刊行会）などがある。

柳下毅一郎の皆殺し映画通信

http://www.targma.jp/yanashita/
有料WEBマガジンとして、2012年12月1日よりスタート。日本映画を中心として、最新映画評が読める！ 柳下毅一郎の出没情報もあり。

本書はWEBマガジン「皆殺し映画通信」をまとめ、
加筆修正したものです。

ブックデザイン…………山田英春
カバーイラスト…………金子ナンペイ
ロゴイラスト…………三留まゆみ
DTP…………ライブ
企画協力…………清義明（オン・ザ・コーナー）
編集協力……奈良夏子、向島千絵
編集……北端あおい

あなたの知らない映画の世界
皆殺し映画通信 御意見無用

発行日　2020年4月7日　初版

著者…………柳下毅一郎
発行人………坪井義哉
発行所………株式会社カンゼン
〒101-0021　東京都千代田区外神田2-7-1 開花ビル
TEL 03（5295）7723　FAX 03（5295）7725
http://www.kanzen.jp/
郵便振替　00150-7-130339

印刷・製本…株式会社シナノ